汉字文明研究·文集之二

跨文化视野与汉字研究

李运富　主编
邓章应　张素凤　副主编

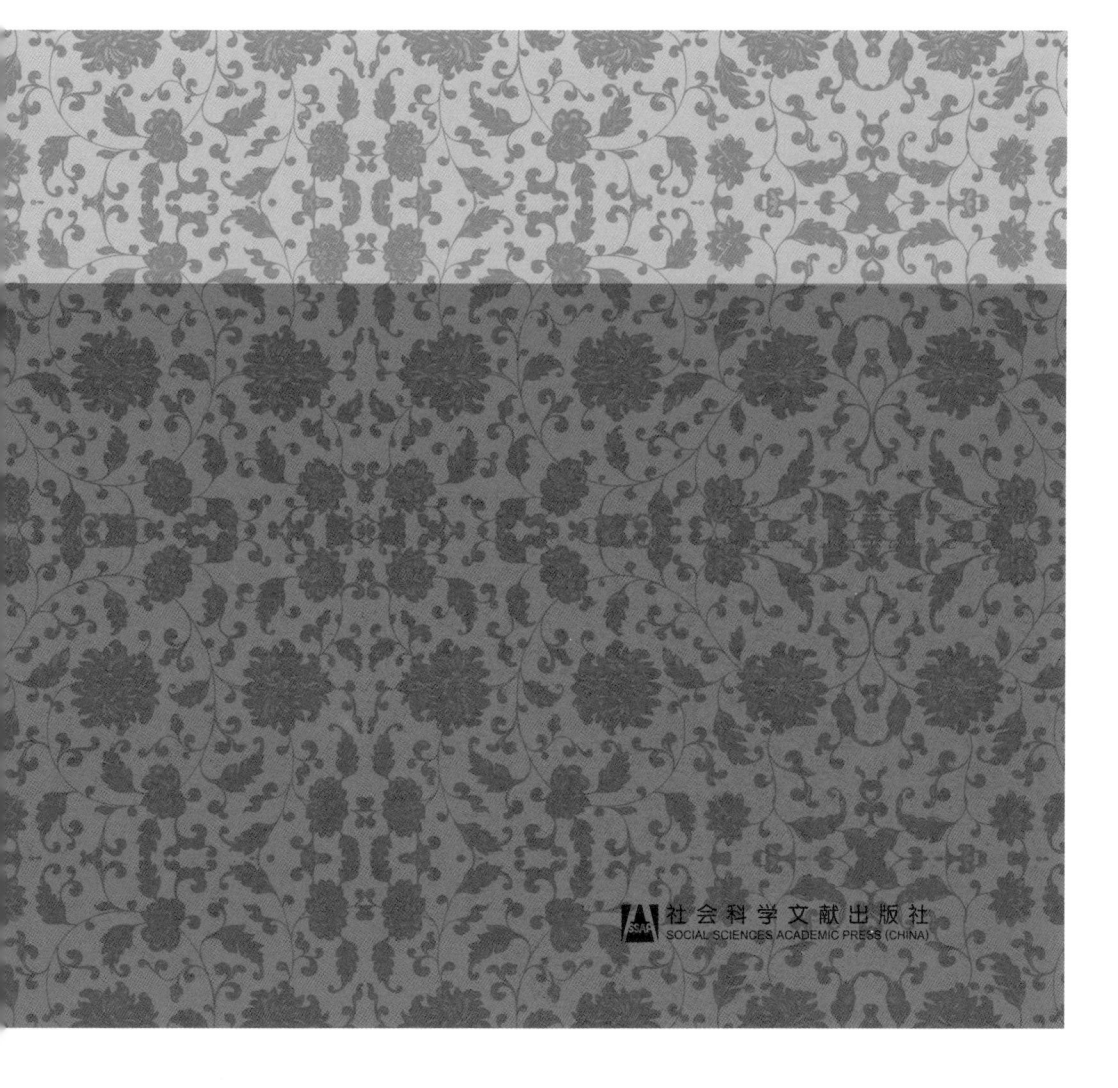

社会科学文献出版社
SOCIAL SCIENCES ACADEMIC PRESS (CHINA)

"汉字文明研究"成果系列·编辑委员会

顾　问	黄德宽　李宇明　吴振武
主　编	李运富
编　委	党怀兴　何华珍　黄天树　黄　行　蒋冀骋
	李国英　刘　钊　王贵元　王立军　王　平
	王蕴智　杨宝忠　杨荣祥　臧克和　赵平安
	赵世举　张素凤　张涌泉

民族地区使用汉字的历史与现状专题研讨会

主办：郑州大学汉字文明研究中心　西南大学汉语言文献研究所
承办：兴义民族师范学院

欢迎参加民族地区使用汉字的历史与现状专题研讨会的各位来宾！

"汉字文明研究"成果系列出版前言

东汉时河南人许慎说："盖文字者，经艺之本，王政之始，前人所以垂后，后人所以识古。"这里的"文字"后来称"汉字"。汉字是传承发展到当代的中华优秀文化之一。作为内涵丰富的符号系统，汉字承载着数千年的历史文化、民族智慧；作为交流思想信息的重要工具，汉字也是国家管理和社会生活必不可少的。中央号召发扬传统优秀文化，实施文化强国战略，汉字举足轻重。

河南是汉字的发源地，有着丰富的原始材料和悠久的研究传统。可以说，第一批汉字材料，第一部汉字学著作，第一本汉字教科书，第一位汉字学家，第一位书法家，第一位汉字教育家，第一位汉字规范专家，都出自河南。汉字作为中华文明的重要标志，极具创造性和影响力，应该成为河南得天独厚的优势品牌。"汉字文明"的传承发扬需要"许慎文化园""中国文字博物馆"之类的物质工程，也需要学术研究及学术成果，还需要汉字教育和传播。郑州大学作为河南的最高学府，责无旁贷应该承担起传承和发展汉字文明的历史使命。该校领导眼光宏大，志向高远，批准成立了"汉字文明研究中心"，并在规划和实施"中原历史文化"一流学科建设中，把"汉字文明"定为研究方向之一。

汉字文明研究中心自2016年9月成立以来，在学校领导和学界同仁的支持鼓励下发展顺利。现已由专职和兼职（客座）人员共同组建起研究团队，并已陆续产生成果。为了及时推出中心成员取得的研究成果，本中心拟陆续编辑出版"汉字文明研究"成果系列。"汉字文明研究"范围极广，包括而不限于汉字本体（形体、结构、职用）的理论研究，汉字史研究，汉字学术史研究，汉字与汉语的关系研究，汉字与民族国家的关系研究，汉字与泛文化关系研究，跨文化汉字研究（汉字传播、域外汉字、外来文化对汉字系统的影响、汉字与异文字比较等），汉字教学与汉字规范研究等。这么多五花八门的成果如果按照内容分类编辑出版，命名将十分繁杂，且不易各自延续。因此，拟采用最简单的形式分类法，论文集编为一个系列，包括本中心主办的会议论文集、本中心成员（含兼职）个人或集体论文集、本中心组编的专题论文集等，统一按照"汉字文明研究·文集之 N + 本集专名"顺序出版；著作和书册编为一个系列，包括本中心成员（含兼职）的专著、合著、资料整理、工具书、主题丛书、教材等，统一按照"汉字文明研究·书系之 N + 本书专名"顺序出版。

"汉字文明研究"成果系列由中心主任李运富教授主编，编辑委员会负责推荐和审定。各文集和书系的作者或编者皆独立署名，封面出现"汉字文明研究·文集之 N"或"汉字文明研究·书系之 N"字样，扉页印编辑委员会名单。"文集"与"书系"设计风格大体一致。

希望本中心"汉字文明研究"硕果累累。

汉字文明研究中心
李运富

目 录

少数民族汉字族名用字考察 …………………… 李运富 牛 振 / 001
接触文字学视域下的汉字与少数民族文字关系浅探 ……… 王世友 / 015
边地民众的识字率与国家认同 ……………………… 张颖慧 / 025
关于湘西州民族地区字用规范化传承应注意的几个问题 … 龙仕平 / 034
壮语地名常见对音汉字的规范字推介研究 ………… 覃凤余 / 045
秦代"书同文"与滇东北次方言苗文通用文字统一使用
　　比较研究 ……………………………………… 叶洪平 汪 倩 / 068
试论俗字在中国京族地区的发展及影响 ……………… 刘正印 / 077
《各省土字录》跋 …………………………………… 邓章应 / 093
桂馥《札朴》所载云南方言字词研究 ………………… 孙雅芬 / 103
《续黔书》中的"俗字""川字""蛮字" …………… 芢丽娟 / 115
美洲印第安人使用的象形文字名称和标志 ……… 黄亚平 伍 淳 / 130
浅谈甲骨文、圣书字中人体字符构形的异同 ………… 蔡 蓉 / 144
甲骨文与圣书字动物字构形比较研究 ………………… 郑丽娜 / 154
日本使用汉字过程中对常用汉字数量的处理 ………… 刘海燕 / 163
"跨文化汉字研究"视域下的八思巴字 ……………… 苏天运 / 172
西夏文字中的否定会意构字法 ……………………… 段玉泉 / 182
十年来古壮字研究简评 ……………………………… 张青松 / 191
哥巴文经书《大祭风·迎请精如神·卷首》校译研究 …… 李晓兰 / 203

"御"字职用及相关用字研究 …………………………… 张素凤 / 214

从《说文》看许慎的"俗字"观念 …………………… 宋丹丹 / 226

《说文·女部》字的文化意蕴探析 …………………… 何　清 / 239

楚简中的"丨"字补说 ………………………… 俞绍宏　白雯雯 / 249

后　记 …………………………………………………………… / 262

少数民族汉字族名用字考察

李运富　牛振

（郑州大学汉字文明研究中心　郑州　450001）

提　要：中华人民共和国成立后，党和政府组织开展了民族识别工作，少数民族族名及所用汉字得到科学认定。经测查，少数民族族名使用汉字以标音为主，使用标音汉字记录的少数民族族名共43个，而使用表意汉字记录的少数民族族名只有12个。表意用字记录的多是他称，其命名理据通常可以从字面得到解释；同一名称的表意用字一般没有什么变化，如用字有变化，往往是因为其名称含义和命名理据发生了变化。标音用字中新造的专用标音字数量不多，都有"人"旁作为表义构件；借用音同音近汉字记录族名，有的有比较固定的用字，有的则用过多个字符。根据标音用字的行废情况，可以总结出用字的基本倾向：追求译音准确、追求字形简单、追求字义美好、避免不雅不敬、尽量增加区别度、采用类化偏旁等。

关键词：族名　汉字　表意　标音　用字倾向

中国的少数民族族名来源复杂，有的在历史上多次变更，有的分合纠缠至今说不清族群来源和命名理据，要全面弄清楚各民族的来龙去脉和历史名称的种种关系，不是写几篇文章就能解决的。我们主要考察中华人民

---

*　本文原载《汉字汉语研究》2018年第3期，为2018年河南省高等学校哲学社会科学创新团队"汉字理论与汉字史"支持计划的阶段性成果。写作过程中请硕士生焦倩倩查找过资料，特此表示感谢。

共和国成立后逐步识别确认的 55 个少数民族族名的汉字使用情况，涉及族名汉字使用历史时，仅限于同一名称，同一族群的不同名称不在考察范围内。

少数民族族名使用汉字的性质判断和现象归类，跟族名的音义理据密切相关。首先要分别族名是自称还是他称，自称的理据来自本民族的语言音义，他称的理据则源自赋名民族的语言音义。

用汉字记录少数民族的族名大致分两种情况：一是根据名称的构词理据使用能表达理据意义的字；二是根据名称的发音使用能模拟名称语音的字。前者简称为表意用字，后者简称为标音用字。经考察，属于表意用字记录的少数民族族名有 12 个，属于标音用字记录的少数民族族名共 43 个，可见少数民族族名汉字以标音用字为主。

一　表意用字

表意用字指记录少数民族族名的汉字能反映族名的构词意义，或跟族名的构词意义相关。这种少数民族族名大多属于他称，族名本身就是汉语词素构成的，故可用意义直接相关的汉字记录。具体来说，可以分为以下几种情况：

（一）沿用古汉语族名专字者

如"羌族"。羌族是古羌人的一支，命名和用字都是中原汉人所为。《说文解字·羊部》："羌，西戎牧羊人也。""羌"字从人从羊，会牧羊人之意。古羌人之所以被命名为"羌"，是因为他们是以养羊为特色的畜牧部落，逐渐形成被汉人称为"羌"的族群。羌族自称"日玛""日麦""尔玛""尔麦"，意思是"本地人"。[①]

（二）因汉语地名得名者

如"东乡族"。东乡族主要聚居于甘肃省临夏回族自治州东乡县。临

[①]　覃乃昌主编《中国民族》（华东、华南、西南卷），广西民族出版社，2006，第 220 页。

夏古称河州，以河州城为中心，城周围分东、西、南、北四乡。东乡族因居住于东乡地区而得名，用汉字"东乡"记录族名。东乡族自称"撒尔塔"，意为商贾。①

又如"保安族"。该族群在元明两代的民族迁徙、融合中逐渐形成，明朝政权在保安族分布区设立保安站，修筑保安城，地名逐渐变为族名，用汉字"保安"记录。

（三）因民族的某种习惯或特征而命名者

如"白族"。白族以"白"为族名历史较早，唐宋时已经被称为"白蛮"，元明时被称为"白人"，② 现代被称为"白族"。因为白族人崇尚白色，故称其为"白～"，汉字"白"表示的就是白色义。白族自称［$pɛ^{42}tsi^{44}$］［$pɛ^{42}ji^{21}$］③，［tsi^{44}］和［ji^{21}］在白语中是"人"的意思，［$pɛ^{42}tsi^{44}$］［$pɛ^{42}ji^{21}$］的汉意即为"白人"。

"苗族"历史更为悠久，其族名为"苗"可能与其先民最早学会种植水稻有关，或者说苗族先民原属农业氏族或部落。④ 苗族族名用汉字"苗"记录，在甲骨文中已经出现，在《尚书》《诗经》中亦用"髳""髦"等与"苗"读音相近的字记录。苗族自称［mu^{33}］［$moŋ^{43}$］［mao^{55}］等⑤，也与"苗"的古音有密切关系。

"土家族"本族语自称［$pi^2tɕi^1kha^4$］，汉语自称"土家"，用汉字"土家"记录。"土家"作为族名与宋代以后汉人逐渐迁入土家族聚居地区有关，由于汉人大量迁入，为了与迁入的族群相区别，土家族用汉语自称"土家"，将外来的汉人称为"客家"。宋代至清代文献中对土家族有"土丁""土人""土兵""土民""土蛮"等称谓⑥，都有"土"字，都体现

---

① 覃彩銮主编《中国民族》（华北、西北、东北卷），广西民族出版社，2006，第103～104页。
② 覃乃昌主编《中国民族》（华东、华南、西南卷），广西民族出版社，2006，第153页。
③ 文中所列少数民族自称或他称的记音绝大多数采自中国少数民族简史丛书和中国少数民族语言简志丛书，特此说明，为行文方便，不再一一详举。
④ 龙海青：《苗族族名及自称考释》，《贵州民族研究》1983年第4期。
⑤ 《苗族简史》编写组：《苗族简史》，贵州民族出版社，1985，第5～6页。
⑥ 《土家族简史》编写组：《土家族简史》，湖南人民出版社，1986，第10～11页。

了"土著"这一显著特征。

"高山族"是 1945 年抗战胜利后祖国人民对台湾少数民族的称谓,这一称谓有一定的历史渊源。《后汉书》《三国志》《临海水土志》等魏晋南北朝时期文献中称高山族为"夷州人"或"山夷","山夷"这一称谓即指出了高山族人居住在山地的特征。明末清初的文献中也有将高山族称为"高山夷"的记载。1949 年后台湾当局称高山族为"山地同胞""山胞"等,台湾学术界用"山地民族""高山族"等称谓,① 都与"山"的意义有关,体现了高山族居住在山地的地理环境特征。1945 年抗战胜利后,大陆一直称之为"高山族"。

(四) 附有某种特殊含义的命名

如"朝鲜族"。早在司马迁《史记》中已有《朝鲜列传》,国名含义与命名理据不明。但明代以后的"朝鲜"国被赋予了汉语理据,作为族名源自"朝鲜"国名,当然也有理据。据载,1392 年,李成桂在开城废黜国王自立,创建新王朝。李成桂派使臣向明朝称臣,拟定"朝鲜"和"和宁"两个国号请朱元璋决定。朱元璋经过慎重考虑,选了"朝鲜"这个名称,取"朝日鲜明之国度"之意,用汉字"朝鲜"记录。朝鲜《东国舆地胜览》一书中说:"国在东方,先受朝日之光鲜,故名朝鲜。"②《朝鲜之歌》开头两句为"早晨的太阳光芒万道多鲜艳,我们的国家因此起名叫朝鲜"。③ 可见"朝鲜"是"朝日鲜明"之意,国即"朝日鲜明之国"。在"朝日鲜明"中,"朝"读作[tsau^{55}],"鲜"读作[ɕiɛn^{55}],因此现在把"朝鲜"读作[tsʻau^{35}ɕiɛn^{214}]其实是错的,但已经习惯成自然,没有改变之必要。

(五) 表意用字的变化

少数民族族名的表意用字由于受到意义的约束,同一名称的用字一般没

---

① 《高山族简史》编写组:《高山族简史》,福建人民出版社,1982,第 10~11 页。
② 张翔鹰、张翔麟:《世界国名的由来》,世界知识出版社,2008,第 5~6 页。
③ 申广才、余洪:《国名趣谈》,河南人民出版社,1983,第 7~8 页。

有什么变化（同一民族而有不同名称者除外），但也有几个族名的表意用字古今是变化了的，之所以要变，大都也是舍弃旧意表达新意的需要。例如：

"瑶族"的汉语族名出现得较早，最初用字是"猺"。唐初姚思廉《梁书·张瓒传》记载："零陵、衡阳等郡有莫猺蛮者，依山险为居，历政不宾服。"《宋史·蛮夷列传》记载："蛮猺者，居山谷间……不事赋役，谓之猺人。"南宋周去非《岭外代答》则说："猺人者，言其执徭役于中国也。"可见"猺"的名称在南北朝时期已经出现，命名理据有"不事赋役"和"执徭役"两种，都与"徭役"有关，故用"猺"字记录。元代时，由于元政权实行民族压迫制度，对瑶族称谓的记录用字改为含有侮辱、贬损义的"犭"旁的"猺"，这个族名用字一直沿用到民国时期。① 中国共产党主张各民族一律平等，弃用带有侮辱、贬损义的"猺"字，改用历史上具有依据的"徭"字，1949年后，又改用"瑶"字。② 为什么改用"瑶"呢？这可能跟瑶族历史地位的改变有关，现代瑶族人民不再"执徭役于中国"，或者说没有特别的徭役了，而且取得了平等的民族地位，所以改用表示美玉义的"瑶"字，使"瑶族"族名带有赞美、褒扬的感情色彩。"徭族"与"瑶族"，表面上还是指同一个民族，同一个词，但构词的理据实际上已经换了。如果维持原来的理据，就得把"瑶"看作通假字，而这个通假字的选择，应该也是有追求美好的潜在愿望的。

弃恶求美的用字心理在下面两个族名的改字上表现得更加明显。

"彝族"原来自称 [lo^{21}lo^{33}]，意思是勇敢和强大的民族。1949年前被其他民族称为"夷族"，如刘伯承与彝族首领小叶丹结盟，授"中国夷民红军沽鸡（即果基）支队"旗。1949年后认为"夷"指外族带侮辱性，不利民族团结。据说，1950年毛泽东主席提出把"夷"字改为"彝"字，认为鼎彝是宫殿里放东西的，房子下面有"米"又有"糸"，有吃有穿，

---

① 南宋朱辅《溪蛮丛笑·序》（清宣统元年上海集成图书公司排印《古今说海》本）："五溪之蛮""今有五：曰苗、曰猺、曰獠、曰獞、曰仡佬。苗、瑶、僚、僮、仡佬等族名用字均增加或改用"犭"旁。其他民族如傈僳族、仫佬族、水族、侗族、壮族等的族名也有记作猓猓、狪狇、狇、狪、獞的，偏旁也为"犭"旁，都是封建社会民族歧视与民族压迫的反映。
② 《瑶族简史》编写组：《瑶族简史》，广西民族出版社，1983，第10~11页。

代表日子富裕，彝族人民听了很满意，一致赞成以"彝"作为统一的民族名称。① "夷""彝"同音，但其形义没有任何联系，等于用汉语汉字重新命名族名。

"壮族"自称 [pou⁴tsuːŋ⁶] 等，[pou⁴] 在壮语中是指人的量词，"壮"字记录 [tsuːŋ⁶] 的音。文献记载中壮族的族名被记作"僮"或"撞"，如南宋范成大《桂海虞衡志》中记作"僮"，南宋李曾伯在上宋理宗的奏折中记作"撞"。中华人民共和国成立后，经过民族识别调查，把不同自称的壮族支系统称为"僮族"。但由于汉字的"僮"有 [tʻuŋ³⁵] 和 [tsuan⁵¹] 两个读音，容易把"僮族"的"僮" [tsuan⁵¹] 误会为"僮仆"的"僮" [tʻuŋ³⁵]，所以 1965 年周恩来总理倡议把记录"僮族"的"僮"字改为强壮的"壮"，"僮族"一律改称为"壮族"。② 这样，不仅使用时音义更明确，还由记音转而义化，含有壮大的意义，寄予了壮族人民美好的愿望，更有利于促进各民族团结。

也有的改字可能是为了区别，或者是字随音变。如：

"畲族"自称"山哈"，畲语意为山里人或居住在山里的客人。文献中最早称畲族为"畲"见于南宋刘克庄《漳州谕畲》，记作"畲"。文中称："畲民不悦（役），畲田不税，其来久矣"，"西畲隶龙溪……南畲隶漳浦……二畲皆刀耕火耘，崖栖谷汲"。③《说文解字》释"畲"为"三岁治田也"，读作 [y³⁵]。又有放火烧荒播种义，读作 [ʂɤ⁵⁵]。可见"畲"的字义以开荒辟地、刀耕火种为核心，正与刘克庄"二畲皆刀耕火耘"的记载相合，也同畲族族谱中祖先"刀耕火种，自给自足"的记载一致，④ 畲族的族名正是依据其到处开荒、刀耕火种的生活特点而命名的。"畲"字在《玉篇》中只有"与居切"一读，在《广韵》中有以诸、式车二切。"畲"字未收入传世字典辞书中，最早书证在《元史》中。⑤ 很可能"畲"

---

① 黄涛、张克蒂主编《凉山风》，西南交通大学出版社，2013，第 7 页。
② 《壮族简史》编写组：《壮族简史》，广西人民出版社，1980，第 9 页。
③ （南宋）刘克庄：《后村先生大全集》，《四部丛刊》（初编）影印本。
④ 《畲族简史》编写组：《畲族简史》，福建人民出版社，1980，第 7 页。
⑤ 汉语大字典编辑委员会编纂《汉语大字典》（第 2 版），四川辞书出版社、崇文书局，2010，第 2722 页。

有式车切的读音，示音构件"余"遂改为"佘"，以更准确地提示字音，字形变作"畲"。"畲"字只有一个读音，方便使用者识记，就成了专用族名字，以区别于原来的"畬"字。

二 标音用字

标音用字，所用汉字只是标记少数民族族名的民族语言发音，与族名的构词意义没有关系。这种标音用字大都是借字，也有少部分新造专用字，下面分别论述。

（一）创造专用标音汉字记写族名

新造的专用标音字数量并不多，但有显著的类化特征，都以"人"旁为表义构件，具体又可分为两种情况。

第一，原用别的字标音，后专造新字。如：

"傈僳族"自称，在唐代樊绰《蛮书》中有"栗粟两姓蛮"的表述，① 记作"栗粟"。古代文献中还有记作栗夢、力些、力苏、猱猱、力梭、黎苏、狸苏、卢等字的，② 多是用两个汉字记录傈僳语 [li⁴⁴su⁴⁴]。其中，"栗粟"两个字既与傈僳语 [li⁴⁴su⁴⁴] 读音接近，具有比较高的区别度，还有较早的使用历史，所以被选为代表用字，并增加提示记录族名的"人"旁，作为专用标音字使用。记录族名的"傈""僳"二字未在民国以前的字典辞书或文献中出现，当为中华人民共和国成立后产生的新造专用标音字。

"仫佬族"自称 [mu⁶lam¹]，文献中仫佬族族名有多个书写形式，两晋到隋唐期间被记作木佬、僚伶；元代史籍中被记作木娄、木娄苗；明清被记作穆佬、木佬、木老、姆佬、木老苗、伶、伶僚等。中华人民共和国成立后统称"仫佬"。③ 文献记载中仫佬族族名多用两个汉字记音，第一个

---

① 徐琳：《傈僳语简志》，民族出版社，1986，第1页。
② 侯兴华：《傈僳族族称来源及其含义探析》，《保山师专学报》2009年第6期。
③ 覃乃昌主编《中国民族》（华东、华南、西南卷），广西民族出版社，2006，第70页。

音节多选用"木"字记音，第二个音节选用"佬"字记录的相对较多。"木"字有木呆的含义，容易使人产生负面联想，故新造专用标音字"仫"记录仫佬族族名，构件"么"示音，"亻"旁提示记录族名。

第二，未见别的记音用字，该字也只用于记写该族名。如：

"傣族"自称［tai²］，"傣"字记录傣语［tai²］的音。"傣"字不见于民国以前的字典辞书或文献记载，只用于记写傣族族名，当为新造的专用标音字，构件"泰"示音，"亻"旁提示记录族名。

"佤族"因居住地的不同而有［vaʔ］［vɔ］［ʔavɤʔ］［rɤviaʔ］［ʔavɤʔlɔi］等自称。这些自称都有"居住在山上的人"的意思。① 中华人民共和国成立后，根据其自称［ʔavɤʔ］统称为"卡瓦族"，用汉字"卡瓦""佧佤"记录族名。因［ʔa］在傣语中指"奴隶"，含有贬义，1962 年改称"佤族"。"佤"字也为新造的人旁族名专用字。

上述标音用字都为中华人民共和国成立以后，在民族识别过程中依据"名从主人"原则而选用或创制的，记录少数民族自称的音。随着党和国家民族政策的贯彻落实，少数民族的地位大大提高，族名用字不再使用具有贬义或侮辱义的字符，如"木佬"的"木"、"卡瓦"的"卡"等；也不再使用含有侮辱义的构件，如"犭"旁。新造的标音用字都选用"亻"作偏旁，可以提示记录族名，也能够表达民族平等的思想，还有助于类聚族名用字，提升族名用字的识别度。

（二）借用音同音近的已有汉字标记族名

标音用字中多数是借用音同音近的汉字标记少数民族族名，这些记录少数民族族名语音的用字不是专有的，还用于记录汉语。这种多用的汉字记录少数民族族名时也有两种情况。

第一，某个族名只借用某个字记录，有比较固定的用字。如：

"满族"之称定于清皇太极，源于其原国名"满洲"。《清太宗实录》卷 25 记载："自今以后，一切人等，止称我国满洲原名，不得仍前妄称。""满洲"为满语 manju 的音译，则满族的族名用字"满"记录了满语 man

---

① 覃乃昌主编《中国民族》（华东、华南、西南卷），广西民族出版社，2006，第 300 页。

的音。

中华人民共和国成立以前，历史上已经定形的标音用字有："回族"，"回"字记录于阗语"Hvai"的音，① 最早见于北宋沈括《梦溪笔谈》。"藏族"，"藏"字记录藏语 [tsaŋ]；据田晓岫考证，在清初有"藏人"之称，清末有"藏族"之称。② "哈萨克族"自称"qazaq"，汉字"哈萨克"记录哈萨克语"qazaq"的音；"哈萨克"在清代图理琛《异域录》中已经出现，记记国名。"怒族"，"怒"字记录怒族自称中 [nu] 或 [no] 的音；明初钱古训《百夷传》中已有"怒人"的记载。

中华人民共和国成立后，在民族识别过程中，依据"名从主人"原则，根据本民族的自称或他称确定了一批族名，记录用字都记录本民族自称或他称的音。比如"门巴"记录门巴族自称 [møn³⁵pa⁵³] 的音，"珞巴"记录藏语 [ɬo⁵⁵pa⁵⁵] 的音，"纳西"记录纳西族自称 [na³¹ɕi³³] 的音，"乌孜别克"记录乌兹别克语 [ozbæk] 的音，"独龙"记录独龙族自称 [tɯ³¹ɺuŋ³¹] 的音，"景颇"记录景颇语自称 [tʃiŋ³¹phoʔ³¹] 的音，"拉祜"记录拉祜族自称 [la⁸xu²] 的音，"鄂温克"记录鄂温克族自称 [əwəŋkhi] 的音，"普米"记录普米族自称 [phəi³³mi] [phiŋ⁴⁵mi] 的音，"基诺"记录基诺族自称 [tɕy⁴⁴no⁴⁴] [ki⁴⁴no⁴⁴] 的音，"布朗"记录布朗族自称 [plaŋ³¹] 的音，等等。

上述族名用字在选用过程中，主要考虑表音准确。当然，民族识别过程中确定的族名用字，有的记录用字在标音的同时也兼有表意功能，比如京族、裕固族和德昂族的族名用字。

"京族"是越南的主体民族，越南语记为"ngưòi Kinh"。③ "ngưới"在越南语中有人的意思，"Kinh"在越南语中有京城的意思。取名"京族"，既有"心向北京"之意，也表明此京族与越南的主体民族京族同源。"京"

---

① 据岑仲勉先生在《回回一词之语源》一文中考证，于阗语称回纥为"Hvaihura"，转译为汉语为"回回"，则"回"字记录于阗语 Hvai 的音。载岑仲勉《中外史地考证》，中华书局，1962。
② 田晓岫：《藏族族称考》，《民族研究》1997 年第 3 期。
③ 《京族简史》编写组、《京族简史》修订本编写组：《京族简史》（修订本），民族出版社，2008，第 6 页。

字标音，兼有表意功能。

"裕固族"自称[joʁor]，用音近的"裕固"记录其族名，兼取字面的富裕、巩固的意义。

"德昂族"原称"崩龙族"。1985年云南省民委在昆明召开"关于崩龙族要求更改族称的座谈会"。参加座谈会的崩龙族干部认为"崩龙"是傣语，非本民族自称，含有贬义。崩龙族自称有[da ʔaŋ][na ʔaŋ][to ʔaŋ]等，大家一致认为[da ʔaŋ]的称谓好，崩龙语的含义是"石岩"，没有贬义①，用汉字"德昂"记录。其实，汉字"德"记录品德、道德等词语，是个好字眼；"昂"记录昂扬、高昂等词语，也是个好字眼。选用汉字"德昂"记录族名，自然也有表意的考虑。

第二，同一个族名中的同一个音可用多个不同的汉字记写，直到现代才确定使用某个固定的字。从最后确定的标音用字，可以总结出一定的用字取向。总体来看，追求译音准确、追求字形简单、追求字义美好、避免不雅不敬、尽量增加区别度、采用类化偏旁等，应该是优选用字的一些基本原则。

（1）追求译音准确

"蒙古族"自称[moŋɡɔl]，《旧唐书》记作"蒙兀室韦"，元代文献始记作"蒙古"；古代文献中还记作蒙兀、蒙瓦、盲骨子、朦骨、萌骨等。②孟光耀认为蒙古语[moŋɡɔl]的正确读音应该是"蒙兀勒"，正确写法是"忙豁勒"。记作"蒙古"，是由于成吉思汗时期与金和南宋的往来文书大多使用汉字书写，多由金朝的"叛亡降服之臣"完成，他们习惯使用女真语重译为"蒙古"，渐渐约定俗成。③可见，用"蒙古"记录蒙古族名，是译者根据女真语的发音重译的，也是追求译音准确的结果，由于官方使用的权威性，最后逐渐成为通行的书写形式。

追求译音准确在"达斡尔族"的族名用字变化上表现得更为突出。达斡尔族族名在清代被记作"打虎儿""达呼尔""达瑚儿""达霍尔""达

---

① 马晓帆：《边疆政治演进中的族名实践——以德昂族族称为视角》，《西北民族大学学报》（哲学社会科学版）2018年第1期。
② 王文光、龙晓燕、张媚玲：《中国民族发展史纲要》，云南大学出版社，2010，第331页。
③ 孟光耀：《蒙古民族通史》第1卷，内蒙古大学出版社，2002，第35~37页。

谷尔""达斡尔"等，①记录达斡尔族自称"Dahur"的音；1964 年定族名为"达斡尔"，以便更准确地记录其自称"Daur"的音。据巴达荣嘎研究，Dahur 的 h 在词中变为 [ɣ] 或 [w]，最后变为今天所拼写的 Daur，合乎达斡尔语的语音变化规律。②

类似的还有"鄂伦春"记录鄂伦春族自称 [ɔrɔtʃEEn]，"锡伯"记录锡伯族自称 [ɕivə]，"柯尔克孜"记录柯尔克孜族自称"Qirghiz"，"塔塔尔"记录塔塔尔族自称"Tatar"，"塔吉克"记录塔吉克族自称"Tajik"，"哈尼"记录哈尼族自称 [xa³¹ ȵi³¹] 等。

（2）追求字形简单

如"阿昌族"，自称 [ŋa²¹ tsaŋ²¹]。在古代文献中阿昌族族名被记作峨昌、娥昌、萼昌、阿昌等。1953 年，阿昌族族名用字定为"阿昌"。③"阿"字显然要比"峨""娥""萼"字形简单、书写方便，应该是取用的原因之一。

（3）追求字义美好

追求字义美好在维吾尔族和赫哲族的族名用字上有很好体现。"维吾尔族"自称 [ʔujˈʁur]。蒙古兴起后，称作"畏吾儿"，含有民族压迫思想。元明文献中记作辉和尔、畏吾尔、畏午儿、畏吾而、伟吾而、卫郭尔、辉和、畏吾、畏兀、委吾、瑰吾、委兀、伟兀、畏午、卫兀、卫吾、外五、外吾等。④ 清代则被称为"回人""缠回""回子"或"回部"。⑤ 20 世纪 30 年代盛世才主政新疆时统称为"维吾尔族"，用汉字"维吾尔"记录维吾尔语 [ʔujˈʁur] 的音。维吾尔语 [ʔujˈʁur] 意为联合、协助、团结等，⑥ 汉字"维吾尔"连在一起字面上表示维系我和你的含义，能够表达民族团结的美好愿望。

---

① 覃彩銮主编《中国民族》（华北、西北、东北卷），广西民族出版社，2006，第 125 页。
② 巴达荣嘎：《对达斡尔族称及族源问题的看法》，《内蒙古社会科学》1993 年第 2 期。
③ 阿昌族调查组：《云南民族村寨调查·阿昌族（陇川户撒乡芒东下寨）》，云南大学出版社，2001，第 5~6 页。
④ 王文光、龙晓燕、张媚玲：《中国民族发展史纲要》，云南大学出版社，2010，第 339 页。
⑤ 杨学琛：《清代民族史》，社会科学文献出版社，2007，第 222 页。
⑥ 高静文、黄达远、吴琼等：《边疆民族心理、文化特征与社会稳定调查研究》，民族出版社，2011，第 20~22 页。

"赫哲"记录赫哲族自称［xəʑən］的音，赫哲族的自称在历史文献中被记作黑金、黑斤、黑津、赫真、赫斤、赫金、赫哲等不同书写形式。① 中华人民共和国成立后，正式确定用"赫哲"记录族名，这恐怕与字面上能够表达显赫、睿哲意义不无关系。

（4）避免不雅不敬

"黎族"自称［ɬai¹］，隋代以前记作"俚"，记作"黎"最早是在唐代后期，宋代以后普遍使用。② 通过国学大师网站（http：//www. guoxuedashi. com/）在线查询，魏晋南北朝时期"俚"字读作［jəĭ］；唐代"俚"字读作［lĭə/li］，"黎"字读作［liei/liɛi］。显然，唐代时"俚"字已经不能准确地记录黎族自称的音了，黎族族名记录用字调整为"黎"。同时，"俚"字含有俚俗义，改作"黎"除了音变的校正，也应该有避俚俗的用意。

"布依族"自称［pu⁴ʔjui³］，清代到民国布依族被记作仲家、夷家、夷族、夷人等。③ 其中的"夷"记录其自称［ʔjui³］的音。历史上"夷"字记录少数民族带有歧视的意义。中华人民共和国成立后，废除带有歧视、侮辱性的族名，定名为"布依族"，汉字"布依"记录本民族自称的音。

（5）尽量增加区别度

"侗族"自称［kam¹］，他称［toŋ¹］。［toŋ¹］在侗语中指族群"四面峙险，中极宽广"的生活环境，由指称生活环境进而指称生活在其中的人，成为族名。用汉字记录该族名时，南宋朱辅《溪蛮丛笑》中本来是记作"洞"的，但后来又改用侗、峒、崬、硐、狪等字记录。④ "洞"字常见，常用义是山洞、洞穴，改用"侗""峒""崬""硐""狪"等记录族名他称［toŋ¹］，目的应该是增加用字的区别度，不使人们把"洞"理解

---

① 覃彩銮主编《中国民族》（华北、西北、东北卷），广西民族出版社，2006，第204~205页。
② 覃乃昌主编《中国民族》（华东、华南、西南卷），广西民族出版社，2006，第53页。
③ 《布依族简史》编写组、《布依族简史》修订本编写组：《布依族简史》（修订本），民族出版社，2008，第14~15页。
④ 龙耀宏：《侗族族称考释》，《贵州民族研究》1993年第2期。

为山洞或洞穴。

（6）采用类化偏旁

上述记录侗族他称的"侗""峒""峝""硐""狪"等字中，最终"人"字旁的"侗"字胜出，应该意在强调指"人"的族群义。作为族名用字，加"人"旁已成习惯，有归类作用。这从前面说过的新造专用字"傣""佤"等大都用"人"旁也可看出。读作[tuŋ^{51}]的"侗"见收于《集韵·送韵》，释为"诚恳貌"，记录族名的"侗"字可以看做它的同形字。

与此类似的有"俄罗斯"的族名用字。俄国十月革命后部分俄罗斯人流亡到新疆，当地政府称他们为"归化族"，带有歧视性。中华人民共和国成立后，改称"俄罗斯族"。① 俄罗斯族族名源于俄罗斯国名。据李运富、牛振考证，国名译词"俄罗斯"在清代文献中有阿罗思、俄罗斯、厄罗斯、哦罗斯、峩罗斯、鄂罗斯等多个书写形式，为蒙古语 Orus 的对音。② 不同的名称用字中最后选定"俄"，可能也与"俄"的"人"旁类化有关。

再如仡佬族自称[klau]，古代文献中先后记作葛僚、僕僚、仡僚、革老、仡佬、佶佬等，1953 年经协商统称为"仡佬族"。③ 最终选用"仡佬"记录族名，也应该是考虑了"人"旁类别效果的。

（7）多种原因的共同作用

族名用字的选择往往是多个用字取向共同作用的结果。比如"侗族"选用"侗"，除了"人"旁类义外，笔画简单，使用频率低，可避免与"洞"的常见用法相混等，都可以看做原因。

再如"撒拉族"自称"salar"，他称"sala"，历史文献中记作撒拉尔、萨拉儿、萨拉、萨啦、沙剌、沙剌簇、撒喇、撒喇尔等。④ 中华人民共和

---

① 李德洙、张儒、徐亦亭：《中国少数民族文化史》，辽宁人民出版社，1994，第 699 页。
② 李运富、牛振：《鸦片战争前后国名译词考察——以〈海国图志〉为例》，《湖南科技大学学报》（社会科学版）2018 年第 1 期。
③ 《仡佬族简史》编写组、《仡佬族简史》修订本编写组：《仡佬族简史》（修订本），民族出版社，2008，第 6~8 页。
④ 《撒拉族简史》编写组、《撒拉族简史》修订本编写组：《撒拉族简史》（修订本），民族出版社，2006，第 1~2 页。

国成立后，根据本民族意愿，定名为"撒拉族"。① "撒拉"被确定为族名用字，"撒"比"沙"笔画多、书写繁，但标音更准；与去声的"萨"相比，阴平的"撒"也更符合借词译写规律；"剌"比"拉"笔画多，且易与"刺"讹混，被淘汰掉。

"毛南族"自称 [ma:u⁴na:n⁶] 或 [ai¹na:n⁶]（[ai¹] 是表人的量词）。宋以后文献中记作茅滩、茆滩、茅薙、茅难、冒南、毛难、毛南等。1953年定族名为"毛难族"；1986年根据本民族意愿，改为"毛南族"。② "毛南"比"茅滩""茆滩"字形更简，标音更准；与"毛难"相比，又避免了"难"字记录灾难义而使人产生不好的联想。

"土族"的"土"字，来源于"吐谷浑"的"吐"字。"吐谷浑"为音译少数民族族名，在唐朝中期以后被记为退浑、吐浑、浑、浑末、郓末等。"浑"在蒙古语中表示"人"的意思，因而到元朝时"吐浑"演变成"土人"。③ 中华人民共和国成立后，依据本民族意愿，统一称为"土族"。"土"比"吐"一则笔画少、书写更简便，二则避免动词意义的负面联想。

1949年之前，我国少数民族族别不明、族名混乱、族名用字不定的问题突出，是民族歧视和民族压迫的具体表现。中华人民共和国成立后，党和政府积极开展民族识别工作，科学确定族名及族名用字，全面贯彻落实党和国家的民族政策，为我国民族工作的顺利推进提供了有力保障。认真总结、归纳民族识别过程中族名用字的选择依据、用字规律，可为今后开展民族识别工作，乃至其他民族工作提供重要参考。

---

① 芈一之、张科：《撒拉族简史》，青海人民出版社，2014，第8页。
② 《毛南族简史》编写组、《毛南族简史》修订本编写组：《毛南族简史》（修订本），民族出版社，2008，第6~8页。
③ 《土族简史》编写组：《土族简史》，青海人民出版社，1982，第15~20页。

接触文字学视域下的汉字与少数民族文字关系浅探*

王世友

(人民教育出版社汉语室　北京　100081)

提　要：文字接触无处不在，无时不在；文字接触产生的影响有大有小。接触文字学认为：局部影响是"嫁接"，全局影响是"移植"；文字的移植有填空型、更换型、增补型三种类型。本文从接触文字学的视角和解释力出发探讨汉语与少数民族文字之间的历时与共时关系，兼及汉字文化圈中的相关文字，以求略窥文字接触的有关类型与样态。

关键词：接触文字学　汉字文化圈　动态传播　静态阻抗　接触共凝

汉字与少数民族文字关系的探讨可以且必须基于如下两个基本判断：第一，同世界上任何事物及其联系一样，汉字与少数民族文字的关系同时在时间和空间两个维度上展开，对二者关系的研判必须同时基于时间事实和空间事实；第二，共时纯质状态的静态描述必须基于历时演化状态的动态描述，并以之为参照。

本文在上述基本判断的基础上，从接触文字学视角推拟研判汉字与少数民族文字的基本关系：（1）汉字对少数民族文字的历时影响：汉字动态传播与汉字文化圈的形成；（2）少数民族文字对汉字的共时影响：少数民族文字的静态阻抗与汉字文化圈的形成；（3）两者接触共凝的基本状态与样貌：少数民族文字的嫁接移植与汉字表音化的探索突破。

曹德和先生认为：文字接触的全局影响是"移植"，有填空、更换、增补三种类型；文字接触的局部影响是"嫁接"。① 可归纳如下表：

划分角度与标准	文字嫁接类型		
嫁接项与字符内部成素的联系方式	（1）实体嫁接（字符、部件、笔画等的借用，如日文）	（2）模式嫁接（表意文字字符结构形式的借用和块状书写表音文字字符排列方式的借用，如日文合制汉字、朝鲜谚文和契丹小字的字符顺序）	（3）原理嫁接（不同文字类型生成原则和生成规律的借用）
嫁接项与字符外部成素的联系方式	（4）字态嫁接（方块状字、越南喃字）	（5）字体嫁接（字符在书写或印刷中变现出的风格类型）	（6）行款嫁接（字符及字符块状结构体在书面上的排布方式）
嫁接途径	（7）直接嫁接	（8）间接嫁接	

一　汉字与少数民族文字关系的历时样貌：汉字动态传播与汉字文化圈的形成

甲骨文是亚洲文明史和世界文明史上的奇迹。"小学"（中国传统语文学）是世界文字学和语言学的中国贡献。汉字的动态传播首先是空间事实，其次是空间事实不断累积而成的时间事实，汉字文化圈叠次形成且始终处于时涨时落的潮汐状态，层次有多寡，范围有大小，内涵有损益，但从未有间断，成为世界文字史和文明史上的一大奇迹。

汉字的空间传播由近及远，汉字文化圈的共时状态由亲及疏，分层形成。首先是华夏"雅言""通语"的渐次形成。秦初"书同文"是汉字形成民族间传播力的关键性政策基础和物质基础，《尔雅》《方言》是汉字形成民族间传播力的重要语言内核和文化基础。二者有力促进了华夏"雅言""通语"的形成。"雅言"和"绝代语"成为华夏族语言文字的共同语和规范字形，成为汉字文化圈的基本层、核心层。

《尔雅》以雅正之言释古语、方言、别名、异称等，使它们归雅入范。

---

① 曹德和、张丽红：《接触文字学理论研究浅探》，《安徽大学学报》2015年第6期。

（1）如、适、之、嫁、徂、逝，往也。

（2）有足谓之虫，无足谓之豸。

（3）肉倍好谓之璧，好倍肉谓之瑗，肉好若一谓之环。

（4）载，岁也。夏曰岁，商曰祀，周曰年，唐虞曰载。

（5）木谓之华，草谓之荣，不荣而实者谓之秀，荣而不实者谓之英。

扬雄《方言》（全称《輶轩使者绝代语释别国方言》）比较"以中原地区为中心，东起齐鲁，西至秦、陇、凉州，北起燕赵，南至沅湘，东北至北燕、朝鲜，西北至秦晋北鄙，东南至吴、越、东瓯，西南至梁、益、蜀、汉"的方言词汇，"考八方之风雅，通九州之异同，主海内之音韵，使人主居高堂知天下风俗"。

（1）嫁、逝、徂、适，往也。自家而出谓之嫁，由女而出为嫁也。逝，秦晋语也。徂，齐语也。适，宋鲁语也。往，凡语也。

（2）庸谓之侬，转语也。

其次是汉字和"雅言、通语"在汉族语言文字的地理边缘层与少数民族文字语言的空间接触从未停止过，并以空间位置上的远近为基准，形成了汉字文化圈的第一个历史层次：契丹大字、西夏文、壮文。

契丹大字由耶律突吕不和耶律鲁不古于公元920年参照汉字创制而成，三千余字。契丹大字是表意方块字，其中夹杂一些直接借用汉字的形式。书写由上到下，由右向左，沿用汉字隶楷横平竖直的特点，也有"点、横、竖、撇、捺"等笔画，或直接假借汉字，或只借用汉字字形，或通过改造字形、增减笔画而成仿造字。

西夏文（也称"蕃书""蕃文"）由野利仁荣于公元1039年采用汉字六书理论、仿照汉字创制而成，共六千余字。西夏文形体方整，笔画繁冗，单纯字少，合成字多。其中，反切上下字合成造字、互换字、对称字很有特色，反切、互换、对称是西夏文特殊的造字方法。

本源书和土俗字是壮族文字发展史上两个不同的阶段。壮族先民在生产实践和社会活动中，为便于记事和进行交流，在商周时期创造了刻划文字符号——本源书。此后，随着汉字和汉文化在壮族地区的广泛传播，一千多年前，壮族先民利用汉字的偏旁、部首和发音、语义，吸取并仿造汉字六书的构字方格，创造出土俗字（又称"方块土俗字"或"方块壮字")。方块壮字有的借用汉字的偏旁部首重新组合而成,有的借用汉字注壮语音义,有的是新造的类象形字。明清时期,方块壮字进入盛行期,并沿用至20世纪50年代的少数民族语文改革时。

再次,是由雅慕中国唐宋文化而形成的汉字文化圈的第二个历史层次:朝鲜文、日文、越南文。

公元3世纪左右,汉字传入朝鲜族居住地,形成用汉字音意记录朝鲜语的"吏读文"。1446年,仿照汉字外形创制的拼音文字——谚文(训民正音)颁布。谚文组"字"时以音节为单位,每个音节组成一个"字",字母按"从左到右,自上而下"的规则排写。谚文颁布后,直到18世纪,官员贵族和正式书籍文本仍然使用汉文,谚文在数世纪间未能成为主流文字,只起辅助作用。

三国时,汉字传入日本。唐朝,大量汉字词经由中国东北、朝鲜和来华留学生再次传入日本,官方因此通行古代汉语书面语——文言文,受汉字草书和拼音文字梵文启发而发明于此时的假名则主要通行于女性之间。至今,日语中的当用汉字仍有1945个之多。

上古与中古,越南人使用的语言虽然是越南语和汉语,但文字只有汉字一种。公元10世纪以后,越南人发明了未经系统化的类似汉字的方块字——喃字。字喃有的直接借用汉字,有的则利用汉字造字法创造新字。此后一千多年的时间中,汉字与字喃并行于世。16世纪,欧洲传教士来到越南,开始用拉丁字母记录越南语并逐步发展为一种成熟的拼音文字。1651年,法国传教士罗德的《越葡拉丁词典》和越南语拼音文字的《八天讲道法》的出版,标志着越南语拼音文字的诞生。18世纪中叶起,法国一步步侵占越南,并推广拼音文字,废除科举,限制汉学,废止汉字。1945年越南独立后,拼音文字被定为法定文字——国语字。

因此,考察汉字与少数民族文字的关系,必须从汉字的动态传播和汉字文化圈的历史层次与时涨时落的范围出发,在汉字文化圈的大格局中进行必要的历史观照和动态考察。

二　汉字与少数民族文字关系的共时状态：少数民族文字静态阻抗与汉字文化圈的形成

理论上，汉字文化圈的形成有两个相向的维度：一方面是汉字的动态传播及其对少数民族文字的影响；另一方面是少数民族文字的动态传播及其对汉字的影响。这两种影响和作用是相互的、双向同步进行的。实践中，少数民族文字的动态传播及其对汉字的影响，看上去并没有直接的影迹，因为一个通常的理由是，双向影响的作用力大小不同，汉字对少数民族文字的影响力明显大于少数民族文字对汉字的影响力。其实，在某些共时状态下，少数民族文字对汉字的影响远大于汉字对少数民族文字的影响，几个最为典型的例子是：佛教东传时梵文对汉字的影响、元朝时蒙古文对汉文的影响和清朝时满文对汉字的影响。历史的大潮退去，我们在汉字的形体上似乎并未发现梵文、蒙古文和满文的任何痕迹，于是催生了一种结论：汉字始终是一种强势文字，汉字具有超强的阻抗力。近现代更是如此，欧风美雨的惊涛骇浪也没有阻断汉字的根脉，汉字反而浴火重生，随着汉语国际传播的大势在快速推向全球。

那么，实际情况究竟如何？汉字到底有没有超强阻抗力？若有，来自哪里？就汉字本身而言，汉字的象形性和超强表意性催生了超强阻抗力，与此同时，正是汉字的象形性和超强表意性催生了极弱表音性，掩蔽了少数民族文字对汉字的影响，特别是语音上的影响。从汉字语音的历时演变看，少数民族文字对汉字字音面貌的影响已经完全内隐于汉字结构的超强稳定中，完全湮没无闻。但是，我们从汉字字音的古今变化中，在整齐的音变规则的例外中，已经有一种重视少数民族语言文字对汉语汉字有相当影响力的探究意识在真正正视这种相当内隐的关系和影响。佛经翻译、梵汉对照催生了反切注音法，欧风美雨、西学东渐催生了汉语拼音、汉字与拉丁字母混排、拼音输入法等，改变了中文的文字面貌，留下了足够的外来文字的样态。外来文字对汉字文化圈的影响有增无减。除了字态上的影响与痕迹外，朝鲜文已经在整体上大致隐去了汉字的影响；越南文更是整体改用拉丁字母，文字面貌均与汉字拉开了相当距离。汉字文化圈的范围几近消解。

从这种大背景出发，毋庸置疑，蒙古文和满文对汉字一定有相当影响，但是这种影响已经逐步被吸纳被隐藏或被消释。我们可追见的，更多是如上所述的契丹大字、西夏文、壮文、朝鲜文等少数民族文字对汉字的借用、仿照与改造，以及汉字文化圈中朝鲜文、越南文对汉字的全盘引用、逐步改造和混用历程。

历史的烽烟散去后，汉字对少数民族文字的影响以及少数民族文字对汉字的接触和阻抗，更多地表现为汉字与少数民族文字在纸帛碑铭等静态文本中的共时混排和对照。

（一）《番汉合时掌中珠》

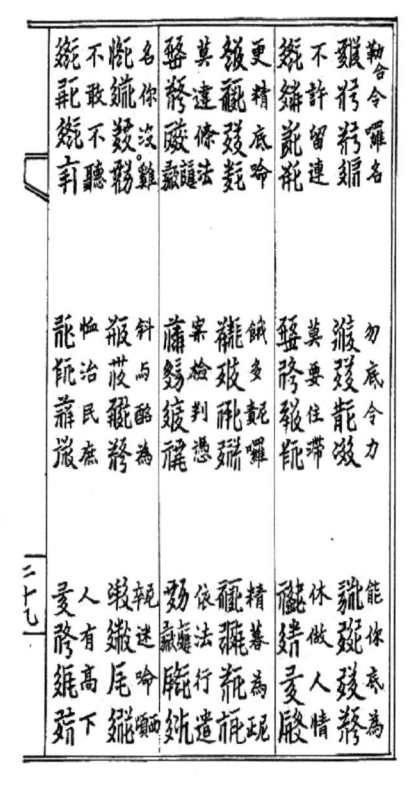

《番汉合时掌中珠》是由党项人骨勒茂才编纂的第一部西夏文汉文双语字典，于公元1190年在西夏（1038～1227）刊行。整部字典采用西夏文汉文对照的方式编写，包括序言和正文，目的是便于番（党项）人和汉

人学习对方的语言:"不学番言,则岂和番人之众;不会汉语,则岂入汉人之数。"字典正文的体例是:每一词语都并列四项,中间两项分别是西夏文和汉语译文,最右边与西夏文对应的汉字为该列西夏文注音,最左边与汉语译文对应的西夏文为该列汉字注音。这种交叉对照和混排的方式充分而形象地展现了西夏文和汉字的相同与不同之处,成为研究西夏语言、文字和社会历史的重要文献,对解读西夏文起到了至关重要的作用。

(二)《华夷译语》

《华夷译语》是明清两代会同馆和四夷馆(清初名为"四译馆")编纂的多种语言和汉语对译的辞书的总称。这些语言既包括国内的少数民族文字,如蒙古语、女直(女真)语、高昌(畏兀儿)语、达达(鞑靼)语、西番(藏)语、河西(唐古特)语、倮罗(彝)语、僮(壮)语、百夷(傣)语等,也包括南掌(老挝)语、真腊(柬埔寨)语、日语、朝鲜语、苏禄(菲律宾)语等临近语言,以及英语、法语、德语、意大利语、拉丁语、葡萄牙语等。其中的译语一般是词汇(杂字)的对译,少数附有公文(来文)的对译。其中的《回回馆杂字》具有较强的代表性,完整的《回回馆杂字》包括"正文"和"补"两部分。其体例分类等与《华夷译语》的其他语言大同小异,均相当于今天双语对照的分类字典。"正文"的分类顺序是:天文门、地理门、时令门、人物门、人事门、身体门、宫室门、鸟兽门、花木门、器用门、衣服门、饮食门、珍宝门、声色门、文史门、方隅门、数目门、通用门,计18门,最好的本子共收录波斯语语词777个。其体例一般是每个词的下面列有汉字记音、汉语意思和原字(民族文字)三项。可以说,这是近代第一部较为完备的中文与多种文字对译混排的大型辞书,在充分展示汉字与国内外多种文字对照状态的同时,也很好地展示了各种民族文字的共时形态。

此外,少数民族文字与汉字的共时状态还存在于《三字经》《百家姓》《千字文》等童蒙教材中的双语对照,以及唐蕃会盟碑的藏汉对照混刻和北京居庸关碑铭石刻中等。这些静态文本都是研究汉字与少数民族文字接触的有力材料。

三 汉字与少数民族文字关系的接触文字学视角：两者接触共凝的基本状态与样貌

不同文字的接触，从文字产生的那一刻起就在相近相邻的地域上不断发生，并产生重要影响。有的文字产生了，有的文字消失了，有的文字被替换了。在文字大潮的起落中，汉字成为一道独特的景观，在历史的风雨中始终保持着一种超常稳定性，且在汉字研究上形成了积淀深厚的三足鼎立的"音韵学、文字学、训诂学"的小学研究传统。如上所述，汉字的超稳定性，不但凝聚了广大区域中使用不同方言的汉族，使其成为一个强大的民族共同体，而且对相同时空中生存的少数民族文字和邻近国家的文字均产生了深刻影响，汉字文化圈因之成型并成为世界文化中极其重要的一极。因此，汉字和汉字研究，以及类型学意义上的文字学研究，应该是中国语言学的优良传统和对世界语言学的巨大贡献，需要给予充分的重视并进行更加深入的研究。但一拥而入的西方语言学如今已经几乎彻底淹没了中国旧有的语言研究，文字学和汉字学研究不但沦为语言学研究可有可无的附庸被束之高阁，而且更是被贴上了落后的、非现代的、缺乏起码现代语言学意识的标签，成为无人问津的冷域。

语言是人类最重要的交际工具，文字是记录语言的符号，这种全然基于西方语言学视角的常识性论述，已经完全确立了语言的支配性和文字的从属地位，甚至成为近一个世纪以来中国语言学研究的圭臬，无人敢越雷池一步，亦步亦趋地跟着西方语言学的理论节拍起舞，置中国语言文字和语言文字研究的实际情况、独特性、多样性和研究传统于不顾，拾人牙慧却沾沾自喜。表现在文字学上，对汉字研究和少数民族文字研究都较受重视，汉字与少数民族文字关系的研究则相对薄弱。究其原因，除了深受西方语言学的影响外，潜意识中忽视了汉字与少数民族文字接触影响的双向性，只把它简化为汉字对少数民族文字的影响，而少数民族文字对汉字的影响则往往忽略不计。

的确，如前所述，汉字对其他民族文字的影响极其巨大，内有契丹大字、西夏文、方块壮字都参仿汉字创制，表现出明显的"文字嫁接"特征；外有朝鲜文字、日本文字、越南文字都大致经历了"搬用汉字—适度改造—基本独立"的过程，体现出"文字填空性移植"的基本规律。曹德和先生关于"接触文字学"的论述①，比较完整地勾勒出了接触文字学的研究概貌和影响形态，时至今日，汉字对朝鲜文字、日本文字、越南文字的影响依然清晰。日语中的当用汉字仍在使用，朝鲜文的"字态嫁接"痕迹明显，表现出异于西方拼音文字的非线条性特征。

汉字对少数民族文字的字态影响，历史上以契丹大字、西夏文、方块壮字最为典型，它们都采用了汉字的方块形结构组织音节，现实中以朝鲜文、藏文最为典型。特别有意思的是，必须充分认识到，文字接触不但是双向的，而且是多元的。有辽一代，不仅有契丹大字，而且有契丹小字。契丹大字由耶律突吕不和耶律鲁不古参照汉字创制，契丹小字由耶律迭刺受回鹘文启发对大字加以改造而成。契丹小字是拼音文字，比大字简便实用。同样，藏文于公元7世纪由吞弥·桑布扎引用梵文字母创制，但是藏文在字态上有明显的汉字痕迹，藏文字母在组合上也体现出非线性特征，有上下左右的空间布局。这些都可以看作他源文字在地域上跟多种自源文字接触而表现出的多源性特征。

目前，中国境内的文字表现出极大丰富性，基本上汇聚了世界上比较通行的各种文字形态，这是近代以来中国社会在急剧的社会动荡和文化交流中各种文字接触碰撞的必然结果。根据周有光先生分析，中国的现行文字属于五种文字系统：（1）广义的汉字系统：汉字（已采用拉丁字母来注音）、彝文（有异议）、朝鲜文；（2）回鹘字母系统：蒙古文、满文、锡伯文；（3）印度字母系统：藏文、傣文；（4）阿拉伯字母系统：维吾尔文、哈萨克文、柯尔克孜文；（5）拉丁字母系统：景颇文、拉祜文、佤文、苗文、布依文、哈尼文、侗文、土家文、壮文、傈僳文、白文、黎文、纳西文。② 此外，还应包括我国境内俄罗斯族使用的斯拉夫字母（西里尔字母）的俄文。

可见，中国境内拥有十分丰富可观的文字形态，而每种文字形态代表

---

① 曹德和、张丽红：《接触文字学理论研究浅探》，《安徽大学学报》2015年第6期。
② 周有光：《中国语文纵横谈》，人民教育出版社，1992。

一种文化传统,所以,现实语言生活中,我国汉字与少数民族文字共同叠加,汇聚成了一个世界上极为少见的兼容"汉字文化、印度字母文化、阿拉伯字母文化、拉丁字母文化、斯拉夫字母文化"的国际性文化圈,这就是汉字与少数民族文字接触共凝的基本状态和样貌。汉字与少数民族文字关系的接触文字学视角一再提醒我们,要紧紧把握这种状态和样貌的实质,从汉字和少数民族文字的基本关系出发,更加科学地规划规范好它们之间的关系,在各民族语言文字平等的基础上,按照有关法律的要求,大力推动国家通用语言文字的教育教学,积极开展少数民族文字的传承工作,进一步增强中华民族共同体的凝聚力和向心力。

参考文献

［1］王元鹿:《比较文字学》,广西教育出版社,1997。

［2］陆锡兴:《汉字传播史》,语文出版社,2002。

［3］萨拉·汤姆森(Sarah G. Thomason):《语言接触导论(*Language Contact*:*An Introduction*)》,世界图书出版公司,2014。

［4］张兴权:《接触语言学》,商务印书馆,2012。

边地民众的识字率与国家认同*

张颖慧

(贵州师范学院文学院　贵阳　550018)

提　要：扫盲运动不仅是文化性运动，而且还是一场群众广泛参与的政治运动，知识精英在扫盲运动中发挥了极好的示范引领作用，普通民众是扫盲运动的强大动力。通过扫盲运动提高的识字率与国家认同、国家在场有着紧密联系。

关键词：识字率　国家认同　边地山民

一　中华人民共和国初期扫盲运动及其评价

(一)　中华人民共和国初期扫盲运动的基本情况

中华人民共和国初期的扫盲运动进行了三次。第一次是1949~1953年，扫盲教育取得了初步的胜利，为以后扫盲教育的进行奠定了基础。第二次是1955~1956年，这次扫盲措施依然是开展识字教育，并确定了在五年或七年内基本扫除全国文盲的目标。第三次是20世纪50年代末，为了迎接文教战线"大跃进"的到来，中央人民政府和教育部积极准备在全国掀起第三次扫除文盲运动。

中华人民共和国初期的扫盲运动概括起来有如下特点：一是高度政治性，群众识字率的提升是重要目的，而宣传手段和措施都是政治性的，

"政治学习是当时扫盲教育的主要内容,可以提高农民的政治素质和思想觉悟,其内容随国内外形势的变化而变化,1949 年是向农民群众宣传新中国诞生的伟大意义和解释《共同纲领》,1950～1952 年是向农民群众进行抗美援朝爱国主义教育以及土地改革、民主改革、生产互助等政策教育,1953 年是宣传国家过渡时期总路线、总任务及国家五年计划,1954 年是宣传新宪法、普选教育和粮食统购统销政策,1956 年之后则主要宣传合作化"①。二是群众性,广大民众凭着对新中国的强烈认同感,热烈响应国家号召,投入到轰轰烈烈的扫盲运动中,国家的政治意愿和民众的广泛支持在其中达到了高度的统一。三是灵活实用性,编写教材注意结合各地群众,注意和群众实际生活的联系,扫盲教育在时间、地点、形式上也具有相当的灵活性。

关于建国初扫盲运动的成绩与不足,学者们已从不同角度做出了较多的评价,为我们全面而正确地认识此次运动提供了重要基础,而从识字率和国家认同的角度来认识建国初的扫盲运动则是一个新的视角。

(二) 本文问题的提出

扫盲运动不仅是文化性运动,还是一场群众广泛参与的政治运动,其政治性的结果则突出地表现在对国家的高度认同上。作为扫盲教育的受教育者,随着识字率的提高,巩固人民当家做主的政权、加强经济建设、保家卫国等政治概念,已由被动填充转变为通过阅读一些印刷品而主动摄入,并且在面对其子女时又以教育者的身份把头脑中的国家认同等政治印痕转刻进后代的意识中。

二 中华人民共和国初期的识字率与国家认同

中国农村经济落后,农民教育文化水平非常低,文盲、半文盲率较高,而在边地少数民族地区,这种情况更甚之,所以在中华人民共和国初期开展扫盲的难度也更大。扫盲所带来的识字率的提高与国家认同有密切

---

① 岳谦厚、杜清娥:《新中国成立初期山西省农村扫盲》,《当代中国史研究》2012 年第 3 期。

关系，这也是中华人民共和国初期在种种困难条件下依然开展扫盲的重要原因。

（一）中华人民共和国初期识字率与国家认同的关系

1. 识字率的提升促进了对国家的认同感

我们知道，新中国成立之初，国民经济全面崩溃，国际局势渐趋紧张。"然而，作为社会主义建设基本力量和国防部门、工业战线主要后备军的广大农民的文化水平非常低，要使他们充分理解党的政策，响应政府在处理国内外问题上的具体做法，就必须提高他们的文化水平。正视广大农村文盲率高达95%以上的严峻事实和提高他们政治觉悟、文化素质的迫切要求，中国共产党和中央政府提出开展扫盲教育。因此，20世纪50年代中国农村扫盲教育一开始就不仅仅定位于教育层面，而是和国家政权巩固、经济建设紧密相连。"①

所以，在中华人民共和国初期开展的三次大规模扫盲运动，是新民主主义革命胜利惠及农民的表现。这给了他们集中大规模受教育的权利，改变他们不识字的处境，客观上加强了农民对国家的进一步认同。

历史上中国的少数民族也曾有过利用汉字维持其民族认同的做法，例如"中国的畲族或瑶族，不断地接触高度成熟的民俗社会文化，虽受到种种的影响，但长久得以保持其客民地位的主要原因……从文化的适应方面来看，可以说就是依靠汉字引进交流技术"②。畲族或瑶族的这种认同，表面看来是民族认同；其实其客民心态的背后还有一个高于民族的层级存在，即对"大一统"国家的认同。

国家的想象会随语言与书写文字的传播而扩大包括的范围。安德森说："关于基督教世界、伊斯兰教世界甚至中国的想象——虽然我们今天把中国想成'中华之国'，但过去他并不是把自己想象成'中华'，而是'位居中央'之国——之所以可能，主要还是经由某种神圣的语言与书写

---

① 马云：《20世纪50年代中国农村扫盲运动的特点》，《商丘师范学院学报》2004年第6期。
② 〔日〕竹村卓二：《瑶族的历史和文化——华南、东南亚山地民族的社会人类学研究》，金少萍、朱桂昌译，民族出版社，2003，第99页。

文字的媒介。"① 文字传播范围的扩大必然使该区域内的识字率上升，从而由想象中的"中央之国"上升到"中华之国"。"识字"的这种神奇作用从而也会表现为：一个识文断字的人对于国家的认同，不会因空间的阻隔而弱化，相反会愈加强烈，不可遏止。著名扫盲专家晏阳初曾为在法国的中国劳工义务扫盲，并出版了中文报纸以帮助他们进一步学习，有一位劳工曾写信给他，说："自从您编的报纸出版后，我开始知道天下大事。但是，您的报纸很便宜，一生丁就能买一份。我怕您的钱赔完了会被迫停刊，因此，我把自己在法国劳动三年节省下来的 365 个法郎随信附上。"② 知道中国的"天下大事"，虽身在异域，而想象中的祖国依然每天以文字的形式传递着鲜活的面容，这就是此情境下"识字者"最大的满足；而若报纸停刊，那几乎是一件要命的事。

从上述时空两个角度来讲，国民的识字率提升对国家认同有着重要的关系。而边地是国之疆界，边地之山民可谓地广人稀，因而边地民众的识字率就这个意义上来讲对一个国家具有更加重要的意义。历代王朝开疆拓土、徙民实边可以说只是其边疆治理的措施之一，更重要的是或者说很多朝代在付出了沉重的代价之后终于辗转认识到——使他们信服并自觉成为具有向心性的一员。古人云："远人不服，则修文德以来之，既来之，则安之。"新中国成立初期开展的三次大规模扫盲运动，既然是全国性的群众运动，则边地民众亦卷身其中，扫盲运动所带来的边地民众识字率的上升必然促使国家认同的增强。

2. 国家认同对识字率提升的反作用力

一方面，识字率的提升促进了对国家的认同感；另一方面，国家认同也会对识字率的提升产生驱动作用。对于国家的认同会让每一个个体按捺下自身的"不足"，不自觉地融入提升识字率的集体意识的洪流中。在中华人民共和国初期的扫盲运动中，国家的宣传力度非常强大，口号盈耳，干部、积极分子做表率，这就构建了一种强大的集体意识，当时很多人用

---

① 〔美〕本尼迪克特·安德森：《想象的共同体——民族主义的起源与散布》，吴叡人译，上海人民出版社，2005，第 12 页。
② 宋恩荣主编《晏阳初全集》第 1 卷，湖南教育出版社，1989，第 163 页。

"你不识字,一个是给你记下这工,你认不得,另一个最起码你连用的这个钱上面这个字都不认得"① 等类似话语给人做工作。当然最重要的是中华人民共和国初期,国民对国家的极大热情和强烈认同使他们对国家的宣传与措施持完全赞同的态度,并在国家的号召下热情地投入其中。

扫盲运动所提出的一些口号也反映出国民对国家的强烈认同,如"社会主义是天堂,没有文化不能上""工业化、农业化,没有文化不化"等口号反映了国民对新生国家的热烈拥护和以执行国家政策为荣的自豪感。这种对国家的高度认同很显然地就转化为国民对扫盲运动的强大支持力,其间,"尽管政府的政治意愿是必不可少的,但如果没有基层的支持,即如果在居民中没有强大的动力,那么在这方面的任何努力都是白费的"②。

(二) 中华人民共和国初期识字运动③中的精英与民众

在我国精英与民众的划分由来已久,精英包括政治精英、经济精英、军事精英、文化精英等。自古以来,精英们就担负着文化教化、潮流引领、社会变革的重任,而且也做出了巨大的成绩,但这和人民群众创造历史的说法并不矛盾,因为精英其实就是人民群众的优秀代表,而且如果没有精英们的上述作用,人民群众创造历史的进程就会受到相应延缓。但精英者在履行启蒙者角色的同时,以启蒙者自居,忽视甚至掩盖自身的缺陷,没有意识到自身启蒙的必要。换句话来说,精英们善于"他省"而缺少"自省",即缺少智者"三省吾身"的关键一环。所以,精英们只有做足入乎民众的功课,又有出乎民众的清醒,才能发挥正确而关键的作用。而文化精英们只有深入民众文化并能引领民众文化,才能寻求到自己独特的定位。

---

① 马云、刘建平:《口述视角下的20世纪50年代中国农村扫盲教育及现代启示》,《教育理论与实践》2004年第3期。
② 〔瑞士〕查斯·赫梅尔:《今日的教育为了明日的世界》,王静等译,中国对外翻译出版公司,1983,第61页。
③ 建国初期的扫盲运动一般就是指识字运动,或以识字为最终目的,所以我们就直呼为识字运动。

我国目前一般认为文化精英就是指那些文化水平较高、以脑力劳动为主的人，而就中华人民共和国初期扫盲运动的特定内涵而言，文化精英①是指那些识字数量在普通民众之上的人。在农村特别是山村，专职扫盲教师非常少，扫盲教师的主力是上百万参加农业劳动的中小学毕业生和上山下乡的干部，即"知识精英"。这些"知识精英"在扫盲运动中发挥了极好的示范引领作用，如祁建华发明了"速成识字法"并经由《人民日报》的推荐在农村普遍推广，效果良好。

在扫盲运动中政治精英希望提升知识精英身份。当时干部即政治精英是国家建设的重要骨干，但受各种因素的影响，建国后绝大多数的农村基层干部都是文盲，边远地区更不例外。通过政府的重视和自身的努力，基于主客观的需要，干部们的知识精英身份得以提升，双重身份得到加强。普通民众通过识字率的提高在向知识精英靠拢的同时也获得了通往政治精英道路的机会。扫盲运动的结果证实，无论是政治精英补充了知识精英身份还是通过知识精英身份取得政治精英地位，都因为"知识"的持续学习与应用而更进一步，而不是像有些人一样脱盲之后未继续学习而"复盲"。

但中华人民共和国初期的扫盲运动如果没有民众的支持，没有他们做强大动力，那么精英们在这方面的任何努力都是白费的。

（三）中华人民共和国初期识字率与国家在场

新中国成立后，国家通过各种符号（标语、口号、红书以及其他宣传品），逐渐将乡村纳入国家意识形态的轨道中，国家符号遂深深嵌入乡村的治理结构中。在扫盲运动中，其对象绝大多数为农民，而农民是进行社会主义建设和巩固社会主义制度的核心力量之一，但又有落后和保守的一面，所以对农民进行思想改造就成为建国初的重要任务之一。这种改造当时所面对的是九成以上的文盲，所以扫除农村包括山村的文盲就成为首先要完成的任务。

国家通过全方位多层次的政治宣传，将民众和精英都吸收进扫盲的运

---

① "文化精英"这一称谓就其内涵而言称谓"知识精英"更合适些，在相应的语境中下文即如此称呼。

动过程中,通过提高识字率,培养了民众对国家服从的主动性。

三 中华人民共和国初期贵州扫盲运动的人类学分析

贵州地处云贵高原,有 17 个世居少数民族,他们属典型的山地民族。新中国成立初的贵州山民同全国人民一样,获得了政治上的解放和经济上的翻身,做了主人,但他们文化上的短板虽一时难以改变,但又不得不改变。因为"只靠财产不可能创造社会地位:它必须以文化的形式作媒体来使财产起作用"。①

国家进行大规模的经济建设和提高国民政治觉悟的要求,促使新中国要加强文化建设,提高识字率和对国家的认同意识。贵州省黔东南也是如此:"1953 年初,随着社会的发展与变化,大规模的经济建设即将开展,农民群众对业余文化的要求有显著的增长。这是因为互助合作运动发展后,农民在生产管理上、技术改进上、政治觉悟上都要求提高,如有的要求读报、看文件、记笔记、学习政策,以提高工作能力;有的要求学新的生产经验,改进技术;入社的则要求学习记工、算账等,没有文化是不行的。这就使今后的扫盲工作有着更重大的政治意义。为迎接经济建设的到来,必须进行大规模的文化建设,扫盲运动本身就是文化革命,并且是文化建设的高潮的主要标志之一。"②

贵州在中华人民共和国初期扫盲工作主要以"进行时事、政策教育、思想政治教育为主,适当的开展识字教育",1952 年后,才主要"进行识字教育,扫除文盲"。③ 可见,初期扫盲的政治目的还是比较明显的,就是要加强人民民主专政的国家政权。而后期则以识字教育为主,随着识字率的提高,民众有较多的机会阅读各种文本,政治和国家意识会通过文本浸渍到阅读者大脑,形成对国家的认同感。两者殊途同归,只不过后者更隐性一些。

---

① 张小军:《阳村土改中的阶级划分与象征资本》,载黄宗智《中国乡村研究》(二),商务印书馆,2003,第 97 页。
② 范连生:《革命语境下的文化翻身——评建国初期黔东南少数民族地区农村的扫盲运动》,《贵州社会科学》2008 年第 11 期。
③ 黔西南州教育志编纂领导小组:《黔西南州教育志》,贵州教育出版社,1998,第 369 页。

但政治目的转化为政治手段且用过了的时候,会影响政治目的的实现。如扫盲运动后期,各地出现了靠行政命令、扣工分、批判的办法,强制群众参加农民政治夜校,大抓阶级斗争,识字几乎陷于停顿,扫盲未成,文盲更多了。

从扫盲对象上看,贵州虽然在总体上面向广大民众,但还是侧重于精英阶层,如"解放初至1955年是雇农、贫农、中农、农村中赞成反封建的群众、农协会会员,重点是农村干部、积极分子……1964年定为贫下中农的青年、基层干部、党团员、积极分子中的文盲"①。

农村政治精英是国家实施基层治理的中坚力量,而识字水平、文化水平较低的农村政治精英很难担负起国家意识形态在山村全面深刻渗透的任务,国家的认同感也只有通过精英们的引领与示范作用才能在农村的细枝末节中得以培育与加强。这种精英意识在贵州省执行的扫盲标准上也有所反映:1953年,"扫除文明标准按不同对象分,分别为:干部、工人一般可订为认识两千个常用字,能阅读通俗书报,能写二三百字的应用短文;农民一般可订为认识一千个常用字,大体能阅读通俗的书报,能写农村常用的便条、收据等"②。

贵州省虽然重视扫盲运动中精英们的引领作用,但群众的历史主导地位是同样值得重视的,事实上领导者也确实从政治宣传、经济地位、民族关系等方面做了很好的铺垫,比如通过土地改革,省内各族人民的历史恩怨和民族隔阂得以消除,团结平等、友爱合作的新型民族关系开始形成;土地改革也打碎了山区的家族统治和封建宗法思想,解放了各族群众的思想意识,山民的精神面貌为之大变。群众积极要求学习文化知识的热情高涨,"各地苗胞听到叫他们学习文化的消息后,非常高兴,有的说:'过去因为不识字,吃了很多亏。以后再不叫它吃亏了。'"③ 一时间农村小学、夜校、识字班如雨后春笋般涌现。

---

① 黔南布依族苗族自治州史志编纂委员会:《黔南布依族苗族自治州志·教育志》,贵州人民出版社,1996,第424页。
② 黔西南州教育志编纂领导小组:《黔西南州教育志》,贵州教育出版社,1998,第375页。
③ 《丹寨县召开教员联席会研究开展少数民族文教工作》,《新黔日报》1950年12月15日第2版。

山民们这种高涨的扫盲热情，促使扫盲中一些创新性做法产生，例如"剑河县周启瑛创造的速成识字记忆法，办法简单，容易记忆，发达了成人思维，做到'单字连词'，连得快，成得快，综合地系统地解决文字速成和巩固的问题。学员纷纷反映说：'这样学把脑子学开了。'凡是试验这个认字方法的地方，群众学习的情绪都很高。"① "在教学方面，创造了'包教包学，送字上门，见物识字，卡片识字，路旁插牌，赶场识字，田边、灶前学习及筛面练字法等'方法，千方百计调动群众学文化的积极性，普及识字教育。"②

四　结论

中华人民共和国初期的扫盲运动持续时间较长，影响范围较广，取得了伟大的成绩，也有诸多不足值得借鉴。

（一）扫盲运动不单单是文化性运动，而且还是一场群众广泛参与的政治运动，其政治性的结果则突出地表现在对国家的高度认同上。扫盲促进了识字率的提高，它一方面提升了民众对国家的认同感，另一方面国家认同也对它产生了积极的驱动作用。

（二）知识精英在扫盲运动中发挥了极好的示范引领作用，同时普通民众通过识字率的提高也增加了走上政治精英道路的机会；反之，政治精英希望通过提升识字率来巩固自己的精英身份。从国家在场理论看，国家政权对乡村的有效管理则要求民众识字率的提高，而民众识字率的提高则进一步强化了国家政权对乡村的管理与掌控。

---

① 范连生：《革命语境下的文化翻身——评建国初期黔东南少数民族地区农村的扫盲运动》，《贵州社会科学》2008 年第 11 期。
② 黔西南州教育志编纂领导小组：《黔西南州教育志》，贵州教育出版社，1998，第 370 页。

关于湘西州民族地区字用规范化传承应注意的几个问题*

龙仕平

(吉首大学文学与新闻传播学院 吉首 416000)

提 要：湘西州民族地区字用规范化传承应注意如下几个问题：关于汉字字用的规范化；写准字形，传递有效、正确的文字信息书写载体；读准字音，给湘西州少数民族准确地书写汉字、选择正确的代表字扫清障碍。只有这三个问题做到完全充分的厘清，才能从根本上解决该地区汉字字用其形体、读音的规范化等问题，使其本民族的历史文化得到很好的传承与彰显。

关键词：湘西州 字用 规范化 传承

湖南省湘西州境内辖七县一市①，有汉、土家、苗、回、瑶、侗、白等30个民族，人口183万，其中土家族占41.5%，苗族占33.1%。由于土家语、苗语这两种语言只有语言没有文字，都是借助汉语拼音字母或汉字这一中介来各自表达意义。近年来，又由于我国的少数民族语文问题、方言问题、少数民族创立文字问题以及汉字本身的改革问题等，该地区实

---

* 基金项目：湖南省语委课题"区域语言文字工作规范化实验研究——以湘西州苗族、土家族语言运用民族性、规范性研究为例"（2014YB-002）、"湖南省湘西民族语言研究基地项目"（12jdzb067）阶段性研究成果。

① 辖吉首市和花垣、保靖、永顺、龙山、泸溪、凤凰、古丈8个县（市），总面积15461平方千米。

施汉字字用规范化传承工作,曾出现过畸形发展。但是,随着新的知识和经济信息时代的到来,汉字字用规范化教学的重要性愈来愈凸显出来。

一 关于汉字字用的规范化

湘西民族地区历来重视本民族学校创立和民族文字的发明。例如:湘西州凤凰、花垣、永顺等县最早创立了苗语班、土家语班,进行过苗汉、土汉"双语"教学,还出现了早期的方块苗文①以及近期利用拼音字母建构的拼音苗文。现在本地区的关键问题是苗语、土家语在逐渐汉化,而汉字的规范化教学又得不到很好的实施,使学生写字不规范,在字的笔形、偏旁、结构等方面经常出现错误。王宁先生在《〈通用规范汉字表〉解读》中对"规范汉字"的界定为:"'规范'汉字是指经过系列整理、由国家发布、通行于中国大陆现代社会一般领域的标准汉字。"② 因此,我国长期对字种、字形、字音、字量等进行了整理和规范。仅从字形、字量的角度来看,大约出台过如下文件:1986年国务院批准重新发表的《简化字总表》,该表对1964年公布的《简化字总表》略有修订,表中收2235个简化字;1955年12月文化部和中国文字改革委员会联合公布的《第一批异体字整理表》中收809组异体字中的正字;1965年1月文化部和中国文字改革委员会联合公布的《印刷通用字形表》中规定印刷宋体字形6196个;1988年3月25日,国家语委和国家新闻出版总署联合公布的《现代汉语通用字表》,充分吸收了自1928年到1987年这60年间的近20种用字统计数据的成果,最终筛选出现代通用汉字7000个。2011年国家颁布的《义务教育语文课程标准》,对学生识字、写字,提高学生的语文素养,提出了明确的目标。从识字数量和识字能力的学习目标,各学段是这样安排的。

---

① 湘西方块苗文发现有两套,一套见于《古丈坪志》中,一般称为"古丈苗文";另一套是花垣县龙潭镇板塘村的族秀才石板塘(1863~1927)创制的"板塘苗文"。石板塘是出于创作新苗歌的目的而创制这套苗文的,他用这套文字创作了许多作品,开创了苗族书面文学的先河。
② 王宁:《〈通用规范汉字表〉解读》,商务印书馆,2013,第1页。

年级	要认识的字数量	要求会写的字数量	识字能力
1~2	1600~1800	800~1000	学习独立识字
3~4	25000	2000	有初步的独立识字能力
5~6	3000	2500	有较强的独立识字能力
7~9	3500	3000	能熟练地独立使用字典、词典能力

从上表可见，汉字字用规范教学是保证学生正确使用文字、提高全民语文素质的重要措施。湘西州民族地区实行双语教育制度，对开发民族幼儿智力、更快更好地提高少数民族素质和文化水平以及提高少数民族的科学技术水平，都有着深远的意义。由于湘西州民族地区发展不平衡，加上所处的条件恶劣，因而双语现象呈现出不同的类型和特点，主要表现在如下四个方面：人口多与人口少的不同，有传统文字与没有传统文字的不同，聚居与杂居的不同，跨境民族与内地民族的不同。就是同一个民族内部，不同地区也往往存在许多差异。又由于时代的局限和技术条件等限制，现有规范字表之间存在着一些相互矛盾和收字不合理以及体例不一致等问题，给汉字的使用带来困扰。这些不同的特点和汉字本身存在的问题，决定湘西州少数民族的"第一外语"即汉语的教学应当根据不同的教学对象，采取不同的培养目标和教学方法来进行①。

二 写准字形，传递有效、正确的文字信息书写载体

"一语双文"是指"一种语言"和"两种文字"。"一语"就是"一种语言"，指现代汉民族的共同语——普通话，"双文"就是"两种文字"，指方块汉字和拼音汉字，其中方块汉字占主导地位，拼音汉字用在方块汉字不能使用或不便使用的地方，起辅助作用。刘涌泉说："到了信息化社会的今天，汉字在不少方面已不适应社会的要求。……从这个角度看，双文制更是大势所趋，势在必行。""使用拼音文字不是为了取代汉字，而是和汉字并行不悖，相辅相成，相得益彰。"② 可见，实行"一语双文"制的

---

① 戴庆夏：《少数民族语言文字与教育》，《中国教育报》1995（3）。
② 刘涌泉：《一语双文势在必行》，《语文建设》1992 年第 3 期。

实质是"长期共存,各用其长"。因此,汉字改革中的汉字夹用拼音,以及早期教育中的拼音夹用汉字,就是"一语双文"制的产物。

字形是唯一属于文字的物质形式,是书面语言的载体。文字符号系统的外在特点是通过字形表现出来的。字形一般按其结构可分成左右结构、上下结构、左中右结构、上中下结构、半包围结构、全包围结构等。王力先生认为汉字形体变化应该从两方面来看:第一是字体(文字的笔画姿态)的变迁,第二是字式(文字的结构方式)的变迁[1]。裘锡圭先生把汉字变化分为形体与结构两方面,形体又分为字体与字形,结构则分为表意文字、形声字、假借字以及记号字、半记号字[2]。这些分类方法虽然各不相同,但有一个相同点,都是关于汉字字形两个相联系又各自独立的方面的内容:一是结构,或称为字式、构造、形体构造、组织构造、字形结构等;二是字体,或称为体态、书体、态势、字体风格、书法风格、书写、写法。李运富先生在前人研究的基础上提出汉字本体研究具有三个不同的层面,即字形、字构、字用。字形,指称外部形态,包括书写单位、书写方法、书写风格、字体类型、字形变体等,可以形成汉字的形态学,即从外部形态入手,研究汉字样式的书写规律和变迁规律,也可以叫汉字书体学;字构,指称内部结构,包括结构单位、构件类别、结构理据、组合模式以及各种属性的变化等,可以形成汉字的构形学,即从内部结构着眼,研究汉字的结构理据和结构规律;字用,指称记录职能,包括记录单位、使用属性、字词对应关系、同功能字际关系等,可以形成汉字语用学,即从符号功能的角度,研究汉字是怎样记录汉语的。显然,从最基本的开始对学生进行字形规范化训练,是提高学生识字、写字能力的正确途径。汉字字形规范化就是要确立每一个汉字的标准字形,包括笔画数,每笔的笔形、笔顺和每个字的整体结构。字形规范化要求严格做到一字一形,消除一字多形。我国由于社会历史因素影响,汉字字形一直存在着分歧,表现为繁简并用、异体并存、印刷用字不统一等问题,这给语言文字教学带来一些负面影响。

---

[1] 王力:《汉语史稿》,中华书局,1958,第39页。
[2] 裘锡圭:《汉字学概要》,商务印书馆,1988,第27页。

我们对湘西州九年义务教学"双语教学"的学校进行实地调查，从《现代汉语常用字表》和《现代汉语通用字表》中选取 100 个常用字对学生进行检测。检测结果在字用方面反映出如下普遍性问题。一是任意加减笔画，例如：武㦤、考考；二是任意改换偏旁或部首，例如：玷（沾）污、心躁（澡）；三是使用异体字，例如：猷（猶）、泪（淚）、粮（糧）；四是使用同音字，例如：绷（崩）带、爱戴（带）；五是结构助词的、地、得不分；六是乱用繁简字，例如：游漖、点奌；七是受方言影响，例如："让"写成苗语是 rangs、"请"写成苗语是 ceitd 等。针对这些字用上出现的问题，我们必须选择正确的解决方法，才能在教学中对症下药。首先，要注重汉字历时传承中的形变。汉字在历时传承中的形变，可分为两种：书写的变化和构形的变化①。（一）书写变化，是指汉字经过发展，结构要素、结构模式、结构层次等都没有发生变化，只是书写形式发生了变化。这种变化是形素内部的书写单位在笔法或笔数方面发生的变化，例如：𩑋（甲骨文一期）、𩑋（金文）、𩑋（小篆）、页（楷书）。"页"，从甲骨文到金文，𩑋像人形，𩑋象其首，或作𩑋，是独体象形字，其变化也只是书写样式的变化，没有发生构形属性方面的变化。（二）构形变化，分为构件对应性变化以及跨结构变化两种。1. 构件对应性变化，主要是指在汉字传承中构件的增加、减少或更替现象。例如"祭"，𩑋（甲骨文一期）、𩑋（甲骨文二期）、𩑋（金文）、祭（小篆），从甲骨文到金文，再到小篆，"丅（示）"构件增加笔画，"o（肉）"构件写法上发生了变化。再如"卿"，𩑋（甲骨文一期）、𩑋（甲骨文二期）、𩑋（金文）、𩑋（小篆）、卿（楷书），从甲骨文到金文再到小篆，其中间从𩑋，或从𩑋，小篆变成从皀。可见中间构件写法发生根本改变，于是就有"卿"这个楷书形体。2. 跨结构变化。汉字的构形是依照层次逐级构成的。全字或每一个构件的理据讲解都需要通过分析其直接构件获得，不在同一层次的构件不发生构意组合，但目前对跨层次的认识还不是那么深刻。其次，要注重字素概念。李禄兴指出："字素是从理论上推导出来的一个概念，指字以下、笔画以上的中间

---

① 齐元涛：《汉字发展中的跨结构变化》，《民俗典籍文字研究中心论文选集》（第三集），中华书局，2014，第 121~122 页。

构字成分，是构字的基本单位。"① （一）字素不同于笔画。字素是现代汉字的构字单位，笔画则是构成字素或字的最小单位。"币"可分上下两部分，上部分是"丿"，下部分是"巾"，"币"则由两个字素组成。"气"是一个形声字，"丿"表示读音，它与形旁"气"相等位，理所当然地成为一个字素。（二）字素不同于传统文字学中的偏旁。偏旁多指合体字分析出来的两个相离部分，如"打"有两个偏旁，即"扌、丁"。而字素不仅适用于合体，也适用于独体。例如"人"也有两个字素，即"丿"和"乀"，也就是说笔画与字素同位，而"丿"和"乀"是无法称为偏旁的。此外，偏旁可以溯源，具有可解释性，而字素只具有分解性。如"及"，小篆从又（手）从人，"人"和"又"是它的偏旁，而现代汉字字素分析只注重形态，分解为"丿、乁"两个字素。（三）字素也不同于部件、字根。部件一般有两个含义：一是指对汉字（合体字）一次切分后所得的结构单位，二是指汉字（合体字）多次切分后所得的单位。第一个含义上的部件相当于"偏旁"，第二个含义上的"部件"，即"元件"或"字根（字素）"。汉字大多数是多层次的，字素的底层是位素，即构成字素相互区别的最小单位。位素之上是根素，即构成字素的基本单位，根素有时可以分级，即一级根素、二级根素……这样字的层次可以建立为：字—字素（根素—位素）—笔画等。从字素本身的结构来看，合体字中的字素可以分为单素和复素两类。单素指由一个位素构成的字素，即直接由笔画组成的字素，如"扌、木、人、口"等。复素指包含两个或两个以上位素的字素，如上述"荷"中的"何"等。再从字素与字的关系上分，字素可以分为成字字素和不成字字素。成字字素可以是单素，也可以是复素，如"倒"中"到"，"嘭"中"口"，不成字字素如"扌、犭、刂"等。再次，要注意部首变体。写规范字就得掌握基本字表，提高识字、写字能力的关键是注意字的部首变体，例如人（亻）、刀（刂）、心（忄）、水（氵）、手（扌）、爪（爫）、犬（犭）、火（灬）、玉（王）、示（礻）、衣（衤）、肉（月）、言（讠）、金（钅）、食（饣）等。除上述之外，进行写字课训练必须保证足额、标准的课时量。九年义务教育的识

---

① 李禄兴：《现代汉字学概要》，文津出版社，1998，第38~39页。

字、写字课非常重要,《义务教育语文课程标准》(2011年版)对各学段目标与内容做了科学的要求。只有保证足额、标准的课时量,才能完成各学段目标与内容,实现"双语"识字、写字教学的最优化。

三 读准字音,给湘西州少数民族准确地书写汉字、选择代表字扫清障碍

在字用方面,字音规范化也非常重要。字音的规范化就是根据语音发展的规律来确立和推广标准音。由于长期以来的古今音、文白音、方言音的影响,湘西州民族地区语音呈现出复杂局面,给汉字在字用中准确的读音以及准确地书写汉字、选择代表字带来难度。

湘西州主要是土家语人群和苗语人群。伴随推普工作的实施,两大人群主要转向汉语,其转化过程是:土家语或苗语单语人慢慢变成土家语或苗语/汉语(以土家族或苗语为主)双语人;土家语或苗语/汉语双语人又慢慢变成汉语/土家语或苗语(以汉语为主)双语人,最后变成汉语单语人。目前这两大人群都是土家语或苗语/汉语或者汉语/土家语或苗语的双语人,使湘西州语言环境呈现双语型。这种双语型社会的语音问题,无疑是很复杂的。湘西州土家族主要由三大块组成:第一块位于龙山县东南部、永顺县西部、保靖县西北部;第二块位于保靖县东南部、古丈县西北部;第三块在泸溪县潭溪镇以及凤凰林峰、水田两乡等。杨再彪谈道:"第一、二块属于北部方言,第三块属于南部方言。北部方言的龙山土家语无浊塞音、塞擦音声母,同属于北部方言的古丈土家语和南部方言的泸溪土家语有浊塞音、塞擦音声母。另外与古丈相连的保靖县东南部土家语,如仙仁话,虽无浊塞音、塞擦音这两套声母,但不送气清塞音、塞擦音声母大多也带有浊化成分。"① 土家语的韵母情况则更复杂,有些地方只有单元音、复元音和鼻化音,没有鼻尾音和撮口韵;有些地方则有卷舌韵母,例如古丈小龙热土家语有4个卷舌韵母,即 iər、uər、or、ər,而龙山靛房土家语无卷舌韵。泸溪土家语虽只有一个卷舌韵,即 ər,但有撮口韵

---

① 杨再彪:《湖南西部四种濒临语言调查》,民族出版社,2011,第38~39页。

母5个，即 y、ye、yɛ、ya、yn，鼻尾韵2个，即 yn、in。土家语声调由少变多。通过调查发现，在北部方言声调中，龙山靛房土家语有3个，即55、35、21；古丈小龙热有4个，即55、53、35、21。而在南部方言中，泸溪已有6个声调，即55、53、35、33、21、13。湘西州苗族所使用的苗语分成东、西两个次方言。东部次方言包括泸溪、吉首、古丈县东部，龙山县南部；西部次方言，包括花垣、凤凰、保靖及古丈的西部。东西两个次方言在语法上区别不大，但在语音上有些差别，词汇差别较大。湘西苗语次方言语音有如下特点：（1）声母一般有复辅音，而且大多有清浊和送气与不送气之分，如 mp、nt、ŋk、pl、pt 等；（2）双唇音有一套塞通音和鼻通音及双唇腭化音，如 pl、plh、th；（3）舌根、小舌音分别有舌根圆唇和小舌圆唇音，如 q、qh 等；（4）鼻浊音、边浊音有的还有清化送气之分；（5）韵母有前［a］和后［ɑ］之分，但没有圆唇韵母［y］；（6）声调多达6至8个，且尚存连续变调现象。鉴于这种复杂的土、苗语音特征，九年义务教育应抓好转型期阶段，即"土家语或苗语单语人慢慢变成土家语或苗语/汉语（以土家族或苗语为主）双语人"这一重要阶段的读音训练。首先，针对方言读音差别特征，加强普通话声、韵母对比训练。土家族儿童对声母平翘问题，声母前后鼻音问题，［n］与［l］、［x］与［q］、［h］［x］与［f］等读音问题认识不清。现以永顺县万坪镇土家话为例，"吃"读成"cī"，而"赐"读成"chī"；"样"读成"yàn"；"料"读成"niào"；"溪"读成"qī"；"鞋"读成"hái"等。土家族儿童对韵母 uo 和 e 不分，对"y"和"i"读音完全不分。"哥哥"读成"guōguō"；"鱼"读成"yī"等。元音自成音节或零声母韵母前面有轻微的喉塞音ʔ。苗语儿童对声母［x］与［f］不分，也就是"扶"和"胡"都读"fú"，"花"读"fā"；［d］与［t］不分，"唐 táng"写成 dáng；平翘舌不分，［ts'］与［tʂ'］不分，"从"和"虫"都读"cóng"；zh 和 z 不分，"增"和"争"都读平舌音"zēng"；sh 和 s 不分，"苏"和"书"都读"shū"；鼻音和边音（n 和 l）不分，更多误读偏向边音，如"男"读成"lán"，"脑"读成"láo"，"怒"读成"lù"等。零声母的发音，皆系直接引读出来，例如"玩、吴、文、云、因、恩、啊、压"等。苗语儿童韵母相对复杂，现以花垣县吉卫镇为例，表现在以下几个方面。（1）假摄开口三等精组字，以母字、咸摄开口三四等入声字（除照组），山摄开口三等帮组、来群疑见母入声字，山摄开口四等入声字读［i］，如届、叶、爹、别、节。（2）遇摄鱼虞两韵逢知庄章组声母读 u，如除、书、珠、书；逢精见系声母读 ч，如需、徐、鱼＝虞＝余、堵、独、逐。（3）止摄读音比较复杂，如卑、披、被、第、吹、耳。（4）效摄基本都读 i、ia 韵，如烧、报、苗、跳。（5）蟹摄开口一二等、合口二等主元音一般为 ε，如带、海、街、怀、鞋、台、坏。（6）果摄一等端系及山摄入声读开口，其余大致都读合口，如锁、楠、雷、哥、对、多、或、断、录、鹅。（7）江摄入声读 i/io/u/au/iau 不定，如捉、雹、饺、仆。（8）宕摄入声开口一等、开口三等知章组字及咸山摄入声开口一等见系读［o］，如膜 mo、拖 tuo、落 luo、锁 suo、酌 zhuo、渴磕（ko）；开口三等端见系读［io］，如脚、觉、虐、约。（9）曾摄入声开口一等端组泥来母读［i］，如得德（di）、特（ti），其他读［ei］，如北、则、黑。（10）梗摄入声开口二等疑影母读［ai］，如额、扼，其他读［ei］，如伯、泽、拆、脉、隔、格。（11）深臻曾梗摄舒声大都收［n］尾，如针蒸争征［zeng］、经晶巾［jin］、春［cun］、运［yn］、坤［kun］；仅曾摄开口一等、梗摄开口二等舒声帮系收［ŋ］尾，如崩［puŋ］、彭［buŋ］、忙［maŋ］、孟［muŋ］。其他曾梗摄字与臻字都读鼻音韵尾脱落，读鼻话韵，从而导致曾梗摄与深梗摄字同音，如林＝邻＝陵＝灵、蝇＝音＝因＝鹦、真＝针＝蒸＝征、京＝巾＝今。（12）通摄除三等见系字外，都读［u］，如木 mu、六 lu、促 cu。（13）山摄开口三等心母、合口三四等精见晓影组，臻摄合口三等精见组，曾梗通摄合口三等影组，通摄合口三等见组读［ч］，如薛雪血、绝橘局掘、越月、役欲雨。（14）见系开口二等字的韵母白读为洪音，如牙［ŋa］，文读为细音牙［ia］。（15）山摄开口三等、曾开口三等、梗摄开口四等、咸山梗摄开口四等来母、曾摄开口一等端组读［i］，如猎列力吏劣历、碟得、踢贴铁。（16）咸深山臻曾梗摄开口三等泥母、精组、见组，山梗摄开口四等泥母帮组、精组、见组，咸摄开口四等晓组读［i］，如蔑、切七、叶意、急集接杰、熄吸歇析歇。① 其次，注意调值变化训练。土家语声调一般有

---

① 邹晓玲：《湘西花垣县汉语方言的语言特点》，《铜仁学院学报》2012 年第 12 期。

四个声调，现以龙山县坡脚乡的土家语为例，声调分高平（55）、高降（53）、中升（35）、低降（21）。土家语声调主要表现在如下两方面：第一，高平调和高降调在多音节中能自由变调；第二，多音节中当高平调连读时，最后一个音节调值降低成中平调33。苗语的声调相对复杂，现以吉卫方言为例，表现在以下几个方面：（1）古清上和次浊上今读上声，全浊上和去声字今读去声。（2）古平声按古声母清浊各分为阴阳两类，即古平声清声母字今读阴平，古平声次浊、全浊声母字读去声。（3）古入声字大部分今归阳平，少部分归去声，归去声的如压、切捺。（4）在吉卫方言中的声调阳平35变为24调，调值明显降低，上声214变为23，如娘在普通话中读35上声，在吉卫方言中读24调，调值明显在下降；阴平中的高平调在此方言中也变得较低沉了，从55调变为52，如声、出、粗、天等；普通话中读上声214，在吉卫方言中读23，降调的调值非常大，除此之外还有丑、楚、草、体、好等上声字的变化。普通话中的入声字在吉卫方言中也有变化，从51变为53，语调没有那么急，而且音色基本相同，如近、柱、是、作、段、断、倍、厚、父、盖、抗、唱、汉、世、共、阵、助、害、树、案等。再次，注意典型方言词读音变化。例如龙山县坡脚乡的土家语，在声母方面，北部方言没有浊塞音和浊塞擦音声母，但有一部分双音节词第二个音节的清声母有浊化现象；只和i以及i开头的韵母相拼；l和n自由变读，常以［l］作音位代表。在韵母方面，有舌尖齿龈元音ʅ，只和声母ts、tsh、s、z拼，而元音i不和这些声母拼，ʅ、i合成一个音位，以［i］为代表；in、an、un、ian、uan为半鼻音韵母，后面n读音消失；另有三个韵母ua、uun、ioŋ用于专拼汉语借词。另外土家语动词"dài"，可以读~酒、~烟、~饭、~水、~瞌睡等。苗语吉卫方言有自己特殊的地方，可从声、韵、调角度比较分析，例如：声母几乎不分清浊，大部分为浊音，甚至在某些情况下还会有音调误读的情况，比如说北＝白、曲＝去、歇＝鞋等；其次在调查中发现，韵母在发音时与普通话会有一定的差别，如ai与an在发音时有混用，ing与in、en与eng不分，其他的却分，如坛和糖是可以分的，这在花垣其他地方不一定都分，在吉卫方言中只有前鼻音，如"陈"（cen）、"英"（yin）、"听"（tin）、"厅"（tin），除此之外，同花垣方言一样［h］与［f］相混，如"胡＝扶fu"；［m］与

[u]不混,如"门"(men)与"闻"(wen);还会出现[x]与[q]不分的情况,如"详=强";平翘舌音不分是最为普遍的,都只有平舌音[z][c][s],"之=资、出=粗、时=四"等;无全浊塞音,如"布=步";然而在某些字的发音上存在细节上的不同,[r]发音时舌头并没有翘起,而是抵住下齿,声音平而尖,有时还会出现"ju"与"ji"误读,如"居"与"基"混读"ju","北"与"百"皆读"bei";"路"与"绿"皆读"lu";"各、国、郭"皆读"guó","盖"与"介"皆读"ɡɑi"等。

总之,在湘西州民族地区实施汉字规范化还有很多工作要做。不仅表现在对汉字本体方面的正确认识,还表现在对汉字的通行状况以及汉字客观发展规律的根本性认识;不仅要逐步优化社会流通文字的能力,全面摒除汉字使用中的各种混乱现象,还要更多地关注苗语、土家语及其汉字书写转化中的联系及变化。只有这样,才能确保少数民族地区用字标准的统一,真正使湘西地区达到少数民族地区汉字字用要求规范化整体水平,使本民族的历史文化得到很好的传承与彰显。

壮语地名常见对音汉字的规范字推介研究

覃凤余

(广西大学文学院　南宁　530000)

提　要：本文回顾了以往壮语地名规范化的历史，提出目前壮语地名对音汉字规范化的具体原则。与前贤的看法不同，本文的规范字推介最大的特点是不废方言，以确保不割裂壮语地名历史文化上的联系。

关键词：壮语地名　对音汉字　规划字

一　少数民族语地名规范化的历史回顾

我国少数民族语地名的规范化早在 20 世纪 50 年代初就提上议事日程。1965 年，国家测绘总局和中国文字改革委员会在总结了新疆和内蒙古地名调查的经验后，制定了《少数民族语地名汉语拼音字母音译转写（草案）》，为少数民族语言地名标准化工作提供了参考和依据。这一"草案"在 1976 年 6 月修订出版为《少数民族语地名汉语拼音字母音译转写法》。

1975 年，国家测绘总局在联合国总部举行的地名专家组会议发言中提出了用《汉语拼音方案》作为中国地名罗马字母拼写法的国际标准，并特别提到了少数民族语言地名标准化的问题，指出："中国地名的书写标准化，还包括用各少数民族文字书写本民族语和其他民族语的地名的标准化问题，以及包括用汉字和汉语拼音字母一些各少数民族语地名的标准化问题。" 80 年代初，《民族语文》组织了一场笔会，专门讨论中国少数民族语地名音译转写法和国家地名标准化问题。之后，国家测绘总局又组织力量重新修订并出版了蒙、藏、维、哈、彝、黎等语言的《少数民族地名汉字译音规则》。这一文件涉及的具体语言不多，即使涉及具体的语言，大多也是藏语和北方阿尔泰语系多音节的语言，而壮侗语的地名标准化问题就没有考虑进去。另外，在当时拼音化思想的主导下，主张少数民族语地名一律采用音译转写法。曾世英、孙竹认为："音译转写法是直接的办法，汉字注音法是间接的办法，直接的办法一般来说比间接的办法要精确一些。汉字是音节文字，长于表意，拙于表音。汉语拼音字母代表音素，可以不受汉字固定音节结构的限制，灵活拼音，拼出汉语中有音无字的音，所以至少在表音上，音译转写法要比汉字注音发优越得多"；费锦昌认为："汉字译名表音不准，用字不一，汉字注音发也就表音不准，拼式不一致。音译转写法比较准确，拼式完全一致。准确性和一致性就是科学性。为了提高科学性，应该放弃汉字注音法，采用音译转写法。""不仅如此，还要反过来，以音译转写法为基础，根据字母的拼写形式规定汉字的写法，提高汉字译音的准确性和一致性"[①]。这种摒弃汉字注音的做法是很冒进的，但是在当时的历史条件下，当时的视野就是这样。这样的看法至今还很有影响力，庞森权、刘静《制定少数民族语地名汉字译写标准的基本规则》到现在还主张"根据少数民族语的发音，给出一一对应的汉语拼音字母，然后依据汉语拼音选定适当的汉字"。[②]

我们知道，中国境内的少数民族长期在汉字文化圈内，一些少数民族语地名都有汉字的对音形式。用对音汉字来记录民族语地名，在我国有悠久的历史，更有广泛的群众基础。如果对少数民族语地名对音汉字的广泛群众基础视而不见，一律要求音译转写，就会丧失土人感，地名的使用就会混乱甚至瘫痪。比如，广西最著名的壮语地名"百色"，这一对音汉字记录的壮语地名，壮族在使用，因为百色长期以来是汉壮聚居，所以非壮族也用汉字来称呼和书写，这个历史少说也有几百年了。假如不用对音汉字，完全音译转写，拼写为 baksaek，恐怕一大半壮族、汉族的百色人就不知道了。

---

① 转引自戴红亮《西双版纳傣语地名研究》，中央民族大学博士研究生学位论文，2004，第104页。
② 转引自王胜三、浦善新《方舆·行政区划与地名1601》，中国社会出版社，2016，第66页。

20世纪80年代，随着全国性地名普查工作的完成，少数民族地名的规范化和译写标准问题更加突出出来，迫切需要解决的是，中国境内的民族语地名完全采用音译转写法而摒弃汉字注音法是行不通的。汉字注音法虽然有音译不准、用字不一等一系列的问题，但它是一种历史的选择，有着很大的历史惯性和规范力量。摒弃它是无视历史，也是无视现实的实际使用，我们要做的是补充它、完善它，使之更规范、更便捷。进入90年代，傣语地名就着手在音译转写和汉字译音两方面进行探索，并由国家测绘总局颁布了《德宏傣语地名汉字译音规则》（CH/T4006-1998）和《西双版纳傣语地名汉字译音规则》（CH/T4014-1999）。这两份规则首先制定了一个"德宏/西双版纳傣语地名汉字译音表"，即音译转写的规则，然后，按照这个转写规则去寻找相应的官话音的汉字，让德宏/西双版纳傣语地名中的每一个音节都有官话音的汉字。

二 广西壮语地名规范化的现状

地名中的汉字与壮语的对应情况有两种，一种是对意（即意译），另一种是对音（即音译）。比如，壮语的byaraiz，bya是"石山"的意思，raiz是"花纹、花斑"的意思，byaraiz合起来意思是"有花斑的山"。汉字如果写成"花山"，是对意，汉字如果写成"芭莱"，是对音。对意是把壮语地名重新整合为汉语地名，会造成壮文化的整体流失。本项目主要的研究对象是壮语地名中的对音汉字的规范化。

（一）壮语地名的现状

一方面，同一个壮语词，各地对应的汉字五花八门，比如：
gumz（洼地、坑）：供、共、贡、更、肯、坤、昆、岑、琴、果、群、勤、勒、覃、孔、谷、克、坑、菊、逐、禁、噤、钦、渠、寨、近、翁、勿、种、盆、模、柏、叭、对、等、登、底、凹、意；
rij（溪）：利、尾、委、伟、辉、挥、里、垒、喜、威、吕、哩、礼、会、渭、馗、奎、魁、西、洗、泗、鱼、闷、烘、弄。
另一方面，同一个汉字，对应的壮语词有多个，比如：

"林": lingq 陡坡、raengz 地下溶洞、raemx 水、loemq 下陷处、rengz 平地、rin 石头、ranz 家、rengx 干旱、nding 红色、ndaem 黑色;

"么": moz 黄牛、mou 猪、moq 新、mboq 泉水;

"那么": Nazmoq 新田、Nazmboq 泉水旁的田、Nazmou 猪吃草的田、Nazmoz 牛吃草的田。

（二）壮语地名规范化工作的回顾

国家测绘总局、中国文字改革委员会于 1965 年发布、1976 年 6 月修订的《少数民族语地名汉语拼音字母音译转写法》，从 1976 年修订到现在已经 42 年了。广西开展的壮语地名规范化工作如下：

1. 区民语委应国家语委的要求，在 2001 年 10 月 12 日，召开了"少数民族人名、地名音译转写专家座谈会"。当时主办会议的民语委并没有主持讨论音译转写的问题，而是大家热烈地讨论了地名规范化的问题。

2. 出版《广西壮语地名选集》（张声震主编），主要以资料汇编为目的，部分涉及规范化。

3. 20 世纪 80 年代第 1 次地名普查后各县出版了一批地名志。这批地名志主要是普查的成果汇编，但还是做了一些规范化工作，其中最重要的就是对土俗壮字的整改。第 1 次地名普查前，在民间壮语地名有很多是用土俗壮字书写的。从汉字规范化的角度看，这些土俗壮字都是不规范汉字，不在《现代汉语词典》《新华字典》的收字范围内。按当时的观念，要改用"二典"中相应的汉字，于是，一大批土俗壮字被相应的汉字替换掉。例如：

Bak（口）：咟、晌——百

Naz（田）：畓——那

Laj（下）：悷、喇、呇、厎、浰——拉

Gwnz（上）：㞼、忢——肯、根

Ndaw（内）：娄、閙——内

Nw（上）：娄——汝

杏：（泉水）——泵（读 mèn）、闷

涧、泵、塂：（泉水）——闷

Mboq（泉水）：咘、沛——布

Raemx（水）：㴓、㴻、淰——念

Doengh（田峒、田野）：峝、峏、垌——峒、东

Ngox（芦苇）：羔——蛾

Ndoeng（森林）：㭲、㭴——崇、农、秾

Geng（有路的山坳）：㙱——更

Goek（根部）：峆、橁——谷

Cih、ceh（角落、范围）：㕒——社、设

Rin（石头）：磺——幸

Ndoi（岽）：嶨、㙬——雷

Bo（山坡）：塳——坡

Raengz（深潭）：淩——楞、恒

Daemz（塘）：潬、氎、揩、墥——潭

Hong（大）：崆、崆——空

Nding（红色）：㘾——灵、宁

Lueg（山谷）：哴——陆、六

Fax（天）：砉、㐻——发

Reih（畬地）：犁——利

Yah（妇女）：奵——娅

Hang（尾部）：魍——康

某些壮字无法替换成汉字，或以某些地方某些壮字历史悠久且使用面广而向有关地名管理部门要求保留，如宜州市要求保留淩和氎，并且规定两个字的普通话读音，淩读 léng，氎读 mèn。宁明县要求保留塳和咘，塳普通话读作 bó，咘普通话读作 mō。崇左县要求保留咘，普通话读为 mō。隆安县要求保留㙱和咘，㙱普通话读为 gēng，咘普通话读为 mǒ。南丹县要求保留杏，普通话读音为 mèn。

上述各县局部性的规范工作对壮语地名的书写形式造成了巨大的影响。

4. 一些重要的专家参与了规范化的讨论，著文提出规范化的原则。最重要的文献有两个①：V·费都亚杰、颜海云《关于壮语地名的汉译规范化

---

① 本文以下引文或观点出自这两种文献者，不再出注。

问题》以及戴红亮《汉译"通名"统一规范化的原则及意义——以壮傣语支语言为例》。他们的具体的步骤是:第一步,壮语有壮语的标准音,汉字有汉语的普通话音,所以要用壮语的标准音来对应汉语的普通话音,建立壮汉标准音的语音对应关系表。第二步,依据对应关系表选择相应的汉字,对选字也要进行统一的规范,制定出统一的标准形式。壮语标准音与汉语标准音之间的语音完全对应,只需根据语音严格汉译就可以了。如果两者语音不完全对应,依据其相似关系拟出一个对应关系表。V·费都亚杰、颜海云构拟出了一个详尽的声韵调对应关系表,如表1、表2、表3。

表1 声母对应表

壮文	汉语拼音	例词	
		壮文	汉语拼音
b	b	banz(斜坡)	bǎn
mb		mbanj(村)	bān
by		byaj(雷)	bā
m	m	moj(凸)	mō
my		myox(暗淡)	mò
f	f	feiz(火)	fěi
v	w	vang(横)	wáng
ngv		ngveih(粒)	wēi
d	d	dumh(淹)	dūn
nd		nding(红)	díng
n	n	naz(田)	nǎ
l	l	lueg(山谷)	lū
r		ranz(家)	lǎn
g	g	gauj(樟树)	gāu
gv		gvang(棕榈)	guáng
gy		gyu(盐)	gú
h	h	haz(茅草)	hǎ
gy	j	gyang(中间)	jiáng
g		geh(缝隙)	jiē
c	x	cih(角)	xī
y	y	yah(婆)	yā
ny		nyungz	yǒng

续表

壮文	汉语拼音	例词	
		壮文	汉语拼音
s	s	sok（码头）	suò
	x	sluq（凿）	xíu
ng	Ø	ngox（芦苇）	ó
Ø		ongq（高兴）	áng

表 2　韵母对应表

壮文	汉语拼音	例词	
		壮文	汉语拼音
a	a/ia/ua	faz（铁）	fǎ
ap		hap（回声）	há
aep		laep（黑）	lā
at		dat（悬崖）	dá
aet		maet（跳蚤）	mā
ak		lak（塌）	lá
aek		gvaek（敲）	guā
ab		rab（肮脏）	lā
aeb		raeb（背面）	lā
ad		cad（呛）	xiā
aed		haed（绑）	hā
ag		fag（对面）	fā
aeg		loeg（深）	lā
ai	ai	lai（多）	lái
ae		lae（流）	lái
aw	e	ndaw（里边）	dé
au	ao/iao	laux（大）	lào
aeu		gyaux（摔）	jiào
		gaeu（藤）	gáo
		gyaeuq（桐树）	jiáo
am	an/ian	gamj（岩洞）	gān
aem		raemh（荫）	lān
an		gyan（吞）	jiān
aen		maenj（李子）	mān

续表

壮文	汉语拼音	例词 壮文	例词 汉语拼音
ang	ang/iang/uang	gangz（合欢树）	gǎng
		gyang（中间）	jiáng
		gvangq（宽）	guáng
aeng		gaeng（猿）	gáng
		gyaeng（关）	jiáng
e	ie	req（砂砾）	lié
ep	ie	dep（靠近）	dié
et		get（痛）	jié
ek		dek（裂）	dié
eb		reb（粗糠）	liē
ed		led（捵）	liē
eg		leg（割）	liē
ei	ei	feiz（火）	fěi
eu	iao	leux（木棉）	liào
em	ian	gemh（山坳）	jiān
en		renh（苦楝树）	liān
iem		ciemz（拔）	xiān
ien		mienz（碎的）	miān
eng	iang/ing	rengx（旱）	liàng
		deng（对）	díng
ieng		liengj（伞）	liàng
		mieng（沟）	míng
i	i	cix（角）	xī
iep		riep（蚊帐）	lí
ip		gip（拾）	jī
iet		iet（伸）	yí
it		bit（鸭）	bī
iek		biek（芋）	bí
ik		gik（砖）	jī
ieb		lieb（趟）	lī
ib		rib（指甲）	lī
ied		cieg（破裂）	xī
id		bid（蝉）	bī
ieg		dieg（地名）	dī
ig		lig（破）	lī

续表

壮文	汉语拼音	例词	
		壮文	汉语拼音
im	in	rim（满）	lín
in		linz（木枧）	lǐn
ing	ing	lingz（猴）	lǐng
iu	iu	liu（柴火）	liú
o	o/uo	moj（凸）	mō
op		hop（周）	huó
oep		goep（田鸡）	guō
ot		hot（刮）	huó
oet		ndoet（吸）	duō
ok		ok（出）	ó
oek		doek（落）	duō
ob		bob（瘪）	bō
oeb		hoeb（搅）	huō
od		lod（拔）	luō
oed		moed（蚂蚁）	mō
og		rog（外）	luō
oeg		roeg（鸟）	luō
ou	ou	mou（猪）	móu
om	uan	romh（早）	luān
on		gonq（先）	guán
uem		nuem（蟒）	nuán
uen		nduen（圆）	duán
oem	un	goemq（盖）	gún
oen		roen（路）	lún
um		rumz（风）	lǔn
un		hunh（控）	hūn
ong	uang	gong（堆）	guáng
ueng		gueng（喂）	guáng
oeng	ong	goengq（座）	góng
ung		mungz（野芋）	mǒng

续表

壮文	汉语拼音	例词	
		壮文	汉语拼音
oi	ui	soij（耳环）	suī
ui		guiz（弯）	guǐ
ei		ngveih（粒）	weī
u	u	ruz（船）	lǔ
uep		suep（吸气）	sú
up		lup（朵）	lū
uet		buet（跑）	bú
ut		gut（蕨草）	gū
uek		suek（包）	sú
uk		guk（虎）	gū
ueb		fueb（半新旧）	fū
ub		hub（拃）	hū
ued		lued（夺）	lū
ud		gud（挖）	gū
ueg		mueg（模糊）	mū
ug		bug（柚子）	bū
w	e	rwz（耳）	lě
wet		hwet（腰）	hé
wt		mwt（霉）	mē
wk		hwk（腮）	hē
wed		gwed（扛）	gē
wd		gwd（稠）	gē
wg		lwg（子）	lē
wen	en	bwenj（揭开）	bēn
wn		hwnz（夜）	hěn
wng	eng	fwngz（手）	fěng
ung		bungz（热）	běng

表 3　声调对应表

壮语调类	汉语调类	例词	
		壮语	汉语
第三调	阴平	moj（凸）	mō
第七短调		gip（拾）	jī
		gaet（咬）	gā
		baek（插）	bā
第六调		raih（爬）	lāi
第八调		dieb（踏）	dī
		gwed（扛）	gē
		fag（对面）	fā
		hub（拃）	hū
		moed（蚁）	mǒ
		laeg（深）	lā
第一调	阳平	fwn（雨）	fén
第五调		ongq（坛）	áng
		rap（挑）	lá
		dat（悬崖）	dá
第七长调		mak（果子）	má
第二调	上声	biz（肥）	bǐ
第四调	去声	fax（天）	fà

戴红亮的对应关系表比较简略，只有声韵母对应，如表 4 和表 5：

表 4　声母对应表

壮傣语支声母（国际音标）	汉语声母（汉语拼音）
ʔ、j、ŋ	o
ʔ、v	w
d	d
b	b
n̦	n
ɣ	ɬ、l
h	h

表 5 韵母对应表

壮傣语支韵母（国际音标）	汉语韵母（汉语拼音）
ɛ	ie
e	i
ɔ	uo
ɯ	u
ɤ	e 或 er
ui、ai、ɯi	uei
ɔi	uɑi
ɤi	ei
iu、eu	iou
ɛu	iɑn
ɤu	ou

戴红亮还列有一个通名规范用字表，如表 6：

表 6 通名规范用字表

壮傣通名	书写形式	规范形式	汉语意义
naa[2]	那、纳、南、娜	那	水田
baan[3]	云、万、温、文、板、曼、班、扳、蛮、满、晚、麻、孟、迈、荞、芒	板	村庄
phaa[1] 或 paa[1]	怕、帕、葩、岜	岜	山
nam[4] 或 ɣam[4]	南、念、稔、淋、凛	南	水、河流
dɔi[1] doi[1]	雷、垒、内、瑞、吕、倮、堆	堆	山坡
luŋ[6] ɫuŋ[6]	东、栋、洞、崇、峒、拢、弄、隆、陇	陇	平坝子
doŋ[1]	龙、弄、农、东、洞、垌、崇、秾	崇	森林
keu[5]	旧、久、纠、叫、交、教	久	山口
paak[9]	博、八、百	八	口
ɣai[6] 或 rai[6]	利、立、赖、亥、咳	莱	旱地
haɯ[2]	墟、圩	圩	街、集市
luuk[6] ɫuuk[6]	六、渌、罗	渌	山谷、山冲

Ⅴ·费都亚杰、颜海云和戴红亮的办法，简单地说，就是按"壮标准语—汉标准语"的音值近似，推衍汉语标准语的音，给出其汉语拼音的音节拼写形式，根据此音节寻觅汉字。比如壮语的 mbanj（村），据"壮标准语—汉标准语"的音值近似的推衍转写，得到汉语普通话音为 bān，于是甄选汉字"班"作为 mbanj（村）的规范汉字，mbanj（村）的其他对音汉字"板、办、盘、番、慢、晚、蛮、万、麻"等统统替换为"班"。Ⅴ·费都亚杰、颜海云和戴红亮强调在做"壮标准语——汉标准语"的对应时要排除各自的方言因素。Ⅴ·费都亚杰、颜海云称："汉语音译的对象必须是壮语标准语而不是各个壮语方言土语。壮语方言土语众多，如果汉语音译的对象是各个壮语方言土语，势必造成译名的混乱。"戴红亮称："少数民族语地名汉译标准化的目的就是在民族语标准化基础上实行国家地名标准化和国际地名标准化，如果在选择音点时照顾方言的因素就很难建立一个统一的标准，从而无法真正做到少数民族语地名汉译规范化。"

"壮标准音—汉标准音"音值近似，看似操作便利、简洁明了，但是从壮语音系推衍汉语音系，从理论到理论的操作，其方法有先天的缺陷，会碰到"无字可选"和"选字无着"的实际尴尬，流于简单化、一刀切。Ⅴ·费都亚杰、颜海云推导出的某些音节，lāi、luān、guán、gáo、nuán、duán、díng、lě、mē、guáng、ó、góng、díng、liē 等，在普通话的声韵调配合表中，就没有字可写，这就是"无字可选"。再看"选字无着"，Ⅴ·费都亚杰、颜海云推介"班"为 mbanj（村）的规范汉字，但整个南部壮语中，mbanj（村）的对音汉字没有一个［p］声母字，在北部壮语中"班"也是低频汉字，最高频的是"板"。Ⅴ·费都亚杰、颜海云推导 lueg（山谷）的普通话音 lū，汉字有"撸、噜"，壮语地名资料目前还没发现用"撸、噜"来对音 lueg（山谷）的，频率最高的是"六、禄、绿"一类入声字。按Ⅴ·费都亚杰、颜海云推导 reih（畲地）的普通话音 lēi，现代汉语词典中只有一个"勒"（勒紧裤腰带），戴红亮选了"莱"，可是 reih（畲地）的对音汉字，目前还没有发现"勒、莱"，频率最高的是"利"。又如 bak（嘴、出口），按Ⅴ·费都亚杰、颜海云推导的表，其普通话音为 bá，汉字写做"拔、跋"等，按戴红亮的选字为"八"，可各县市的地名资料中，bak 的对音汉字，频率最高的是"百"，"八"有一些，"拔、跋"还没有发现。

三　本项目简介

（一）壮语地名规范化的含义

戴红亮："地名规范化是指按照一定的要求统一地名的书写形式，它根据不同的要求有着不同的规范层次。一般而言，一个国家的地名规范化主要包括三个方面的内容，即民族语地名规范化、地名国家标准化和地名国际标准化。在我国，也主要包括三个方面的内容，即汉语地名规范（包括各方言地名规范化）、少数民族语地名规范化及汉译规范化、我国地名的国际标准化。"

壮语地名的规范属于戴红亮界定中的"少数民族语地名规范化及汉译规范化"。这一概念就包含了两个部分：第一，少数民族语内部，要先规范；第二，少数民族语对译为汉语之后要规范。

前者，不现实，做不了。为什么壮语内部的规范做不了？

举两个例子：

靖西，利靠：Reih hau（利：畲地；靠：白色）（第 1 次地名普查）

崇左，渠圩：Daemz mou（渠：水塘；圩：野猪）（第 2 次地名普查）

这两个地名的拼音壮文全都拼写的是标准壮语，与汉语相差很远。前一个，Hau 与"靠"语音无法对应，后一个 Daemz mou 与"渠圩"这两个汉字语音也无法对应。相差如此之远，使人无法相信这是一个地名的壮汉语两种称说形式，好像是两个不相干的地名。要使其在记录上成为一致的地名，有两种办法：

① 利靠—Reih gau　渠圩—Gwz gyauh

② 利蒿—Reih hau　替母—Daemz mou

第①个办法是壮语内部保留方言的读音，方言怎么读壮文就怎么写，不强求改为标准语的读法，对音汉字的读音也能跟壮语方言的读音对得上。第②个办法是将壮语内部方言的读法先规范为标准语，再选用跟标准语语音能对得上的规范汉字。两种办法相比较，显然①更合乎实际的记录。第②种办法，不仅壮语变了，汉语也变了，完全不是名从主人的记录了，当地人不认可是本地地名。

上述事实说明，壮语内部强行规范为标准语是行不通的。为什么呢？

1. 壮语南北两大方言的差异大于傣语与老挝语、泰语的差异。

表 7 台语分类表

台语	北支	贵州布依语	
		广西北部壮语	桂北土语
			柳江土语
			红水河土语
			邕北土语
			右江土语
			桂边土语
	中支	广西南部壮语	邕南土语
			左江土语
			德靖土语
		越南侬语	
	西南支	云南傣语	德宏方言
			西双版纳方言
			红金方言
			金平方言
		老挝语	
		泰语	
		掸语	

德宏傣语、西双版纳傣语的地位相当于我们的邕南土语、德靖土语、左江土语，它们都能分方言来做规范，而南部壮语和北部壮语却要在不分方言的情况下做一个规范，难度很大。

2. 南部壮语地区和北部壮语地区，没有形成一个经济政治文化的核心区域，所以并没有出现自发的标准语。尽管有政府人为认定的标准语，但是这个人为的标准语，不是自发形成的。壮语方言区公开场合没有人会说标准壮语，也没有人听得懂标准壮语，学校的标准壮语教学面临崩溃。在这样的情况下，没有人说壮语的时候向标准语靠拢，老辈人怎么教就怎么说，说的都是方言。地名就更是方言了。地名命名都在很远的过去，那时恐怕连标准语这个概念都还没有。地名按名从主人的规则，更不可能规范为标准语的说法了。所以，单就壮语而言，其内部的规范化是无从谈起的，行不通的。

本项目试图做后者，解决一个壮语对应多个汉字的情况。

（二）本项目的主要内容

1. 确立壮语地名对音汉字规范化的择字原则。如下：

Ⅰ. 音值相似，音类对应；

Ⅱ. 立足中古平话，兼顾现代通语；

Ⅲ. 高频优先、从宽，低频补充、从严；

Ⅳ. 汉语借词还原；

Ⅴ. 兼顾古壮字；

Ⅵ. 避免汉字成词；

Ⅶ. 兼顾社会影响力；

Ⅷ. 撞字避让。

2. 对常见壮语地名的对音汉字做使用频率统计。统计的材料以民政厅的第二次地名普查为主，第一次地名普查为辅。材料来源如下：

表 8　壮语地名材料来源

壮语地名材料统计（条）			
北部壮语	桂北土语	巴马县	1202
		环江县	29
		东兰县	517
		金城江区	1062
		天峨县	82
		融安县	76
		罗城县	200

续表

		壮语地名材料统计	
北部壮语	柳江土语	合山市	38
		忻城县	380
		兴宾区	160
		柳城区	64
		柳江区	741
		宜州区	91
		都安县	543
		大化县	331
		港北区	6
		桂平市	100
		覃塘区	11
		鹿寨县	129
		武宣县	14
		象州县	179
	邕北土语	平果县	47
	右江土语	田东县	260
		田阳县	2066
	桂边土语	凤山县	1111
		凤山县	1111
		西林县	90
南部壮语	邕南土语	钦州市	155
		防城港市	417
		上思县	100
		隆安县	1334（一普）
	左江土语	大新县	2931
		江州区	271
		龙州县	104
		天等县	154
		宁明县	2772
		凭祥市	379
	德靖土语	德保县	774
		靖西县	2714（一普）

（总共为 21663 条，未注明的均来自第二次地名普查）

另外，南丹 500、凌云 117、隆林 1063 、那坡 16 、扶绥 974，这些县的二普材料，还没有写上壮文，项目组在统计的时候，没有统计进去，甚为遗憾。

从 21663 条中挑选出 195 个常见的壮语地名，分为 10 个语义类，即天类、山岭类、河流类、田地类、村墟行政单位类、人工地物类、植物类、动物类、方位类、形容词类。每类有的有几个词条，有的有 20 多个词条，统计每一个词条的对音汉字的使用频率。

3. 对每个词条的若干对音汉字做语言学分析，对照择字原则，每个词条推荐一个规范汉字。

4. 制作"壮语地名常见对音汉字的规范字推介表"。

（三）本项目的创新

最大的创新是不废方言。对于少数民族语地名的规范化，以往的看法一般是排除方言的影响，直接用民族语的标准语与汉语的普通话相对应。本项目首次提出不废方言、兼顾通语、音值相近、音类对应等基本原则，做到规范化的同时，也保留地名历史文化，避免了规范化＝简单化的弊端。为了"不废方言"，我们在实际操作中有两个重要的办法。

1. 界定"词"的概念，即壮语地名汉译规范背景下的"词"与语言学的"词"是什么样的关系。

（1）方言间语义相同，词形不相关。

壮语地名汉译规范背景下的"词" ＝ 语言学的"词"

水塘：daemz（北部）：腾、坛、屯、凼、寻、礕、敦、墩、贪、单、登、淡

　　　gwz（南部）：渠、魁、溪、克、决、吉、启、革、堪、其、奇

天：mbwn（北部）

　　fax（南部）

老虎：guk（北部）

　　　sw（南部）

上面：gwnz（北部）

　　　nw（南部）

（2）方言间语义相同，词形相关，语言学一般认定为"有地域变体的一个词"。如：

ⅰ 白色 hau：好、号、皓、浩、耗、敲、蒿
　　　　gau：告、考、靠

ⅱ 村屯 mbanj：板、班、办、盘
　　　　manj：晚、万、慢、敏、满、蛮、皿

ⅲ 头 gyaeuj：丘、坵、邱、古、苟、可
　　　caeuj：周、川
　　　gyaeuj／caeuj：久、交、九、吉、旧、教、介、加、甲

ⅳ 红色 nding：正、丁、定、顶
　　　　ning：良、另、林、灵、零、陵、凌、宁

语言学上的 4 个词，有 8 组不同对音汉字，它们到底算 4 个词还是算 8 个词？在本项目的具体实践中，我们拿出了自己的处理办法。

ⅰ、ⅱ：壮语地名汉译规范背景下的"词"≠语言学的"词"。语言学中的一个词，在壮语地名汉译规范背景下被我们看成两个词。

壮语 hau 与 gau 是方言变体关系，代表着壮语声母 g 与 h 之间的演变和转化，而这样的演变，共时层面的汉语无法找到对应的演变。"白色"，在 hau 与 gau 的所有对音汉字中，要么读 [h]，如"好、号、皓、浩、耗、敲、蒿"，要么读 [kh\k]，如"告、考、靠"，没有哪个汉字既可以读 [h]，又可以读 [kh/k]。"村屯"，壮语 mbanj 与 manj 的方言变体关系，代表着壮语声母 mb 与 m 之间的演变和转化，而这样的演变，共时层面的汉语无法找到对应的演变，上述 mbanj 与 manj 的所有对音汉字中，要么读与 mb 相对应的 [p]，如"板、班、办、盘"，要么读 [m]，如"晚、万、慢、敏、满、蛮、皿"，没有哪个汉字既可以读 [p]，又可以读 [m]。所以，我们只能将 hau 与 gau 当做两个词条来处理，hau 的对音汉字"好、号、皓、浩、耗、敲、蒿"规范为一个汉字，gau 的对音汉字"告、考、靠"规范为另一个汉字；mbanj 与 manj 也当做两个词条来处理，mbanj 的对音汉字"板、班、办、盘"规范为一个汉字，manj 的对音汉字"晚、万、慢、敏、满、蛮、皿"则规范为一个汉字。

ⅲ、ⅳ：壮语地名汉译规范背景下的"词"＝语言学的"词"。语言

学中的一个词,在壮语地名汉译规范背景下仍然是一个词。

"头":在壮语方言中有 gyaeuj、caeuj 两个读音,其对音汉字分为三组:"丘、圻、邱、古、苟、可"声母为 [k﹨kh] 对应 gyaeuj,"周、川"声母为 [ʧ、ʧh] 对应 caeuj,而"久、交、九、吉、旧、教、介、加、甲"在汉语方言中,其声母既有读 [k],也有读 [ʧ] 的,跟 gyaeuj/caeuj 都能对应,我们只需在"久、交、九、吉、旧、教、介、加、甲"中选取一个汉字就可照顾到壮语方言读音变体。"红"在壮语方言中的 nding、ning 两个读音,有对音汉字两组,"正、丁、定、顶"声母读 [t] 对应 nding,"良、另、林、灵、零、陵、凌、宁"声母 [n] 对应 ning,我们没有必要规范为两个汉字。广西很多平话、白话,有很多方言的声母 [t] 就带有内爆音的色彩,我们在 [t] 中选取一个字也可以照顾到 [n],音色非常接近,群众应该能接受。

综上所述,壮语地名汉译规范背景下的"一个词",有时跟语言学的"词"相同,有时不同,判断同或不同,也必须以语言学的历史音变知识为依据。其中关键看方言的具体音变,壮语方言的音变和汉语方言的音变。具有壮语方言语音变体关系的词,如果汉语也有相应的方言演变,能找到体现该演变的汉字,则视为同一个词。如果汉语方言的共时层面找不到体现该演变的汉字,则视为不同的词。

为了确保不同方言间某变体与某变体能合并为一个词条,某变体与某变体必须分开各自单独成词条,我们都是按方言来统计的,方言的分区以张均如、梁敏等的《壮语方言研究》中的界定为依据。

2. 确立择字原则。我们的择字原则的前三项都是为了保证"不废方言"。

Ⅰ. 音值相似,音类对应;

Ⅱ. 立足中古平话,兼顾现代通语;

Ⅲ. 高频优先、从宽,低频补充、从严。

Ⅰ、Ⅱ是核心原则。音值相似以声母韵母的相似居多,尤其以韵母中主元音的相似为底线。音类的对应则以声调调类为主。壮语有8个调,其中6个舒声,2个促声,汉语的官话只有4个调,调类对应不上。但是白话、平话也是8个调,其中6个舒声,2个促声(汉语叫入声),调类刚好是对应的，对应关系如下：

表 9 调类对应关系

平话	阴平	阳平	阴上	阳上	阴去	阳去	阴入	阳入
壮语	第1调	第2调	第3调	第4调	第5调	第6调	第7调	第8调

比对音值和音类的具体步骤是：某个壮语词的全部对音汉字统计出来，逐一标出其中古音的音韵地位，然后翻检广西汉语方言的研究成果，标注上白话、平话、官话的读音，将这些方言的读音与壮语词的读音做比对，判断其音值是否相似，调类是否对应。如果音值相似，调类也能对应，基本是平话的层次，如果音值相似，调类对不上，多以官话层次为主。以往的研究表明，现今壮语地名中的汉字基本反映了两个历史层次：中古层（平话、粤语）和近现代层（西南官话）。从历史文化的角度看，中古层承载了历史信息，尤其是平话的对音，意义更大一些。但是从规范化的角度看，地名是为了在现代社会中的使用更为便捷，也要照顾现代通用语的使用情况。

能同时满足Ⅰ、Ⅱ的汉字，是上佳的选择。有时候Ⅰ、Ⅱ能同时满足的，也并不能选做规范字。naz（水田）的对音汉字"那、纳、哪、拿、南、拉"，其中"拿"读 [na]，阳平调，与壮语 naz 的第2调调类对应，能满足Ⅰ。另外，无论官话（现代层），还是白话平话（中古层），"拿"其音值和音类都能与 naz 满足Ⅱ。但是"拿"的使用频率很低，而"那"的频率非常高，即便"那（阳去调）"的调类对应不上 naz 的第2调，不能满足Ⅰ的"中古平话"，也要选"那"，这就是原则Ⅲ"高频优先、从宽"。

本项目对"高频"的理解有两个层面。一个是"高频词"，在壮语地名中出现的频率很高，如 naz（水田）、mbanj \ manj（村屯）、bak（出入口）、lueg（山谷）、rungh（山间平地）、dah（河流）。大家一谈到壮语地名，几乎都是以这些词作为特征词，可以说，它们是壮语地名的代表。另一个是"高频字"，一个词的若干对音汉字以某一个字使用得多，频率高。"那"作为高频词 naz 的高频字，"百"作为高频词 bak 的高频字，"六"

作为高频词 lueg 的高频字，这些高频词中的高频字，要优先，在音值音类方面的要求要宽松，而非高频词的高频字，音值音类方面的要求就要严格。

表 10 音值音类举例

含义	规范字	Ⅰa 音值相似	Ⅰb 音类对应	Ⅱa 平话	Ⅱb 官话（通语）	Ⅲ 高频优先
村屯	mbanj ~ 板	√	√	√	√	√
石山	Bya ~ 岜	√	√	√	√	√
尾巴	Dang ~ 汤	√	√	√	√	√
悬崖	Dat ~ 达	√	√	√	√	√
红色	Nding ~ 丁	√	√	√	√	0
畲地	Reih ~ 赖	√	√	√	√	0
长	Raez ~ 雷	√	√	√	√	0
出入口	bak ~ 百	√	√	√	0	√
山谷	lueg ~ 六	√	√	√	0	√
下面	Laj ~ 拉	√	0	√	√	√
水田	naz ~ 那	√	0	√	√	√
河流	Dah ~ 打	√	0	√	√	√
植物词头、此地	go ~ 古	√	0	√	0	√
村屯	Manj ~ 晚	√	0	√	0	√
水塘	Gwz ~ 渠	√	√	√	0	√

这个表最大的问题是：高频词中的高频字 bak（百）、lueg（六）、go（古）、Manj（晚）、Gwz（渠）跟现代通语（官话、普通话）音值相差很远，读起来不方便。《少数民族语地名汉语拼音字母音译转写法》还有一些特殊的规定，其中一条是："汉字译名如果原先来自少数民族语，后来变成汉语形式并且已经通用，可以按照汉字读音拼写，必要时括注音译转写的原名。"按照特殊规定处理之后，上述词语的规范化如下所示：

表 11　词语的规范化处理结果

含义	壮文	规范汉字	规范字的普通话音	音译转写
出入口	bak	百	bǎi	bǎi（＜bak）
山谷	lueg	六	liù	liù（＜lueg）
植物词头、此地	go	古	gǔ	gǔ（＜go）
村屯	manj	晚	wǎn	wǎn（＜manj）
水塘	gwz	渠	qú	qú（＜gwz）

这么处理后可以看出，此时的"百、六、古、晚、渠"已经转成汉语方言地名，可按汉语方言与普通话的对应规律拟出其普通话的读音，再根据普通话的读音来转写。这样的处理一方面合乎广西地名的实际使用情况，"百色""六景"这样的壮语地名，壮语人读壮音，而当地的汉语方言，是平话的读平话音，是白话的读白话音，大家都可以转成普通话的读音。经过历史发展的长河，壮族融合到汉族当中，壮语读音消退，只剩下汉语方言的读音，这样的地名被学术界称为"壮语底层地名"。另一方面也合乎广西地名的历史。现今广西的汉语方言地名，其前身有很多都是从壮语地名转变过来的，比如北流、合浦、苍梧、武鸣等，今天很难说清楚其真正的含义，只有参考民族语读音，通过古音构拟才能还原其语义。

参考文献

［1］V·费都亚杰、颜海云：《关于壮语地名的汉译规范化问题》，《地名知识》1992 年第 2 期。

［2］戴红亮：《汉译"通名"统一规范化的原则及意义——以壮傣语支语言为例》，《语言文字应用》2005 年第 2 期。

［3］张均如等：《壮语方言研究》，四川民族出版社，1999。

秦代"书同文"与滇东北次方言苗文通用文字统一使用比较研究

叶洪平 汪 倩

(云南大学西南边疆少数民族研究中心 昆明 650091

云南财经大学物流学院 昆明 650221)

提 要：20世纪早期，基督教传入滇黔川边区后，许多大花苗委身于基督教。传教士为提升传教效率与当地的信徒合作，为没有文字的大花苗族群创立了文字，即"柏格理文"。20世纪50年代和80年代，国家相关部门和大花苗族群的知识精英又陆续创立了"拉丁新苗文"和"规范苗文"。直到目前，这三种文字一直在大花苗聚居区并行使用和推广，形成一种"混杂"的情况。近期，大花苗族群形成了要统一使用本族群文字的共识并采取了一些举措。这样的情况与秦代实施的"书同文"政策具有相似性，同时也有差异之处。因而将二者进行比较研究，对于当下的滇东北次方言苗文通用文字统一使用具有重要意义和参考价值。

关键词："书同文" 文字同一 滇东北次方言 苗文 认同

20世纪前，滇黔川边区的苗族社会一直被视为一个"化为之地"，能识汉字之人极少。传教士来到该地区后，为提升传教效率根据苗族衣饰上的花纹并结合当地的苗语（主要是大花苗语）和拉丁字母创制了属于大花苗族群的文字——"波拉德文字"，即现在所谓的"老苗文"。至此，大花苗群体才有了自己的民族文字。随着社会的变迁，在20世纪50年代和80年代，国家政府及当地的知识精英为大花苗又先后创制出了"拉丁新苗文"和"规范苗文"。由于教会在滇黔川边区的影响大，信徒众多，加上基督教在传教和布道过程中对"老苗文"的使用颇为重视，因此"老苗文"在当地的使用范围广，人数多且影响久远，时至今日在以石门坎为中心的滇黔川边区的大花苗群体中仍广泛使用这种文字。然而由于特殊的历史原因，"拉丁新苗文"和"规范苗文"同时也在大花苗社会中推行。这三种苗族文字的并行推行造成了该群体中对自己民族文字使用的茫然，究竟该如何统一苗文及使用哪一种或如何融合这三种苗文形式就成为困扰该族群的一个问题。本文的出发点即在于此，笔者在文中将结合秦代的"书同文"政策及其影响从"族群认同"视野出发对二者进行比较分析。

一 秦朝"书同文"的实施与影响

作为中国文化史上影响最大的一次文字运动，秦代所施行的"书同文"政策对整个中华民族（虽然这是近代才形成的一个概念）形成、融合以及团结都起到了不可忽视的作用。中国的文字历史甚为久远，在秦代统一中国并实行"书同文"前不同时期存在不同文字，如商代文字、西周春秋时代的文字、六国文字以及秦系文字[①]，且每一个朝代都并行使用数种不同的文字。商代所用的文字就有甲骨文与金文。虽说这两种文字同时在商代流行使用，但二者仍在"字体上有不同的特点"[②]，且字体的写作方向也存在差异，不固定[③]。到了西周春秋时代，字体的使用情况仍如此。此时虽流行金文，但甲骨文和盟书亦有占重要地位。值得一提的是，由于文化的发展与习得主要依靠社会剩余资源的支持，而在战国之前社会物质产量普遍低下，中下层社会居民并没有太多的机会学习文化，文字的使用自然限于上层贵族阶级，其在民间少有影响。战国时期，由于社会的发展，社会的剩余资源较以前有所提升，民众在文化教育方面的机会也随之增大，民间使用文字的范围也渐获扩展。

---

① 裘锡圭：《文字学概要》，商务印书馆，2002，第40页。
② 裘锡圭：《文字学概要》，商务印书馆，2002，第42页。
③ 裘锡圭：《文字学概要》，商务印书馆，2002，第45页。

文字作为一种文化的载体，会随着地域的不同而出现差异。这对在行政和社会管控上有独立行使权力的国家也是一样。东周战国时期随着各个诸侯国的独立发展，在不同的诸侯国内也出现了类似情况。由于地理位置不同，各国风俗习惯存在差异，因而在字体的写作形式上大相径庭，社会中流行的字体形式各异，如金文、玺印文字、货币文字、陶文、简帛文字、秦系文字以及古文等形式。这也就造成了各诸侯国之间文字使用的差异性。在语言相同的地区，文字的差异性对民间个体的日常生活影响不大，但对政府的管控却形成了极大的困扰。在一个在语言、习俗及文字方面都存在极大差异的国家中，政府对社会管控自然是难上加难了。秦始皇二十六年，秦朝统一中国之后所面临的便是上述困境。

公元前221年，随着齐国的覆灭，秦始皇完成了统一中国的大业，结束了战国时期诸侯争霸的连年战争局面。然而，由于各诸侯国前后数百年割裂，秦所统一的中国在文化上的隔阂一直存在。许慎在《说文解字·叙》中说到该时期的中国"田畴异亩，车涂异轨，律令异法，衣冠异制，言语异声，文字异形"，然而这种差异并不像政治和军事一样随着秦朝中央政府的建立就立刻得以消除。如果只依赖于民间群众的流动和诉求而政府不在政治政策上予以强制推行，民间文化的共融几乎不可能在短期内实现。但作为社会最高管控者的秦始皇为了自己的统治利益必然要推动文化上的统一，所以司马迁才在《史记·秦始皇本纪》中记载："一法度衡石丈尺，车同轨，书同文字。"文字统一自然也是秦始皇实施和推广的政策。

陈梦家认为："每一个民族的文字，或为自造的，或为承袭别一民族的。……中国历史的通例，常是武力强盛的异族接受被征服民族的文字，而被征服民族的文化较政府民族高。"① 朝代更迭后的政府对文化的选择亦是如此。统一全国后，消除文化的差异对秦朝在民众中塑造自己的权威和认同至关重要。虽然秦国的文化较其他诸侯国不一定为优，但秦统一了全国，并成立了政治管理部门，选择秦国自己的文字即隶书（小篆）作为全国的通用文字是实现上述目的最为适合的方式。许慎在《说文解字·叙》

---

① 陈梦家：《中国文字学》，中华书局，2013，第179页。

中说:"是时,秦灭书籍,涤除旧典。大发吏卒,兴成役。官狱职务繁,初有隶书,以趣约易,而古文由此而绝矣。"其他对秦朝"书同文"的记录大抵如此。为政治管控服务始终是秦始皇实现文字一统的目的。完成"书同文"后,这一政策对当时的秦朝及后来的中国社会、文化、经济等方面都产生了巨大的影响。

秦朝的"书同文"措施使之前的文字得到简化,易于书写。统一使用后的文字也在民间社会得到普及和传播,这对于中国文化的发展具有重要意义。此后,中国的文字虽有不断变更,但其主体仍源于秦朝的文字。民众也在使用统一文字的基础上树立了中华文化的认同。对于秦朝统治者来说,由于"官狱职务繁",官员用不同文字进行官文的书写则过于复杂,而"书同文"避免了这些不必要的烦琐,从而提高了行政效率。秦代的"书同文"作为中国汉字规范的最重要一步,为后来汉字的逐渐发展奠定了基础。这些都是已经被其他研究者所注意到的。然而,"文字"与"认同"之间的关系也应被重视。

历来,研究族群和民族的人类学家和民族学家对于"认同"颇为重视,但他们多以个案来窥探某一个特殊的群体对某个对象的认同,但对多元化的民族群体甚少注意。对于中国来说,民族构成复杂,地域广阔,因而在语言上多元复杂而且各地风俗各异。如果仅以语言作为彼此之间的沟通手段和桥梁,恐无进行的空间。以同一种文字作为彼此之间交流的工具,无论语言差异如何,只要书写的字体相同,只要认识字体,这两个人之间的沟通交流便会进行下去。对个人的认同来说,亦是如此。民众个体仅通过自己认知来理解某个对象(如国家政权)也出会出现偏差,但通过文字传递,便能给予相应的补充。这对国家整体的团结极为重要。即使某一个个体不识汉字,也可由其他既懂得自己语言又知晓汉字的人转述。这不但能够使个体认识不同的世界,同时也开阔个体视野,同时使得群体之间的交融与互动更加频繁,从而发展自己的社会文化等。"书同文"对于政治治理、社会稳定以及文化进步的影响即在于此。"滇东北次方言苗文"的创制、发展与统一使用的目的也都是出于个体对于本民族文化的"认同"感和自豪感。

二 滇东北次方言苗文的发展与几种形态

　　作为苗族的一支,大花苗的历史颇为悠久,然而文字一直是其短处。历史上其他苗族支系虽出现过文字,但其是否为苗族自己所创而非其他群体的文字,至今仍是悬置而尚待解决的问题。这对大花苗族群来说更是如此。在大量的史籍中至今仍没有发现足够的证据来确定大花苗是否存在过本族群的文字。一些学者认为大花苗族群曾出现过象形文字,并引用各种县志作为证据[①]。然而他们所忽视的是自己所引用的县志多出自清末民国时期。此时所记录的大花苗文字即老苗文仍是外国传教士在清末来到该地区之后才逐渐形成的一种拉丁拼音文字。

　　苗族过去虽有文字但并未得到广泛传播的主要原因是该民族的迁徙过于频繁,从而造成散杂的分布格局。从先秦时期到民国时期,苗族不断从黄河向南迁徙,经过历代的变化使该民族的分布杂乱,彼此之间的联系交往弱,从而造成发展不均衡的情况,所以就算是某一支系的苗族拥有文字也只能在内部甚至本地区使用。且苗族与其他一些民族相比稍显自闭,一般不与其他民族或族群通婚,"否则便认为是一种伤风败俗的行为"[②],进而遭到其他人的唾弃,甚至会被赶出寨子。吕思勉先生在撰写《中国民族史》时感叹苗族"派别至繁,彼此不同婚姻,故不能团结。其于汉人,有深闭固拒,不肯通婚者;亦有慕与汉人结婚者。然汉人多鄙视之,不愿与通婚姻。今贵州男子,有娶苗女者,犹多为亲族所歧视;甚至毁其宗祠。至汉女嫁苗男者,则可谓绝无矣。以是故,其种类颇纯,迄今不能尽与汉人同化"[③]。加之其"迁入之地,又多是荒僻山区,恶劣的自然条件阻碍和延缓着生产力的提高","居住的分散,形成了政治经济文化发展的不平衡性,严重地影响着苗族统一的政治、经济、文化的形成","迁徙使苗族各部之间彼此隔绝,少于交往。由于各自所处的自然条件不同,历史不同,

---

[①] 如韩军学在《基督教与云南少数民族》一书中所引用的材料。参见韩军学《基督教与云南少数民族》,云南人民出版社,2000,第7页。
[②] 杨福泉、段玉明、郭净等:《云南少数民族概览》,云南人民出版社,1999,第266页。
[③] 吕思勉:《中国民族史两种》,上海古籍出版社,2009,第184页。

受其他民族的影响也不同,从而导致相互间出现较大的差异,造成支系多、方言差别大、服饰类型多样化的现象"①。因此"苗族既难团结,习俗自生相异……半载以外,视如路人。老死不相往来,乡音亦随环境而改。同枝连理,几至判若二族。若是者,非血统之各特殊,实环境所役使"②。以上一些因素,造成了苗族文化的相对"落后性"。彼此之间及与汉族或彝族等民族交往甚少,文字的出现更是无从谈起,加上"自闭"的性情,到20世纪30年代,"不识字苗民,居全数百分之九十以上"③。

相较于整体苗族的上述情况,大花苗显得更加显"自闭"。一般"与他种苗族无婚姻关系,其性格孤僻,不与外界接触,故生活完全形成一种独立形式"④。如同其他苗族支系一样,该族群的文字的出现和使用也是在晚近时期。

大花苗最早的文字,亦被称为"老苗文",是由清末民初传教士和当地的汉族、苗族合作的情况下创制出来的一种拉丁文字。由于该套文字是在外国传教士柏格理(Samuel Pollard)主导之下创造并改善的,所以也被称为"柏格理文"或"波拉德文"。这套文字是创制者"从大花苗的传统服饰纹样中获得灵感,借助于祖先古歌、故事遗传文字失而复得的神话,(因而)苗民相信这套文字是从苗族衣裙图案中重新识别和恢复出来的"⑤。加上基督教采用一系列的办法在滇黔川等地区进行传播,又以学校扩大影响,当地的教会势力颇大,学校的分布亦广⑥,因而"老苗文"在大花苗中的影响久远,同时也获得了大花苗的民族认同,时至今日,在大花苗社会中仍在广泛使用。相对而言,新苗文则是中华人民共和国成立之后国家考虑到许多少数民族没有文字而让国家民委组织一批专家来为他们进行文

---

① 《苗族简史》编写组:《苗族简史》,贵州民族出版社,1985,第14页。
② 杨万选:《贵州苗族考》,载杨万选等《贵州苗族考》,贵州大学出版社,2009,第18页。
③ 同上书,第39页。
④ 杨汉先:《黔西苗族调查报告》,载杨万选等《贵州苗族考》,贵州大学出版社,2009,第101页。
⑤ 沈红:《活在苗寨的字符》,载杨华明编《苗文课本·第一册》,未刊稿,第2页。
⑥ 据在20世纪40年代的调查,教会学校在"在黔滇境界有三十七所,川境有十五所,共计五十二所,苗夷子弟培植成功为数甚多"。参见陈国钧《贵州省的苗夷教育》,载吴泽霖、陈国钧等《贵州苗夷社会研究》,民族出版社,2004,第39页。

字创造。而"规范苗文"则是20世纪80年代后，在滇中地区的楚雄武定的部分大花苗知识分子与干部的共同努力下为了改善"老苗文"，克服了"老苗文"音位符号不准、一音多字的缺陷而创制出来的"苗文"形式，因而被称为"滇东北次方言云南改革版苗文"或"楚雄规范苗文"或"滇东北规范苗文"。

以上是现在在滇东北大花苗中使用的三种文字形式，从其产生和发展来看，不论是"老苗文"或者"规范苗文"还是"新苗文"都有特定的背景，因而这些不同"苗文"的使用存在差异。滇东北次方言苗文共有三种形式，它们是在不同的地区和不同的时期内由不同的人创制和完善的。而作为一种集体的记忆和自尊心、自豪感的象征意义，在不同文字创制的地区都有不同的群体在使用。目前的大花苗社会中这样的多种文字使用状况仍存在，且情况愈变复杂。

"老苗文"是由中底层创立，因而具有群众基础。该套文字的构造与大花苗的生活日常以及神话传说紧密联系，简单易学，同时又由于教会通过教会书籍和教育的宣传，很多大花苗聚居地区都在使用。即使在中华人民共和国成立后的30年时间内，屡次遭受到打击，其在官方的各种宣传中也接近消失，但其在大花苗的民间社会中仍薪火相传。至于"拉丁新苗文"，虽有行政力量的推广，但创制该套文字的人对于大花苗缺乏一些日常生活的体验，加上后来的推广力度不够和时间周期不足，因而使用的人数较少，至今为止学会和使用的人并不多。而"规范苗文"是在"老苗文"的基础上修改而成的，错误较"老苗文"更少，也更加准确，读音和字体之间的联系也更强，但对普通大众来讲，"规范苗文"较难学习，且缺少一种如同教会一样具有跨地区的推广力量，因而只能在"规范苗文"的创制和修改地区即滇中地区使用。对于那些较为注重文化传统的大花苗个体来说，他们依然遵守传统的书写和认知范式，即使用"老苗文"来进行自我的表达并教授于他人。

三 反思与讨论

前文已对秦始皇的"书同文"与大花苗各种文字的创制过程进行了概

述。从中可见，秦始皇实施"书同文"的前提是秦朝统一之前各个诸侯国都已有了相当的象形文字。这些文字在书写上虽有差别，字体的构成却大同小异。而秦朝的统一和政治推广以及民间的自我需求为"书同文"的实施奠定了有力的政治与群众基础。秦朝实行的"焚书坑儒"举措使各国文字遭到毁灭性打击，但对"书同文"的实现却具有推动作用。按照唐兰先生的说法这实际上就是："新文字的发生，根于事实的需要，因为产业的发展，文化的进步，增加了无数的新语言，只用图画文字和引申假借是不够表达的，那时的聪明人就利用旧的合体文字、计数文字、声化文字的方法来创造新文字。这种新文字一发生，就很快的发展起来。"①

而苗文（特别是老苗文）的创制和实施则与"书同文"之间存在一定的相似之处。首先，在"老苗文"创制之前，大花苗尚未拥有本族群的文字，但在大花苗个体中又有读书识字的要求，因而"老苗文"的推行是大花苗的自我要求，这与"书同文"的前提一致。其次，与隶书和小篆一样，"老苗文"是在苗族社会生活和神话传说中进行创制的，简单易写，对没有文化的苗族群体来说学习和使用甚是容易。最后，与秦朝利用高效的行政力量推广一样，"老苗文"也是在教会的组织下进行传播和推广的，从而遍布大花苗聚居区。且由于"老苗文"创制地区的发展，其文化地域成为"西南地区苗族文化的最高区"，前来求学的人络绎不绝，这对于"老苗文"的推广作用甚大，也扩大了其在民间使用的范围。"老苗文"逐渐成为大花苗的文化自信与自豪及自我认同的象征符号之一。正是如此，后来的"新苗文"以及"规范苗文"（即使是从老苗文的基础上改制而成）失去了"老苗文"的传播基础，并未在大花苗地区广泛使用，因而这两种文字的影响远逊于老苗文。在2018年1月在威宁召开的"滇东北次方言苗恩通用联席会"会议将老苗文认定为大花苗的通用文字。但是值得反思的是，即使如此，老苗文真的能够如同隶书那样在"书同文"的开展下得到统一使用吗？

"书同文"的实现对于中华民族的认同和沟通起到了不可忽视的作用，并成为近代以来中国"民族主义"的一种爱国标志，亦成为学人宿儒们的

---

① 唐兰：《中国文字学》，上海古籍出版社，2005，第78页。

研究方向之一。较于拼音文字，中文不仅具有突破中国人由于方言差异而造成的沟通困难，且实现了古今对话的时空交流的目的，这是拉丁文字所不具备的功能。唐兰先生也认为："中国文字没有发展为拼音的，而只是注音的，在学习时虽然不如拼音的方便，但是它能代表古今南北无数的语言，这是拼音文字所做不到的。"① 然而，自 1949 年以后，甚至近代以降，中国许多没有文字的民族受到西方文化的影响，采用形音一致的拉丁字母创制了少数民族的文字，这在中国的民族社会中产生了极大的影响。"新苗文"的创制也是如此。在创制苗文时，不同地区的苗族方言存在极大的差异，导致语言学者们不得不采取不同的方言来为不同方言区的苗族创造文字，最后形成了多种苗文即"湘西方言"、"黔东方言"和"川黔滇方言"等各地语言文字并行使用的情况。由于形音一致，生活在不同苗族语言地区的个体不能相互沟通与交流②，这也就丧失了"汉字"所具有的跨语言与地域的交流功能，对苗族支系之间的认同无法起到巩固的作用。

作为目前有直接证据证实是由苗族参与创制的文字，"老苗文"不仅成为大花苗文化上的一个里程碑，且生活在大花苗附近的其他民族亦有使用。在某种意义上来说，"老苗文"使得大花苗从以前文化被动的角色转向了文化传播的主动角色，这对大花苗的民族自豪感的产生和提高起了关键的作用，自然很多大花苗群体愿意使用它。同样，"规范苗文"是在滇中地区改善和推广的，该地区的大花苗也会对其存在文化的自豪感，接受和使用都存在合理的一面，然而现在却要使之成为一种文字而使用，其必定存在相当多的困难。

"滇东北次方言通用文字"既没有如同"书同文"那样的推行力量，也没有像中文那样形音分离的功能。加之上文所分析的不同文字使用群体之间的文化自豪感的相互冲击，更使"滇东北次方言通用文字"的统一使用难上加难。若要使滇东北次方言的文字得到统一，这两点是需要考虑的因素。

---

① 唐兰：《中国文字学》，上海古籍出版社，2005，第 9 页。
② 运用苗文交流的前提是要会说苗语，这样才能知晓苗文的内涵。笔者曾在大花苗社区学习苗文，似能够根据音标阅读苗文，但对其意思仍不明了。

试论俗字在中国京族地区的发展及影响*

刘正印

(郑州大学汉字文明研究中心　郑州　450001)

提　要：本文以《中国京族喃字汉字对照手册》提供的字料为研究对象，勾勒俗字在中国京族地区的传承和变异轨迹，探求俗字对喃字在创制和使用过程中的影响，揭示不同文化背景下的汉字选择与趋向。这对于近代汉字研究和跨文化汉字研究具有重要学术价值。

关键词：跨文化　汉字生态　京族　俗字　喃字

一　引言

所谓俗字，即区别于正字的异体字[①]。京族是我国南方少数民族之一，主要分布在广西省东兴市江平镇的澫尾、巫头、山心、贵明、潭吉等村。京族人民最初使用汉字进行书写交流，然后又不断加工、改造，形成各式各样的变体俗字；接着仿照汉字构形原理借用部分俗字创制喃字表记本民族语言。喃字生于民间，成于众手，且没有经过官方统一审定，故在使用过程中所见异体颇多。而这些异体的产生多数遵循俗字的生成机制。京族

---

*　基金项目：国家社科基金重大项目"越南汉字资源整理及相关专题研究"（17ZDA308）阶段成果，郑州大学2017年研究生自主创新重点项目"跨文化视阈下的越南汉字研究"成果，2018年度西南少数民族地区跨文化汉字研究中心项目"俗字在南方少数民族地区的发展及影响"（2018khz004）阶段成果。
①　张涌泉：《汉语俗字研究》，商务印书馆，2010，第7页。

文字发展史,既是汉字变异史,更是俗字变迁史。

何思源先生《中国京族喃字汉字对照手册》(以下简称《手册》)由民族出版社 2016 年出版,是首部中国京族所用文字字形汇编。该书在尽可能占有大量中国京族古籍文献的基础上,对字形按部首进行整理归纳,沟通了部分字际关系,并用国际音标标注中国京语语音,列出对应拉丁越南文,后附简明释义。《手册》所收字形正俗兼备,体例独创科学,功能多样,内容精当,查检方便。本文以该手册提供的字料为研究对象,考察俗字在中国京族地区的发展演变情况,探求俗字对喃字在创制和使用过程中的影响,揭示不同文化背景下的汉字选择与趋向。这有利于扩大近代汉字研究领域,丰富跨文化汉字①研究内涵,推动汉字与少数民族文字比较研究。

二　俗字在中国京族地区的发展

《手册》虽以喃字作为主要收录对象,但仍收有部分俗字。将这部分俗字与中土俗字对照,则可发现共时传播的诸多关联,亦可窥俗字在京族生存状态之一斑。

(一) 传承俗字

"传承俗字"指在中国典籍或碑刻等文献资料中有迹可循的那部分俗字。②

1. 书写变异

旨(35③)—旨　㑒(44)—命　迊(119)—迎　蕊(139)—蕊
挿(161)—插　叫(190)—叫　歳(231)—歲　神(329)—神
助(371)—助　過(120)—過　靈(433)—靈　恩(263)—恩

---

① 关于"跨文化汉字"理论,详参李运富、何余华《简论跨文化汉字研究》,《北京师范大学学报》(社会科学版)2018 年第 1 期。
② 何华珍:《俗字在韩国的传播研究》,《宁波大学学报》(人文科学版)2013 年第 5 期。人大复印资料《语言文字学》2013 年第 12 期全文转载。
③ 此为该字或以该字为部件的字在《中国京族喃字汉字对照手册》中的页码。下同。

罰（344）罰（346）—罰　銃銃銃（462）—銃　簾（462）—簾

2. 改换声符

壕（130）—壕　恍（92）—慌　寔（114）—實　嫂（244）—婆
袄（329）—襖　笥（383）—笋　刱（55）—勤　恠（462）—怪

3. 改换义符

壻（129）—婿　葵壅（135）壅（136）—葬　眈（337）—睍

4. 增加义符

菓（135）—果

5. 音近更代

仝（42）—同　兇（56）—凶

6. 部件位移

沰（71）—茫

7. 简省

飛（62）飛（259）—飛　迡（119）—遲　恳（92）—懇
逰（119）—遊　玹（125）—壇　塊（128）—塊　獣（240）—獸
畄（256）—留　戠（294）—職　底（110）—底　髯（437）—髯
辞（396）—辭　抚（457）—撫

8. 全体创造

埕（330）—嫩

（二）变异俗字

"变异俗字"，是相对"传承俗字"而言的，指主要流行于不同文化背景和文化环境中的"跨文化俗字"。该类俗字为中土少见，多使用于京族地区。变异俗字的出现，是汉字在京族地区扎根后，又继续开花结果的反映。

1. 形声变异

在主要流行于京族的俗字中，一些形体比较复杂或示意表音不明显的义符或声符，往往更改为书写便捷或示意表音近似的义符或声符。

驴（27）—護　俫（49）—樣　愚（92）慁（101）—懇
忱（78）—耽　飣（433）—餅　烟（266）—燈　娶（244）—婆

䁂（130）䁂（131）—齦　骑（247）—騎　驍（247）—驕

喡（192）—喃

按："護""畑""飷""娿""骑""驍""喡"为改换声符字。"儴"
"噁""愡""忱"为改换义符字。"䁂""䁂"将义符改作声符，以便
示音。

2. 讹俗变异

汉字在传播过程中，因为书写关系，在笔势或部件方面往往会产生局
部变异。

酒（24）—洒　涅（24）—淔　祿（278）—禄　旺（337）—旺

鏡（462）—銃

按："豕、永"，"目、日"，"氵、冫"，"亮、充"形近讹混。

3. 增繁变异

文字是语言的载体，为便于识认，要求音义明确，故又有繁化的
趋势。

傴（50）—舅　勱（189）—勸　茷（134）—改　莳（137）—時

嵑（246）—徒　溁（84）—漢（85）—羹　喁（201）—局

猙（239）—羊　氏（47）—代　堙（131）—園　呪（209）—祝

按："傴""勱""溁""漢""猙""氏""堙""呪"增加义符便于准
确释义，"茷""莳""嵑""喁"或为受上下文影响而发生类化变异而成。

4. 简省变异

字形简省是古今文字演变的一条规律，也是俗字产生的一条重要
途径。

伇（233）—役　苜（133）—舊　亲（307）—親

按："役"省"又"作"伇"，"舊"省"隹"作"苜"。"见"为
"見"之简化字。

5. 符号变异

符号变异属于简省俗字范围。其在汉字圈俗字衍生中，内容比较丰
富，现象较为突出，在此作单独讨论。

𠄐（4）—疑　罖（344）—羅　㐹（61）—義　对（143）—對

囲（229）—圍

按:"亍""艹""又""文"等符号不仅见于京族俗字,而且在喃字的创制和使用过程中有着更广泛的运用。另,"囲""対"亦见于日本《常用汉字表》和韩国语文教育委员会1981年发布的181个"略字"中,同样用来记录｛围｝①。此二字分别见于日本、韩国和中国西南少数民族地区,故其很有可能是从中土传出,或为中土固有俗字。

6. 音近更代变异

音近更代包括同音更代和近音更代两个方面,属于俗字范畴的主要有"直接借用同音字""借用同音字又加以改造""借用俗字的声旁""在假借字的基础上加注或变换形旁"。②

戶（147）—護　魏（433）—偽　志（88）—智

按:此三者皆属于直接借用同音字或音近字。"戶""志"亦为求简。

7. 类化变异

类化变异指因受上下文或其他因素影响,给本没有偏旁的字加上偏旁,或将偏旁变作与上下文或其他字一致。③

䩗（7）—捕

按:"捕"受右边部件"甫"影响而类化为"䩗"。越南汉喃铭文中,"輔"亦类化作"䩗"。可资比勘。

8. 整体变异

整体变异则是京族人民利用俗字原理,另起炉灶,用全新的构件创制新字。

嗲（208）—厭　苁（133）—叢　喊（209）—盞　鋆（426）—寶
峈（246）—徒　绹（134）—變　詳（208）—嘩

按:"厭""叢""盞""寶""徒""變"构形理据较为复杂,不易识读。"苁"上取"艹"作义符,下取"叢"之简化字"丛"作声符;"绹"左取"纟"作义符,右取"變"之简化字"变"作声符;"詳"左取"言"替换"口"作义符,右取"華"之简化字"华"作声符。"鋆"左

---

① "｛｝"表示文字所记录的词语。下同。
② 张涌泉:《汉语俗字研究》,商务印书馆,2010,第92~100页。
③ 张涌泉:《汉语俗字研究》,商务印书馆,2010,第92页。

取"金"作义符,右取"寶"之简化字"宝"作声符。另《龙龛·金部》"鑌,必老反"①,《字汇补·金部》"鑌,必老切,音寶,義闕"②。"鑌""寶""銓"三者读音近似,"鑌"或为"寶"之增旁俗字,后简作"銓"。如此,"鑌"之义可明。至于"唸""喊""咯",除分别以"彦""战""路"作声符外,其右之"口"旁理据不明。

9. 多层级变异

此类俗字至少经过两种或两种以上变异,其中往往存在一个或几个过渡性俗字环节。

(1) 枕 (78) —耽

按:"枕"先由"耽"改换义符"耳"作"忱",后"忱"讹作"枕"。

(2) 冯 (92) —凭

按:《集韵·去声·证韵》:"凭、凴,部孕切,依几也。或作凴。"③《类篇·几部》:"凴,部孕切,依几也。凭或作凴。"④"凴"为"凭"之俗字。"冯"由"凴"简化而来。

(3) 塟 (136) —葬

按:"塟"见于《隶辨·去声·宕韵》,注云"《孙叔敖碑》'塟枯槀乏'。按:《类篇》'葬或作塟'。"⑤《重订直音篇·艸部》:"塟,葬同。"⑥又"塟"见于《碑别字新编》引《隋暴永墓志》⑦。故"塟"为"葬"之增旁俗字。

(4) 夃 (314) —为

按:"為"之篆文作"",楷作"爲"。《汉隶字源·平声·支韵》引《樊毅修华岳碑》作"為"⑧,《金石文字辨异·平声·支韵》引《唐王滰

---

① (辽)释行均:《龙龛手镜》,中华书局,1985,第16页。
② (清)吴任臣:《字汇补》,上海辞书出版社,1991,第234页。
③ (宋)丁度等:《集韵》,上海古籍出版社,1985,第609页。
④ (宋)司马光等:《类篇》,中华书局,1984,第520页。
⑤ (清)顾蔼吉:《隶辨》,中华书局,2003,第152页。
⑥ (明)章黼撰、(明)吴道长编《重订直音篇》卷一,明万历三十四年(1606)明德书院刻本,第30页。
⑦ 秦公、刘大新:《碑别字新编》,文物出版社,2016,第425页。
⑧ (南宋)娄机:《汉隶字源》,载《文渊阁四库全书》第225册,台湾商务印书馆,1986,第839页。

书王公墓志铭》作"爲"①。"夃"在"爲"基础上,将"為"换用"为"进一步简化。

(5)粧(3)—妆

按:《玉篇·米部》:"糚,侧床切,饰也。亦作粧。"②"糚"即"妆"字。《宋元以来俗字谱》引《三国志平话》③,《字学三正·体制上·时俗杜撰字》中,"莊"作"庒"④。《俗书刊误·平声·阳韵》"妆,俗作粧,非。"⑤《字汇·女部》:"妆,从女,牀省声。《六书正讹》俗作粧,非。"⑥"粧"由"粧"增笔而成。

(6)躺(414)—命

按:《碑别字新编》据《齐成世獻造象》"命"作"令",《命过口世实等造象残题名》作"佘"⑦,俗写乃讹为"佘",盖形近而讹。亦见于《宋元以来俗字谱》引《古今杂剧》等⑧。"佘"增符作"躺"。

(7)眈(297)—覘

按:《说文·见部》:"覘,窥也。"⑨《集韵·盐韵》:"覘,阚也。或作眈。"⑩"目""日"形近,"眈"讹作"眈"。

(8)帋(182)—紙

按:《字汇补·未集拾遗》收"缔"字,注云"紙字之讹。《吕泾野语录序》:敝墨渝。盖误合紙帋二字为一也"⑪。又"巾""帀"形近,"缔"讹作"帋"。

---

① (清)邢澍:《金石文字辨异》,载《续修四库全书》第239册,上海古籍出版社,2002,第584页。
② (南朝梁)顾野王:《玉篇》(元刊本),载《四部丛刊初编》,上海商务印书馆,1919,第331页。
③ 刘复、李家瑞:《宋元以来俗字谱》,国立中央研究院历史语言研究所,1930,第73页。
④ (明)郭一经编《字学三正》,明万历辛丑二十九年(1601)山东曹县公署知县成伯龙刊本,第59页。
⑤ (明)焦竑:《俗书刊误》,载《文渊阁四库全书》第228册,台湾商务印书馆,1986,第546页。
⑥ (明)梅膺祚:《字汇》,上海辞书出版社,1991,第102页。
⑦ 秦公、刘大新:《碑别字新编》,文物出版社,2016,第87页。
⑧ 刘复、李家瑞:《宋元以来俗字谱》,国立中央研究院历史语言研究所,1930,第1页。
⑨ (汉)许慎:《说文解字》,中华书局,1978,第178页。
⑩ (宋)丁度等:《集韵》,上海古籍出版社,1985,第290页。
⑪ (清)吴任臣:《字汇补》,上海辞书出版社,1991,第180页。

(9) 乱 (12) 彯 (234) 飛 飛 (259) —飛

按：《说文·飞部》："飛，鸟翥也。"① 段注："像舒颈展翅之状。"② 《碑别字新编》引《齐窦泰墓志》作"飛"③，《集韵·平声·微韵》"飛，同飛"④，《宋元以来俗字谱》引《岭南逸事》作"飞"⑤。盖"飞"之形先由"飛"简作"飛"或"飛"，后"乀""飞"合二为一，"升"讹为"去"而成。"乱"由"飞"进一步简省而来。"飛"由"飞"增声符"悲"而成。

另，《集韵·上声·马韵》："马，母下切。古作影。"⑥《四声篇海·彡部》："影，古文马字。"⑦《金文编》引《右走马嘉壶》"马"作"𩡬"⑧，一变而成"影"，"日"为马头形，"勿"为马身形之变，而"彡"为鬃形。又《字汇补·马部》"馬，古马字"⑨。"马"字小篆作"馬"，其右旁之"馬"乃画其尾形，楷化变作"馬"，则全字为"馬"。故"彯""飛"之"彡""参"，皆为鸟之羽毛状。

综上所述，以"传承俗字""变异俗字"为中心的跨文化汉字生态研究，是近代汉字学研究的重要内容，也是汉字在少数民族地区传播发展的重要内容。京族地区的"传承俗字"不仅可在中土历史文献中找到原型，而且其构字规律及形体发展趋势亦与汉字无异，内在传承性不言而喻。"变异俗字"乃汉字在京族地区的形体局部或整体变异，多是在"传承俗字"基础上再次经过不同程度变异而成，为汉字家族增添了新成员，扩大了近代汉字的研究领域。此二类俗字不仅反映了汉字在京族地区的发展演变情况，而且还在京族民族文字的创制和使用过程中扮演了重要角色。

---

① （汉）许慎：《说文解字》，中华书局，1978，第 245 页。
② （清）段玉裁：《说文解字注》，上海古籍出版社，1981，第 1027 页。
③ 秦公、刘大新：《碑别字新编》，文物出版社，2016，第 172 页。
④ （宋）丁度等：《集韵》，上海古籍出版社，1985，第 59 页。
⑤ 刘复、李家瑞：《宋元以来俗字谱》，国立中央研究院历史语言研究所，1930，第 122 页。
⑥ （宋）丁度等：《集韵》，上海古籍出版社，1985，第 408 页。
⑦ （金）韩道昭、孝孝彦编《四声篇海》，明成化丁亥三年（1467）至庚寅六年（1470）金台大隆福寺集资刊本，第 356 页。
⑧ 容庚：《金文编》，中华书局，1985，第 676 页。
⑨ （清）吴任臣：《字汇补》，上海辞书出版社，1991，第 256 页。

三 俗字在中国京族地区的影响

俗字是用来记录汉语的。由于文言分离，京族一些知识分子为准确记录本民族语言而创制了喃字。喃字是通过借用或改造汉字逐渐发展来的一种汉字型文字。通过考察喃字在形体和构形方面的情况，可窥俗字在中国京族地区影响之一斑。

（一）在形体方面的影响

1. 喃字整体借用俗字

氷（1）—冰　　单（2）—單　　变（2）—變　　离（3）—離
冲（23）—沖　　认（27）—認　　讨（27）—討　　论（27）—論
诗（28）—詩　　誉（29）—譽　　谊（30）—誼　　谟（30）—謨
对（30）—對　　谰（31）—讕　　议（30）—議　　谋（31）—謀
协（32）—協　　为（32）—為　　灰（33）—灰　　传（33）—傳
则（36）—則　　寇（39）—寇　　冠（39）—飛　　仪（41）—儀
低（42）—低　　体（44）—體　　备（46）—備　　荣（51）—榮
兴（52）—興　　劳（55）—勞　　陈（58）—陳　　际（58）—際
双（60）—雙　　逻（60）—邏　　凶（63）—兇　　泻（68）—瀉
泸（69）—瀘　　底（110）—底　　台（77）—臺　　湿（79）—濕
识（85）—識　　态（89）—態　　依（92）—懷　　贤（98）—賢
库（110）—庫　　庄庄庄（110）—莊　　审（114）—審
闭（115）—閉　　间（116）—間　　闷（116）—悶　　闵（116）—閔
闹（116）—閙　　闻（117）—聞　　连（119）—連　　迟（119）—遲
苏（133）—蘇　　蓝（137）—藍　　抠（147）—摳　　栋（148）—棟
闲（153）—閑　　叫（190）—叫　　围（229）—圍　　弹（108）—彈
强（241）—強　　纵（248）—縱　　纲（248）—綱　　绕（250）—繞
缪（252）—羅　　点（263）—點　　觇（280）—睹　　栋（283）—棟
桧（284）—檜　　岁（296）—歲　　时（137）—時　　亲（307）—親
断（313）—斷　　哥（314）—哥　　觇（337）—覘　　监（346）—監

盘（347）—盤　盖（367）—蓋　顽（375）—頑　笼（384）—籠

靓（399）—覘　买（304）—買　鲜（415）—解　雾（421）—霧

畧（440）—略　怜（90）—憐　舁（447）—與　坏（495）—壞

2. 喃字部件借用俗字

庄（2、3）—莊　氷（2）—冰　卥（3）—兇

兴（3、152、268）—興　与（6、101、145）—與

为（3、11、195、362）—為　铁（18）—鐵　捞（18）—撈

练（23）—練　离（26）—離　语（29）—語　诈（30）—詐

买（33）—買

竜（36、81、105、163、180、379、422、428、429、438、439）—龍

灵（45、74、200、418、419、420）—靈

尭（46、193、252、398、407）—堯

事（50、97、417）—事　風（57、421）—凨　陈（58）—陳

参（62、252）—參　柒（65）—柒　问（70）—問　寻（71）—尋

孙（71）—孫　变（75、127）—變　会（71、405、417）—會

闭（73）—開　罢（79、345）—罷　湿（81）—濕　质（82）—質

畱（83）—留　蓝（84）—藍　乌（90）—烏　汉（90）—漢

办（89）—辦　灰（93）—灰　间（94、285）—間

坚（95、197）—堅　凭（98、203）—憑　郑（99）—鄭

语（99）—語　郁（99）—鬱　烦（102）—煩

难（102、385）—難　轻（100、210、294、372）—輕

卢（102）—盧　恶（103）—惡　默（103）—默

夺（104、143、144）—奪　闷（104）—悶　盘（104、215）—盤

梦（104）—夢　贤（104）—賢　战（105）—戰　弹（108）—彈

妆（109）—妝　入（144）—八　门（115、116、186）—門

闲（117）开（186）—開　贡（117）—貢　马（126、247）—馬

来（126）—來　坏（126）—壞　艺（132）—藝　贪（135）—貪

尽（142、236）—盡　历（148）—歷　见（148）—見

东（148）—東　手（151）—才　对（152、193、237、397）—對

对（152、238）—對　众（153）—眾　闭（156）—閉

决（156）—決　劳（147）—勞　笔（170、384）—筆

为（186）—為　劝（189）—勸　队（189）—隊

礼（191、276、277、278）—禮　节（190）—節　宁（193）—寧

记（193）—記　华（194）—華　传（194）—傳

执（197、422）—執　覔（202）—覓　兜（206）兒（207）—兒

员（202）—員　声（225、418）—聲　覔（202）—覓

转（206）—轉　争（207、347）—爭　荣（211、426）—榮

统（212）—統　歷（225）—歷　嚣（225、226）—囂

屡（237）—屢　强（242）—強　宾（244）—賓　连（259）—連

纟（248、249、250、251、252、253、254、255）—糹

迟（286）—遲　盃（287）—杯　软（294）—軟

体（306、350）—體　气（308）—氣　洒（311）—灑

刚（315）—剛　严（338）—嚴　长（322）—長　竞（325）—競

边（325）—邊　盗（348）—盜　义（348）—義

鸟鳥（358）—鳥　娄（369）—婁　数（369）—數

斋（372）—齋　聂（373）—聶　龙（377）—龍　寻（377）—尋

乱（382）—亂　终（383）—終　尔（403）—爾　乐（403）—樂

绵（404）—綿　净（422）—淨　齿（423）—齒　获（427）—獲

亇（428）—個　鱼（428）—魚　亏（433）—虧　举（445）—舉

龙（450）—龍　顛（456）—顛

可见，喃字所借用的汉字包含了大量俗字字形。有些字形不仅被整体借用，而且还被借用作部件。这些俗字多是传承俗字，其中尤以简化字为主。

（二）在构形方面的影响①

1. 义符增减

｛分｝—妢掰　｛停｝—傳停　｛出｝—㘉䊈　｛有｝—固酭

｛杀｝—折㲚　｛划｝—制掣　｛缝｝—枚緞　｛筷｝—杜筷

｛传｝—屯吨　｛压｝—甲押　｛箱｝—楿函　｛蕉｝—㮺樵

---

① 该部分所用字料取自《手册》附录的《常用汉字对应喃字表》。

{颜}—牟艳　　{在}—於銓　　{至}—典銍　　{约}—限嚥

{红}—靚綮　　{沙}—吉誻　　{佛}—字俘　　{助}—勘执

{吼}—吟狳　　{足（足够）}—靚羼　　{快}—毛氊/毛毯/毛毡

{夜（夜晚）}—店胙　　　　{鱼}—魣个　　{卖}—半鲆

{参（参与）}—譽誉　　{苦（辛苦）}—韢

{树}—核荄　　{骨}—昌髇　　{指（指头）}—蔬蔬

{穿（穿戴）}—默襍　　　　{给}—朱抹　　{香}—噷蓁

{厚}—苔黯　　{急}—倍鱐　　{浮}—妥浽　　{剖}—剽媒/剼媒

{唤}—队嗉　　{羞}—虎愠　　{寄}—改拕　　{移（移开）}—遁攡

{聋}—聛瓅　　{棚}—槲樢　　{艇}—笒梭　　{短}—斕问

{想（想要）}—悶惆

2. 义符改换

{上}—遑疌　　{卧}—舾舾　　{鹿}—猏麟　　{心}—忙肫

{苦（苦味）}—諲矰　　　　{埋}—搏塤　　{牛}—㺯椟

{骨}—艁髇　　{照（照射）}—爁曈　　　　{末}—庭稡

{悦}—礫怶　　{字}—竾牧　　{赛}—挪踯　　{裹}—帼岡

{翻}—揀踩　　{匠}—僎薯　　{晴}—曦爜　　{覆}—挹虁

{疲}—痡勋　　{瘦}—瘽麒　　{至}—赸赶　　{足（手足）}—蹟膟

{先}—翹黝　　{躺}—舾舾　　{驱}—抈抈　　{听}—誼瞳

{快}—邋毵毵

{码（码头）}—埁浽　　　　{虎}—猇骲　　{斩}—刐拈

{拖}—轎撟　　{爬}—蒱蹢　　{幸（幸运）}—靽俶

{奇（奇异）}—羅巽羅　　　{直}—踂踾　　{虾}—魷虬

{草}—靲䪥　　{饼}—糏餰炳　　{垫（垫子）}—結䊹

{背（脊背）}—蒌蔆　　　　{看}—瞠睧

{恳（恳请，恳求）}—唄賱　　　{站}—䠟竴　　{鹿}—狱狱

{脚}—蹟膟

3. 声符增减

{在}—於龊

4. 声符改换

{二}—㘷𫝉　{十}—夜迊　{大}—䯶𩠱　{下}—𫝀𫝂

{千}—𠦂𠦃　{门}—𣔌圆　{劝}—嚯嘞　{五}—瓶瓹

{巨}—䯶𩠱　{出}—𧍪𧍫　{吊}—撩掃　{未}—𣘻𣘻𣔞

{坐}—𦡀魋　{溶}—氹㳒　{鸟}—鸹鹈　{跑}—趆赿

{伞}—帕幨　{江}—滝涌　{迈}—趾趴　{传}—吨哼顿

{扫}—抉撅　{厌}—唁嗲　{至}—𪓐𪓑　{污}—淤㳚

{红}—𦰶𦰷𣠻𥂃　　{位}—魊𡿨　{阻}—攟攗

{忧}—慉憽　{线}—绺绣　{狗}—狂狭　{虎}—𧍫𧍬

{箱}—棆棆　{嚼}—哩喔唯　{迎}—遧遾　{还}—啫咃

{怕}—咿哝哝　{拖}—搞摎　{抹}—捽搂搖　{炒}—焬燗

{幸（幸运）}—𦱉𦱊　{浅}—浓浓　{净（干净）}—𩦧𩦨

{茂}—𠺺摇　{指（指头）}—抾抾　{种（种植）}—揥搢

{骂}—嚠嗓　{挂}—撩掃　{起}—𧾷𧾸　{指（指点）}—𢹓𢹔

{穿（穿戴）}—𧟅𧟆　{选}—招攎　{绘}—𩋌𩋍

{误}—旺旺　{贱}—禠贼　{烧}—烃灶　{烤}—熼煨

{站}—蹲蹲　{谁}—埃垓　{袜}—蹿蹿　{烦}—㤖㤗

{烦}—唁嗲　{甜}—吭吭　{梦}—慊慉　{绸}—紬𦁠

{鹿}—㹦猙/獜猙　{猴}—㺒㺓　{搅}—攢㧋

{煮}—烸炳　{短}—𩭶𩭷　{晴}—曘曘　{瘦}—瘵疕瘈

5. 形声改换

{三}—㕞叁　{叠}—𡨢𡩆　{凶}—黣黥　{鸟}—鸸鸹

{羊}—𢾭𢾭　{在}—𧼂𧼃　{驱}—哚嗵　{香}—　唔嗳

{象}—豫獡　{吞}—唔嘞　{听}—朋䏦　{虎}—猇狢

{甚（甚多）}—㢲䇹　{咽}—唔嘞　{流}—汦汦

{站}—蹲蹲

6. 繁简变换

{九}—尬尬　{久}—数數　{手}—掰掰　{牛}—褛褛

{互}—烧燒　{长}—毈毈　{寺}—𠪋𠪌　{扬}—纵縱

{膝}—蹭蹭　{买}—谟謨　{问}—哙噲　{扫}—抉抉

{厌}—懺㦚㦚   {如}—鴽鴽   {则}—時時   {后}—鯬鯬
{因}—齫齫   {瓶}—磾磾   {沟}—泟泟   {作}—搛搛
{扯}—撟拆   {忧}—懼忙   {返}—跛皈   {听}—誼谊
{怀}—椪撜   {迟}—闷闷   {孝}—討讨   {私}—穊穊
{河}—滝滝   {径（途径）}—鴽鴽   {茅}—羜羜
{线}—纖织   {房}—齷齷   {夜（深夜）}—䯈䯈
{季}—务务   {怕}—碍碍   {拖}—撟拆   {织}—緂緂
{乖}—顽顽   {和（和……一起）}—哞哗   {皆}—调调
{垫（垫子）}—綡綡   {垫（垫子）}—玷玷
{胃}—胚胚   {骂}—嗐嗐   {歪}—豁豁   {急}—偣鰡鰡
{剖}—剗剗   {蚕}—蟫蟫   {柴}—櫃櫃   {饿}—餂餂
{臭}—浍澮   {热}—炑熳   {涩}—瀆瀆   {敢}—監監
{随（跟随）}—蹺蹺   {深}—嘍嘍   {琴}—彈弹
{棚}—櫚櫚   {筛}—縒縒   {就}—時時   {塞（堵塞）}—測测
{想（想要）}—憫恼   {滩}—瀖瀖   {矮}—濕湿

7. 符号化

{七}—氍氍   {了}—㮋彩   {扎}—紥祂   {蜂}—蠮蜍
{出}—齫齫   {休}—疑乌／傾伤／鼷鰭   {奇（奇异）}—鼷鯌
{是}—羅罡   {颂}—悛悛

8. 部件位移

{小}—孔狐   {小}—朒胹   {广}—麐麐   {尺}—抧抧
{今}—䯽䯽   {分}—㟒㟒   {瓜}—瓠瓠   {生}—耚耚
{名}—氍氍   {男}—愣愣   {年}—舮舮   {杀}—甤甤
{仰}—昰昰   {血}—卵卯   {刚}—跋跋   {多}—鐃鐃
{苦（辛苦）}—蔀蔀   {厚}—醅醅   {后}—檿檿
{异}—㟒㟒   {因}—䁖䁖   {男}—愣愣   {尾}—齷齷
{抢}—撪撪   {坐}—蚪垫茾   {鹿}—麐麐   {足（足够）}—𩖏𩖏
{快}—遑遑   {肩}—鬊鬊   {肯}—翌翌   {幸（幸运）}—羴鞚鞚
{直}—竄竄   {起}—蚭蚭   {苦（苦味）}—證證
{圆}—䫀䫀   {减（减少）}—减减   {眼}—眛䀂

｛鼻｝—镚鼻/鋂鋬　　　｛薯（薯类）｝—蒡䓉

9. 笔画讹写

｛山｝—芮芮　｛风｝—𫘨𫘨　｛火｝—焰焰　｛口｝—呱呱
｛夫｝—狱狱　｛凶｝—與共共　｛市｝—帶帶　｛耳｝—聏聰
｛滤｝—渌渌　｛刚｝—唧唧　｛抓｝—扒扒　｛驱｝—挏挏
｛这｝—低低　｛割｝—劫刼　｛足（足够）｝—瞪瞪
｛线｝—绩绩　｛油｝—𪗂𪗂　｛夜（夜晚）｝—脏脏
｛夜（深夜）｝—号号　｛怕｝—悙悙　｛奔｝—崴崴崴
｛幸（幸运）｝—鞍鞍　｛青｝—撑撑　｛青｝—撑撑
｛净（干净）｝—瀝瀝　｛哪｝—兜觉　｛秒｝—绩绩
｛面（面对）｝—楜楜　｛举（举起）｝—搋 搋
｛研（研碾）｝—搽棕　｛盼｝—朦朦朦　｛带（携带）｝—栳拁
｛带（携带）｝—扰扰　｛选｝—撰拱拱　｛待（等待）｝—蛛蛛
｛窃（盗窃）｝—拗拗　｛重（沉重）｝—碾碟碟
｛晒｝—烁烁　｛涂（涂抹）｝—抔抔　｛被（被子）｝—褀褀
｛镜｝—䤚翘　｛夏｝—黩黩　｛家｝—茄茄　｛舱｝—魢魢
｛烛｝—爍爍　｛袋｝—褃褃　｛菜｝—蒌蒌　｛甜｝—吭吭吭
｛黑｝—顛顛　｛割｝—劫店　｛遇｝—报䞓　｛湿｝—沈沈
｛露（显露）｝—瞢瞢　｛晴｝—爆爆

俗字和喃字皆流行于民间，俗字的使用者和喃字的创制者当为同一群体。以上几种喃字异体字关系类型相当于汉语中正字与俗字的关系类型，甚至有的异体字字形直接借用汉语正字和对应俗字。另在繁简变换、义符增减、义符改换、声符增减、声符改换、符号化等关系中，必有一方是"从简"的。这种"从简"的关系与俗字形体演变的趋势亦是一致的。因此，这些异体字是喃字在创制和使用的过程中，仿照俗字构形原理滋生而成，"俗"属性十足。

四　结语

俗字在中国京族地区的发展及影响是近代汉字学研究的重要内容，亦是跨文化汉字研究的重要内容。我们应在充分吸收学界前沿成果的基础上，进一步探索俗字在少数民族地区的传承轨迹和变异规律，揭示俗字对民族文字形成和发展的深层次作用；同时结合少数民族汉字文献整理，在不同文化背景下进行俗字与少数民族文字及少数民族文字之间的比较研究，对具有关联性的个体俗字或少数民族文字进行源流考辨，丰富和发展跨文化汉字理论。

《各省土字录》跋

邓章应

(西南大学汉语言文献研究所　重庆　400715)

1926年8月，上海大东书局出版的《学生文艺丛刊》第3卷第6集上发表了一篇戴子禹先生的《各省土字录》。[①] 这是一篇较早以"土字"为篇名的文章，特对其作一说明。全文很短，先录之如下：

我国各省土字，往往杂出书中。细览之下，亦不失六书之义，颇有研究之价值，但如甲地知之者，乙地不能知，丙地知之者，丁地不能知。而辞源字典中亦无此项土字，以致阅者无从稽考，诚一憾事。鄙人偶在《桂海杂志》《觚賸》中，发现数字，随笔录之，以供参考焉。

䙏，代矮字。音义皆同，为广西土字。见范成大《桂海杂志》。

閪，音义皆同稳。广西土字。出处同上。

圙，音阆，山西丰镇土字。

圐，音恋，山西丰镇土字。圐圙谓堆积物件之空院也。见近人侯鸿《燕晋察哈尔旅行记》。

奎，音义皆同稳。两广土字。见《桂海杂志》及钮琇《觚賸》。

仦，音溺。小儿也。广西土字。见《桂海杂志》。

奀，广西音动，广东音芒。瘦弱也。见《桂海杂志》及《觚賸》。

---

① 后又汇集于1933年第3卷汇编第4册。

歪，音终，人亡绝也。广西土字。见《桂海杂志》。

莁，音臘，不能举足也。广西土字。见《桂海杂志》。

矞，音矮，人之不长者也。广东土字，见《觚賸》。

圳，音浸，通水之道也。皖、粤土字。见《婺源乡音字汇》及《觚賸》。

砍，音勘。石之岩洞也。两广土字。见《桂海杂志》及《觚賸》。

伓，音墩。截木作垫也。皖、粤土字。见《婺源乡音字汇》及《觚賸》。

閂，音拴。横木上关也。见同上。

氽，音聘。水中矾也。广东土字。见《觚賸》。

氹，音沺，蓄水为池也。广东土字。见《觚賸》。

妀，音大。女大为姊也。广西土字。见《桂海杂志》。

凼，音囊，水之曲折也。广东土字。见《觚賸》。

欻，音或，隐身忽出也。广东土字。见《觚賸》。

一 文章源流

这篇文章的内容与胡怀琛发表在《小说世界》1923年第2卷第3期上的《中国地方文学的一斑》部分内容和《红杂志》1923第2卷第2号登载的《餐风录》部分内容近似。

《中国地方文学的一斑》："至如纯然为一处方言土字，而不通行于他处者。在现代有上海土话所译圣经，及苏白粤讴等种。"各录一段以作示例后，就讲到各处土字。

此外各处土字，见于前人笔记，而为目前一切字书所不载者甚多。今略举数字如下：

矮，代矮字。音义皆同，为广西土字。见范成大《桂海杂志》。

閪，音义皆同稳。广西土字。出处同上。

奎，音义皆同稳。两广土字。见《桂海杂志》及钮琇《觚賸》。

仦，音娲。小儿也。广西土字。见《桂海杂志》。

奀，广西音动，广东音芒。瘦弱也。出处同上。

歪，音终，人亡绝也。广西土字。出处同上。

荞，音臘，不能举足也。广西土字。见同上。

矮，音矮，人之不长者也。广东土字，见《觚賸》。

砍，音勘。石之岩洞也。两广土字。见同上。

妖，音大。女大为姊也。广西土字。见同上。

氽，音聘。水中矶也。圳，音浸，通水之道也。

朳，音或，隐身忽出也。氼，音泪，蓄水为池也。

氹，音囊，水之曲折也。丕，音墩。截木作垫也。

閂，音拴。横木上关也。

以上七字皆广东土字。见《觚賸》。

亇，音不详。宋太平老人《袖中锦》云："京师妇女陋者，谓之亇"，谓女少丿不成女也。所谓京师，指汴京也。此称至今尚存与否，亦未详。

此外土字土语话，见于各省志书者甚多。而未见于书籍者，更指不胜屈。其间有一部分通行者，则莫如苏白粤讴。

《红杂志》1923年第2卷第2号发表《餐风录》（署名"寄尘"）："余前著《中国地方文学之一斑》一文载《小说世界》，从书籍中寻出粤东西俗字，为一切字书所不载者，如閫壆㘝氹等字是也。今读《燕晋察哈尔旅行记》，又发见丰镇（丰镇为辽金故土，前清为厅，属山西，民国改为县，属察哈尔区域）俗字两个：其一为圕，其二为圗，圕读若宽，圗读若廉，意谓堆积物件之空院也。此等俗字，他处想必不少，但不见于记载耳。《燕晋察哈尔旅行记》为无锡侯鸿鉴著，民国十年出版。"

《各省土字录》对两处内容作了整合，更正了部分字的出处。

二　土字为方言字或俗字

《各省土字录》虽然对每一字所标来源地各有不同，但其中的土字一部分是区别于正字的俗字，另一部分是记录方言词的方言字。

俗字指通语中与正字字形有所区别的字形。颜元孙《干禄字书·自序》："所谓正者，并有凭据，可以施著述、文章、对策、碑碣，将为允当。所谓俗者，例皆浅近，唯籍帐、文案、券契、药方，非涉雅言，用亦无爽。倘能改革，善莫能加。"

如"覅"，《龙龛手鉴·不部》："'覅'，'矮'的俗字。"赵与时《宾退录》："吴虎臣〔曾〕《漫录》云：婺州下俚有俗字，如以覅为矮。"《字汇补·长部》："覅，音矮。《篇韵》短也。"："覅，音矮，不长也。"《龙龛手鉴》为辽代行均所辑，所释文字多取材于佛经文献。

其中有很多加"不"字的会意字。奀，瘦弱也。歪，人亡绝也。孬，不能举足也。甭，人之不长者也。

朩，将"木"字的头去掉表示锯木为朩，为变笔表意字，利用原字字形经过变笔来构成一个新字形，还利用原字的字义，再加上变笔的形象义来会出一个新意义。乇也属此类。

原来的俗字"閆"后来甚至成为一个通用字。

方言字是指专门记录方言词的字，所记词不在通语中流行，用字形式也仅限于记录方言。唐玄应《一切经音义》中有"北人俗字""江南俗字"之称，明方以智《通雅》提出"方言字"这一说法。

如妖，音大。女大为妖也。广西土字。见《桂海杂志》。

如汖读如聘，指水中矶。只见于《觚賸·粤觚》："水之矶激为汖，音聘。"又如"氹"，音泔，蓄水为池也。广东土字。见《觚賸》。"凼"，音囊，水之曲折也。广东土字。见《觚賸》。"冚"，音或，隐身忽出也。广东土字。见《觚賸》。

方言字有时也说成地方俗字，如《清稗类抄·经术类》"俗字之训诂"条：

各地通行之俗字颇多，今略举之。

京师人所用者如下：卐，音近砌，陋也。您，音近凝，义似尔汝，施之于较己为尊者也。

衡州人所用者如下：閗，音钻，閗林，地名，产茶叶。

苏州人所用者如下：覅，勿要切，不要也。嬲，弗曾切，勿曾也。

广东人所用者如下：亚，音阿，阿俱写作亚。奀，音芒，弱也。矮，音矮，人不长也。閄，音或，隐身勿出也。砄，音勘，岩洞也。氼，音聘，水中矶也。凼，音泔，蓄水为池也。圳，音浸，通水之道也。氹，音囊，水之曲折也。朩，音墩，截木作垫也。冇，音磨，无也。挳，银去声，牵扯不断也。㧻，去声，拙也。

广西人所用者如下：夰、閏，俱音稳，稳也。䙔，音矮，矮也。矮，音呆，矮也。奀，音动，弱也，与广东异。荞，音腊，足不能举也。歪，音终，人死也。砄，音义俱与广东同。炎，音近某，假父也。伋，音裹，小儿也。妜，音大，女大为姊也。垄，音近陈，旧产也。玺，音近产，假子也。㹢，音近满，谓最少也。亚，音阿，阿字俱写作亚，与广东同。

将"土字"理解成俗字或方言字在各类地方志中也均有出现。

乾隆四十八年（1783）《归善县志》："至于文字，字义各处多有相习而不可解者，恒出于《通韵》《海篇》之外，不特如䆁、孻、圳、涌、鲤、墩、禢不之类。即如以僯为鄰，以誔为誕，葉为華，茆为兹，飛为飛，毛为毫，暨为曁，仔为子，谷为穀，隨为當，鞋为鞋，圯为泥，毄为擊，皆土字也。又如惟为莫辨，於以不分，買賣混用，嘗常互施，振展不明，致至相淆。弗勿莫辨，犹同尤，再同最，暂同渐，已同暨，恒常忙忘之各谬义二，季桂之互呼，皆土音也。并字义亦失之矣。"①

方言字如"䆁"等，读 shē，为"畬"的异体。清《广东新语》卷十四："永安、罗统一带多䆁特，其茶犹佳。""孻"读 nái，方言，广东，福建一带称老年所生幼子为孻。明陆容《菽园杂记》卷十二："广东有孻字，音奈，平声。老年所生幼子。"清钮琇《觚賸续编·亚孻成神》："'孻'字不见于书，唯闽、粤之俗有之，谓末子为孻。"《中国谚语资料·一般谚语》："做女要做孻，做仔要做大。"《字汇补》："泥台切、奈平声。"俗字

---

① 章寿彭修，陆飞纂《归善县志》，成文出版社，1967。民国元年（1912）归善县改名惠阳县，设立惠阳市（县级）。2003 年惠阳撤市，设立惠州市惠阳区。

如"鄰、誕、飛"等。还有裼读 tà，为比较少见的姓氏用字。《龙龛手鉴》有收。《字汇补·示部》："裼，姓也。"

清同治十三年（1874）《河源县志》①卷十一《方言》"文字"条有相似内容："有土字，出乎《正韵》，越乎《海篇》，如輋、薀、圳、涌、蜊、墩、裼不之类。又有俗字，增减笔画，改易偏傍。又有字义混淆莫辨。凡为治者，宜遵同文，先严家塾俾小子就傅之日，师长即正其字以教之，庶不致以讹传讹。令先入以为主也。即如以僯为鄰，誀以为誕，以葉为華，以茲为兹，以担为擔，以飛为飞，以毛为毫。以暨为曁，以蔴为蘇，以仔为子，以谷为穀，以収为收，以隂为当，以鞋为鞋，以坭为泥，以毄为擊。增减相习，不可悉数，至于字义之失，姑举数条，尤为悖谬，即如惟为莫辨，於以不分，大太互施，買賣混用，常甞忽误，振展未明，致至相淆。弗勿莫解，犹尤不审，再最成讹，暂渐错书，已暨莫别，恒常忙忘，之各谬义，二季桂之。互呼，凡士子临文，笔误不能自检点者亦往往有之。盖粤东各州县多有。土字《通志》载之详矣，其俗字、错字不可不戒。"

三　土字不宜视为民族方块字

过去有将"土字"认为是记民族语的民族方块字的情况，如将范成大《桂海虞衡志·杂志》所载土俗书看作方块壮字的先声。"边远俗陋，牒诉券约，专用土俗书，桂林诸邑皆然。今姑记临桂数字。虽甚鄙野，而偏傍亦有依附。覈，音矮，不长也。閪，音稳，坐于门中，稳也。奎，音稳，大坐亦稳也。仦，音嫋，小儿也。奀，音动，人瘦弱也。歪，音终，人亡绝也．荞，音腊，不能举足也。妲，音大，女大及姊也。岙，音磡，山石之岩窟也。閅，音拴。横木上关也。他不能悉记。余阅讼牒二年，习见之。"

其后周去非《岭外代答》亦谓"广西俗字甚多"。庄绰《鸡肋篇》

---

① 彭君毅修，赖以平等纂《同治河源县志》，上海书店、巴蜀书社、江苏古籍出版社，2003。河源县位于广东省东北部、东江中上游，东接梅州市、汕尾市，南邻惠州市，西连韶关市、惠州市，北与江西省赣州市交界。

称："广南里俗，多撰字画，父子为恩，大坐为稳，不长为矮，如此甚众。"

但这些土字还是应该视为汉族用方言字或俗字记录汉语。吴其昌（1927）《宋代之地理学史》："然此犹不过汉字因地而小变。"① 闻宥（1934）《广西太平府属土州县司译语考》："惟自性质上言之，此诸字者，皆为晚期之会意，与《龙龛手鉴》以下诸书所收者略同。又所表现者仍皆为汉语，故不长则曰矮，门坐则曰稳。若一方以汉字表义，一方另以汉字表其殊读，如向来所谓形声，而为字喃中所习见者，则自来未尝闻之。"② 张元生（1984）《壮族人民的文化遗产——方块壮字》认为形声字（或合体字）才是方块壮字，而"汉借字"只是壮人从汉字中借来表示壮语词的文字形体，仍属于汉字范围。

方块民族字的典型方式为形声，一方以汉字表义，一方以汉字表民族语读音。如方块壮字"岜"，因壮族呼山为巴，故用音符"巴"加上形符"山"，"岜"字仅见于壮族地区。汉文记载中有"岜"字，均为民族地区地名。《徐霞客游记·粤西游日记四》："复一里半，北上一岗，是为岜歹村，乃丹州极北之寨也。"《明史》志第二十一《地理六》："都康州元属田州路。洪武二年属田州府，后为夷僚所据。建文元年复置，直隶布政司。西有岜炉江，下流合於通利江。距布政司二千五百四十里。"《读史方舆纪要》卷一百十《广西五》："《志》云：'州境又有岜白、普眉诸山，皆雄胜。'"《读史方舆纪要》卷一百十一《广西六》："横山州东南十里。以山势蜿蜒横列而名。又岜野山，在州东三十里。《志》云：'州西十里有怕武山'。"《清史稿》志四十八："府西北百七十里。南岜怀山。"《汉语大字典》："岜，地名用字。如广西有岜关岭。"《古壮字字典》（P38）作"山；石山"义，其中还收有"岇、岠、砬、岿"等异体。③

民国24年《思恩县志》："土音中亦间有自造之土字者，则惟谱编蛮

---

① 吴其昌：《宋代之地理学史》，《国学论丛》1927年第1卷第1期。
② 闻宥：《广西太平府属土州县司译语考》，《国立中研院历史语言研究所集刊》1936年第6本第4分。
③ 但汉字中有一"岜"，《汉语大字典》："山名。在山东省。《清一统志·山东·沂州府一》：'岜山，在沂水县南十里。'"

歌者有之，如㕣字作做字，解音ㄍㄛ（去声）右字作空字，解音ㄆㄧㄡ（阴平）。此类少数自造土字，除谱蛮歌外，均无用。"①

1936年李方桂《武鸣土话·序》："有抄本的土歌，我们也把原来的土字照样抄出，附在原文对面，以便读者参考。但是发音人不完全按照土字唱歌，读者务须注意。"②将方块壮字称为"土字"。又在第三节"文字"中说："武鸣土语实在并没有自己的文字。所用的都是汉字或者从汉字构成的土字。这些字除去用来写他们的土歌外，还没有发现有什么别的用途。"

四　关于汉字记民族语

汉族曾广泛使用汉字记录民族语词汇，如汉代的《白狼歌》、部分汉族学者宦游民族地区笔记中的零星记录、明清华夷译语以及地方志中辑录的民族语词汇。汉族采用汉字记录民族语往往采用纯粹记音的方式。

《逸周书·克殷》："击之以轻吕，斩之以黄钺。"孔晁注："轻吕，剑名。"《史记·周本纪》"轻吕"作"轻剑"。《正义》："轻吕，剑光中也。"《汉书·匈奴传下》："单于以径路刀、金留犁挠酒。"颜师古注引应劭："径路，匈奴宝刀也。"其实"轻吕""径路"都是突厥语 kingrāk 的音译，指一种宽身两刃刀。③

杨成志《云南民族调查报告》："云南全省约有七十余县的县志出版，

---

① 梁杓修，吴瑜纂《思恩县志》。思恩县，唐贞观十二年（638）设置，属岭南道环州管辖。宋为抚水州属地，熙宁八年（1075）改隶宾州，大观初，又改属宜州，不久复故，后环州废弃。元属庆远路南丹州管辖，明初因之，明正德元年（1506）改属河池州，清代属庆远府。民国元年隶广西省庆远府，1913年2月改隶广西省柳江道，1939年2月属广西省第7区，1942年5月属广西省第2区。解放后成立思恩县。1951年8月，思恩县与宜北县合并成立环江县。
② 李方桂：《武鸣土话》，中研院历史语言研究所，1956。
③ 江上波夫：《径路刀と师比》，载《欧亚古代北方文化》，山川出版社，1948。张永言：《"轻吕"和"乌育"》，载《语言研究》1983年第2期；又《语文学论集》（增订本），语文出版社，1999，第285~287页。林梅村：《汉唐西域与中国文明》，文物出版社，1998，第50~51页。

在许多县志中也有述该县土人的惯俗，并附以汉字来标夷音的。"①

民国《阳朔县志》记录了壮语。民国《平乐县志·方言》记录了壮语、瑶语。《灌阳县志》记录了壮语。乾隆《庆远府志》记录了壮语和瑶语。民国《溜江县志》（应为柳江县）记录了壮语和瑶语。民国《柳江县志·卷二》记录了壮语。民国《昭平县志》记录了壮语。民国《信都县志》记录了壮语。民国《田西县志》记录了壮语、瑶语、苗语。民国《来宾县志》记录了壮语。民国《武宣县志》记录了壮语、瑶语。嘉庆《武宣县志》记录了壮语。道光《平南县志》记录了瑶语。光绪《上林县志》记录了壮语。民国《上林县志》记录了苗语。民国《隆山县志》记录了壮语、瑶语。民国《那马县志草略》记录了壮语。民国《邕宁一览·语言》记录了壮语。

贵州有三部地方志收录了较多的侗语，一是清代《光绪古州厅志》，二是《光绪黎平府志》，三是《民国贵州通志》。这三部收录的侗语是一脉相承的，源头是成书较早的《光绪古州厅志》。现将《光绪古州厅志》所著录"峒家语"条完整抄录如下：

峒家语（新采）：天谓闷，地谓堆，鸣雷谓芭，下雨谓夺聘，天晴谓闷向，下雪谓夺内，风大谓轮老，日谓向，月出谓孖闷，星出谓细闷，早晨谓闷恨，天晚谓闷邓，坡高谓岑胖，深山谓岑彦，大路谓困骂，小路谓困内，上坡谓卡岑，下坡谓彙岑，田谓亚，土谓堆，岩谓顶，过河谓打孖，过水谓打能，过船谓打洛，走上前谓夺贯，走往后谓夺轮，房屋谓然，回家谓拜然，出门谓务度，谓坐谓缒，吃茶谓计血，吃烟谓计彦，吃酒谓计拷，吃饭谓计苟，吃菜谓计骂，肉谓览，鱼谓霸，水牛谓咽，黄牛谓辰，猪谓库，马与汉字同，鸡谓介，鸭谓迹，茶油谓血油，盐谓过，白米谓苟善，禾谓苟棉，谷谓苟进，柴谓令，金谓进，银谓凝，铜谓口，锡谓锡，钱谓贤，一谓号，二谓牙，三谓善，四谓岁，五谓我，六谓略，七谓盛，八谓办，九谓鸠，

---

① 杨成志：《云南民族调查报告》，《民国时期社会调查丛编·少数民族卷》，福建教育出版社，2005，第7页。

十谓手,一百谓衣办,一千谓衣善,一万谓一湾,十万日手湾,人头谓告凝,头谓告,头发谓告并,眼睛谓大,耳谓卡,鼻谓囊,口谓后,手谓纳,帽谓庙,衣谓过幸,裤谓所,鞋与汉字同,袜谓买夺,站谓院,跪谓脚,搕头谓搕头,男子办谓凝办,女子谓老俾,公谓贡,奶谓撒,父谓补,母谓母,兄谓歹,弟谓侬,大人谓猛大人,大老爷谓吓虽,先生谓先散,营兵谓猛骂,练勇谓练假,见官谓彦猛,棹子谓随,板凳谓问,枪谓巢,羊谓列,犬谓袴,人取名,老日补,少日老。

这些记载与汉语方言的记载方式相同,如嘉庆《广西通志·桂林府》转录《灵川县志》所记平话:方言天曰铁,地曰的,父曰阿把,母曰阿嗟,哥曰郭,嫂曰搔,水曰输,火曰呼。实际上是用汉字直音法记录语音。记汉语方言如此,记民族语亦如此。

五 小结

《各省土字录》所收集各字,或为汉族记汉语通语的俗字,或记方言词语的方言字,与少数民族记民族语的民族方块字不同。① 而汉族用汉字记民族语的典型方式为直音式的假借。

《边州闻见录》卷九"土字"条:"粤西人自造字,见石湖《杂志》,如不长、矮。蜀人亦然。越占作奓,占音同挏去呼,以'大步'为义,蜀文移中时有之。"读为 qiá,表示"跨"。

---

① 陆锡兴《方字论》将汉语方言区流行的方言字、少数民族地区流行的民族方字、域外方字均归于方字,认为域内域外只是使用者地域的差别,文字体制是同等看待的。(陆锡兴:《方字论》,载赵丽明、黄国营编《汉字的应用与传播》,华语教学出版社,2000)

桂馥《札朴》所载云南方言字词研究

孙雅芬

（西安工业大学人文学院　西安　710032）

提　要：《札朴》是桂馥晚年远宦云南路上始作，历时六年完成，共十卷。其中卷十《滇游续笔》记载云南方言词68条，对于后人讨论辞章时通古字、义疏经学时辨名物，特别是对今天云南方言的研究有很好的借鉴价值。

关键词：桂馥　《札朴》　云南方言

桂馥（1736~1805），山东曲阜人，字冬卉、天香，号未谷、雩门，别号肃然山外史，晚号老苔，一号渎井复民。清《说文》四大家之一，著有《说文解字义证》《札朴》《未谷诗集》《晚学集》等。

一　桂馥的生平

桂馥一生可以分为三个阶段，第一个阶段（乾隆元年至二十九年，1736~1764）是早年里居时期。由于桂馥的曾祖、祖父和父亲做过庠生或贡生，因此受家学影响，桂馥于书无所不览，弱冠之年即补诸生。"自束发从师，授以高头讲章，杂家帖括，虽勉强成诵，非性所近。既补诸生，

---

* 本文是国家社会科学基金项目（17BTQ040）阶段性成果之一。

遂决然舍去。取唐以来文集说部泛滥读之，十年不休。"① 又据《晚学集》卷七《诗话同席录序》记载，他"少时喜与里中颜运生谈诗，又喜博涉群书，遇凡前人说诗与意相会，无论鸿纲细目，一皆抄撮，运生亦无日不相与散帙为乐，自朝至于中昃，日不给，而继之以烛也"。这个时期，桂馥主要过着读书、事亲的生活。

自三十岁出游到1796年除官云南永平前，这个阶段是桂馥生活的第二个时期。"三十后与士大夫游，出应科举，接谈对策，意气自豪。"② 乾隆三十三年（1768）戊子，桂馥三十三岁，以优行贡成均，充教习，得交北平翁方纲覃溪先生，所学益精。二人相与考订之功，具见于《复初斋集》中。乾隆三十八年（1773）七月十一日，高宗颁谕，准许邵晋涵、周永年、余集、戴震、杨昌霖，或与庶吉士一体散馆，或与新科进士一体殿试。八月，戴震抵京。桂馥得以与戴震、周永年等人交流问学，因此，其治学也发生转向，从帖括之学转为专治经学，协助周永年编纂《四库全书》。乾隆五十年（1785），教习期满，补长山司训。乾隆五十四年（1789），中乡举。乾隆五十五年（1790），登第成进士，选教授。

第三个阶段是远宦云南的十年（嘉庆元年至十年，1796~1805），桂馥度过了无书无友、悲凉凄苦的晚年。"仆来云南，求友无人，借书不得，日与蛮獠杂处，发一言谁赏？举一事谁赏？此中郁郁，惟酒能销之耳。"③ 嘉庆元年（1796）桂馥被授任云南永平县知县，七月出都，拜别纪晓岚尚书，有《纪尚书语》。嘉庆二年（1797），桂馥由水程就官滇南，舟行无以遣日，追念旧闻，随笔疏记，始撰《札朴》一书。嘉庆七年（1802），于云南顺宁，《札朴》书成。嘉庆十年（1805），卒于官，终年七十岁。其子常丰扶柩归葬，卒于途。

---

① 桂馥:《上阮学使书》,《晚学集》卷六,《丛书集成初编》第2518册，中华书局，1985，第165页。
② 桂馥:《上阮学使书》,《晚学集》卷六,《丛书集成初编》第2518册，中华书局，1985，第165页。
③ 桂馥:《寄颜运生书》,《晚学集》卷六,《丛书集成初编》第2518册，中华书局，1985，第182页。

二 《札朴》成书过程及内容

《札朴》一书系依托桂氏平日积学浸染与阅历见闻所成，于卷一自序其著述始末云：

> 往客都门，与周君书昌同游书肆，见其善本皆高阁，又列布散本于门外木板上，谓之"书摊"，皆俗书。周君戏曰："著述不慎，但恐落在此辈书摊上也。"他日又言："宋、元人小说盈箱累案，漫无关要，近代益多，枉费笔札耳。今与君约，无复效尤。"馥曰："宋之《梦溪笔谈》、《容斋五笔》、《学林新编》、《困学纪闻》；元之《辍耕录》，其说多有根据，即我朝之《日知录》、《钝吟杂录》、《潜丘札记》，皆能沾溉后学，说部非不可为，亦视其说何如耳。"嘉庆纪元之岁，由水路就官滇南，舟行无以遣日，追念旧闻，随笔疏记。到官后，续以滇事，凡十卷。以其细碎，窃比匠门之木札，题曰《札朴》。乌呼！周君往矣，惜不及面质，当落书摊上不邪？壬戌八月忍愧陋生桂馥书于顺宁。①

关于此书的刊刻，段玉裁的《序》记载较详："柯溪亦官滇，与未谷时多商榷论定。柯溪之告归也，未谷以此书授之，俾刻之江左。未谷是年没于官，而柯溪乃于十年后解囊刻之，不负郑重相托之意，是真古人之友谊，可以风示末俗者矣。""壬申，薄游新安而归，得晤山阴李君柯溪，刻未谷所撰《札朴》十卷方成，属余序之。"可知从嘉庆七年成书到嘉庆十七年李氏于江左刊刻，已过十年矣。刊刻时间长，一方面是由于桂馥"贫不能付梓，乃以草稿授同寅山阴李柯溪少尹"，一方面则是因为"少尹风雅好古，敦气谊，重然诺。遂出己财，属浙西鲍渌饮先生校刊。时先生年八十余，终日不释丹铅，见此书，以为得未曾有。乃潜心雠对，凡五阅月，而剞劂奏功。"

---

① 桂馥：《札朴》，中华书局，1992，第1页。

关于版本，《山东通志·艺文志》云："是书有山阴李氏刊本，又有长洲蒋氏心矩斋刊本。"山阴李氏刊本即清嘉庆十八年（1813）绍兴李宏信小李山房刻本，此刻除翁、段二《序》外，还有嘉庆十八年萧山王宗炎序及山阴李宏信后跋。2002年上海古籍出版社《续修四库全书》影印北京图书馆藏清嘉庆十八年李氏刻本。长洲蒋氏心矩斋刊本即清光绪九年（1883）长洲蒋氏心矩斋校刊本。今有1958年中华书局新印本，1992年中华书局《学术笔记丛刊》校点本（前后分别附有《说明》《附录》）等。

全书分为十卷，共收录词条1107条。卷一至卷二为《温经》，分别收录词条176条和109条，解经以汉、唐注疏为本，参以各家之说，折中确当；卷三至卷六为《览古》，其中卷三111条、卷四107条、卷五114条、卷六74条，援据宏富，考校精详；卷七为《匡谬》，收录162条，严而不失之苛，辨而不失之凿；卷八为《金石文字》，收录65条，"其搜罗墨本，有出于《集古》、《金石录》之外者，则可与竹云、竹汀鼎足也"；卷九为《乡里旧闻》，共121条，记录山东山川古迹、名物风俗以及曲阜方言；卷十为《滇游续笔》，共68条，考证云南风物，引据宏赡，辨正精详。

三 《札朴》对云南方言词的考证

在嘉庆癸酉吴江翁广平为《札朴》所作《序》中，对桂馥之学有兼长、尤善考据多有赞誉：

> 古之学者有四：曰义理之学；曰经学；曰史学；曰辞章之学，而考据不与焉。非无考据也，考据即寓于四者之中也。我朝学者始有考据专门，其大要本之《三通》、《玉篇》等书。盖以百余年来，欣逢稽古右文之主，惟时在朝在野者，能以实学相向，其所撰述，俱足裨益治体，沾溉艺林，故治经者有李安溪、方望溪诸君；考古者有阎百诗、沈自南诸君；订讹者有毛西河、胡鸣玉诸君；辨证金石与山川古迹者有王竹云、钱竹汀、顾亭林、陈宏绪诸君。今读曲阜桂未谷大令之《札朴》，而服其学之有兼长也。大令负颖异之姿，博极群书，自六经诸史，象纬舆地，财赋河渠，算数历律之学，与夫六书音韵、方

言风俗之类，罔不根究其源委，剖析其疑似。

考查卷十《滇游续笔》中所记云南方言词，大致分为以下几类：
①历史古迹类：建极（年号）、铁柱、崇圣寺、感通寺；
②地理类：山水脉络、罗平山（水经注）、杉木和、濮人；
③植物类：兰、菌、赤藤、麻栗、醉李、石竹、婆树、构浆、毒草、芋、打不死、土瓜、蝴蝶花、野薑、鹦哥花、麻竹、橄榄；
④动物类：雉、绿鸠、鸡、山喜鹊、铁连甲、很虎、飞鼠、风兽、豪猪、脆蛇、青竹飙、断肠草、毛辣子、鼠、蚁、彭蜡、公鱼；
⑤生活风俗类：赕（佛）、哨、橧、火把节、农人耕田、爊爐、云龙㸇夷、蛮靴、踏歌、金羸锅、裋、㸇夷布、贝、白酒、盐狮、耳块、豆豉沈、恶俗、用刑；
⑥金石类：翡翠、铜鼓、宋宁州刺史□君碑、南诏德化碑、邮亭题壁诗；
⑦语言类：杉木和、赕、坏、宕宕。

桂馥在上述词条训释中，征引文献浩繁。他与段玉裁生约同时，素有"南段北桂"之誉。桂氏治《说文》，取证于群书，故题曰《义证》。专胪古籍，不下己意，分肌擘理，脉络贯通。前说未尽，则以后说补苴之；前说有误，则以后说辨正之。凡所称引，皆有次第，取足达许说而止。引据虽繁，条理自密。这是桂氏学术的一大特色，在学术笔记《札朴》中同样呈现这一特点。虽曰考据专门，而引证奥博，词藻古雅，实能兼义理、经、史、辞章四者之长，而自成一家之言，兹将其引用文献整理如下：

经部：《诗经》《说文》《玉篇》《尚书》《释名》《曲礼》《论语义疏》《经典释文》《集韵》《礼记》《毛诗名物解》《草木疏》《尔雅》《尔雅翼》；

史部：《通志》《大理府志》《南诏传》《元和郡县志》《水经注》《资治通鉴》《后汉书》《穆天子传》《宋书》《周书》《通典》《左传》《唐书》《公羊传》《太平寰宇记》《广志》《南方草木状》《西征记》《荆楚岁时记》；

子部：《孔子家语》《一切经音义》《淮南子》《庄子》《本草经集注》《酉阳杂俎》《论衡》《三辅黄图》；

集部：《上林赋》《蛮子朝诗》《赤藤杖歌》。

（一）引用小学类典籍释名物

哨

云南屯戍，多称曰哨。北人吹竹筩曰哨，字当作"篍"。《说文》："篍，吹筩也。七肖切。"案：即洛阳亭长所吹。郭注《穆天子传》："篍，今戟吏所吹者。"馥谓屯戍吹篍相警，俗名为哨。

引《说文》、郭璞《穆天子传》注释"哨"，今人只知"哨"而不知有"篍"矣。

对"槢""蛮靴""金羸锅""襡""氍夷布""贝""白酒""盐狮""耳块""豆豉沈"等亦采用此种方式训释。

耳块

大理人作稻饼若蝶翅，呼为"耳块"。询其名义，云形似兽之两耳。馥告之曰，当为"饵馈"。《方言》："饵，或谓之餈。"餈即稻饼，北人谓之餈糪。普八切。其圆者谓之餈团，重阳所食，谓之餈糕。《集韵》："饎，馈饵名，屑米和蜜蒸之。"

餈糪，俗作糍粑，滇人呼饼曰粑粑。

引用扬雄《方言》《集韵》对"耳"应为"饵"进行了辨析。

（二）引用经、史类文献释义

杉木和

保山县有巡检驻防之地，曰杉木和，此六诏旧名也。《南诏传》云："夷语山坡陀为'和'。"案：开元末，南诏逐河蛮取大和城。贞元十年，韦皋败吐蕃，克峨和城。施浪诏居茛和城。施各皮据石和城。西爨有龙和城。《南诏碑》："'石和子''丘迁和'，皆羌夷称'和'之证。

点苍山有草类芹,紫茎,辛香可食,呼为"高和菜",亦南诏旧名。

此处桂馥引用《南诏传》《南诏碑》解释云南地名中"和"的字义。

赕

余摄邓川州事,即邓赕诏故地。《通鉴》:"沈攸之赕罚群蛮太甚。"注引何承天《纂文》曰:"赕,蛮夷赎罪货也。"《通鉴》又云:"益州大度獠恃险骄恣,陈显达为刺史,遣使责其租赕。"注云:"夷人以财赎罪曰赕。"《后汉书·南蛮传》:"杀人者得以倓钱赎死。"注引《纂文》作"倓"。

此处引用《资治通鉴》《后汉书》等史书涉及"赕"字的史实并据南朝宋何承天《纂文》训释字义,明确其异体字为"倓"。今云南少数民族有"赕佛"之风俗,即祭祀求福,为"赕"字的引申之义。

坏

滇人谓死曰坏,其父母死亦曰坏。或闻而大怪之。余曰:"古有此言。"《释名》:"诸侯曰薨。薨,坏之声也。"《曲礼》:"天子死曰崩,诸侯曰薨。"郑注:"自上颠坏曰崩。薨,颠坏之声。"何休《公羊解诂》:"崩,大毁坏之辞。薨,小毁坏之辞。"

此处引用《春秋公羊传》、《释名》、《礼记·曲礼》及郑玄《礼记注》训释云南方言词"坏",并区分"崩""薨"词义轻重的程度差别。

(三)引用子、经类文献释音

宎宎

滇人呼几案床榻横木曰"宎宎"。馥谓当为"枕枕"。《一切经音义》:"枕,《声类》作轵,车下横木也。今车床及梯举横木皆曰枕是也。"《淮南·原道训》:"横四维而含阴阳。"高注:"横,读车桄之桄。"《集韵》"'口'下云:'床横桄'。"

引用《一切经音义》《淮南子》及高诱《淮南子注》《声类》《集韵》训释"宕宕"的读音及词义。

此外"麻栗"条,桂氏指其亦有音转,当为"茅栗"。楚人呼茅栗。并据陆玑《草木疏叙》以"又有茅栗"释"栗"为证。

"婆树"实为"驳树",为音之讹。陆玑《草木疏》:"驳马,木名,梓榆也。其树皮青白驳荦,遥视似(驳)马,故谓之驳马。驳马,梓榆。"此树云南到处有之。

"构浆",滇人呼榖树为构浆,陶弘景《本草经集注》:"榖音构。"

"鹦哥花"即刺桐,亦称赪桐,俗称贞桐花,"贞"实为"赪"音之讹。

"公鱼"实为"江鱼","公""江"古音同。

(四) 引用史类文献以证云南历史

建极

《南诏传》:"坦绰酋龙僭称皇帝,建元建极,自号大礼国。案:事在宣宗既崩之后,懿宗即位之初,当是咸通元年。今太和崇圣寺大钟有建极年号。"

引《南诏传》证世隆建大礼国当是唐懿宗在位之时的咸通元年(860)。此处赵智海点校本《札朴》有臆断,云"疑'理'之误"。此处桂氏所谓"大礼国"非大理国。大理国建国在937年。

(五) 引用史类文献明云南地理

罗平山

浪穹县有罗平山,余自邓川往云龙,越山而过,自麓至颠,屈曲回转二十五里。案:即《水经注》所称吊鸟山也。李彤《四部》云:

"吊鸟山,俗称凤死于上,每岁七月至九月,群鸟常来集其处。"是也。今山下有村名凤羽,俗传凤堕羽于此。

引《水经注》《四部》注明与罗平山有关的神话传说。《水经注》对吊鸟山有记录:"汉武帝元封二年,使唐蒙开之,以为益州郡。……郡有叶榆县,县西北八十里,有吊鸟山。"熊会贞《水经注疏》卷三十七疏:"《有一统志》,凤羽山在浪穹县西南三十里,旧名罗浮山,蒙氏改名。《方舆纪要》凤羽山即吊鸟山。"

此外,涉及云南地理的词条还有"山水脉络",桂馥引用蒙化张锦蕴之说:"滇南诸山,以丽江剑川之老君山为鼻祖……今老君山北流为金沙江,若鹤庆、宾川、楚雄、姚安、武定所属之水皆归之。老君山南流为澜沧江,若剑川、浪穹、邓川、云龙、赵州、云南、蒙化、景东、禄丰、临安,沅江所属之水皆归之。是则滇山发源于老君山,金沙、澜沧两水夹流,灿若须眉。山水具在,可按而稽焉。"详述山水分布及走向,又引用《大理府志》《通志》把云南的地理之大较详述一番,足见桂馥地理堪舆学之功力。

(六) 引用文献释云南风俗

踏歌

夷俗,男女相会,一人吹笛,一人吹芦笙,数十人环绕踏地而歌,谓之踏歌。案:(子虚)《上林赋》:"文成颠歌。"注云:"益州滇池县,其人能西南夷歌。'颠'与'滇'同。"馥谓踏歌真西南夷歌也。刘昫谓今之竽笙,并以木代匏,无复八音。芦笙用匏,古音未亡也。

根据源于中国古代氐羌系的云南各民族的传说,踏歌产生于其祖先从中国西北向西南迁徙的过程中。传说拉祜族祖先在迁徙过程中,每逢寒夜冻得难以入眠,就紧紧相拥在一起,跳跃跺地搓脚以御寒取暖,后相沿成习,成为嘎克舞的起源。纳西族传说中祖先由北向南迁徙时,因有吃人肉、喝人血的魔鬼来吃死者,为保护尸体,他们围火诅咒、呼喊以驱鬼赶魔。也因寒夜难熬,他们跺脚跳跃以驱寒取暖,舞蹈"哦热热"由此诞生。彝族、哈尼族、白族中均有类似的踏歌起源传说,述及祖先围绕篝火大声喊叫和跳跃以驱赶野兽。云南各民族传统踏歌是舞者围绕篝火起舞,带有鲜明的火崇拜特色。唐代樊绰《蛮书》记载,南诏的大理白族三月节期间,要举行丰富多彩的踏歌活动。

桂馥强调踏歌用葫芦笙的传统,"芦笙用匏,古音未亡也"。清乾隆年间仉蜕在《滇小记·芦笙》中解释道:"滇黔夷歌,俱以一人捧芦笙吹于前,而男女拍手顿足,倚笙而和之。盖古联袂踏歌之遗也。"桂馥创作了一首《踏歌行》:"倮倮夷歌作夷舞,暮春三月祠猛府。……只将歌舞答神庥……一人横笛居中吹,和以芦笙声缕缕。四周旋绕数十人,顿足踏地如击鼓。……男歌女会余音长,垂手转肩身伛偻。笙笛律吕两脚谐,歌词不解何言语……"彝族在横笛、葫芦笙伴奏下围成圈踏歌的情景,包括时间、地点、娱神目的、表演形式、动作特点等跃然纸上。

火把节

六月二十五日夕,家家树火于门外,谓之火把节,盖祀邓赕诏夫妇也。五诏于是日同。为南诏焚死邓赕诏,妻慈善夫人又畏逼,死。土人哀之,故岁祀至今不绝。邓川州城东有渠潭,潭上有故城遗址,即邓赕所居,今名德嫒城。

桂馥记录了蒙舍诏统一六诏时火烧松明楼故事,农历六月二十五日彝族火把节时,彝、白、纳西、哈尼、傈僳等民族都要吹笙踏歌至深夜,称为"南诏遗风"。"德嫒城"今名德源城。

此外还有描写耕作农田的词条"农人耕田":"大理耕者,以水牛负犁,一人牵牛,一人骑犁辕,一人推犁。……今之耕者,犹是蛮法也。"

燎爈

《玉篇》"燎"字云:"燎除旁草也。""爈"字云:"烧也。"案:《宋书·羊玄保传》:"爈山封水,保为家利。"又云:"凡是山泽,先当爇燼，种养竹木杂果为林。"馥案：滇南岁焚山林，即爇燼也。

引用《玉篇》释义，引《宋书》记录古老的耕作方式。

记录民风的词条如"云龙㺚夷"："云龙㺚夷，有罗平山为间隔，即《水经注》之吊鸟山，初与外人不通。有盐井、无文字，以皮为衣，以星辰辨四时，以草木纪年岁，有六年一花、十二年一实者。"

濮人

《周书·王会》："卜人以丹沙。"注云："西南之蛮，盖濮人也。"《通典》有尾濮、木棉濮、文面濮、折腰濮、赤口濮、黑僰濮。案：《书·牧誓》庸、濮，《传》云："在江汉之南。"……

桂馥引用《周书》《尚书》《通典》《左传》等典籍对"濮人"及其生活环境进行训释，并据《唐书·南蛮传》对"三濮"分别描述：文面濮，俗镂面，以青涅之；赤口濮，裸身而折齿，劓其唇使赤；黑僰濮，山居如人，以幅布为裙，贯而系之，丈夫衣縠皮。

濮人即今顺宁所名蒲蛮，"濮"与"蒲"音相近，讹为"蒲"。

四 《札朴》的价值

桂馥著《札朴》，实有其实用之目的。《札朴》卷七《匡谬·小学》就提及：

古人于小学，童而习之。两汉经师之训诂，相如、子云之辞赋，皆出于此。今以小学、经学、辞章之学判为三途。经学不辨名物，辞章不识古字，吾不知其可也。然其弊不自今始，义疏起而训诂废，议论开而辞章亡，尽破古人之藩篱者，其在赵宋乎！

桂馥认为"经学不辨名物，辞章不识古字"乃为学之弊，渊源远溯自赵宋义理之学，为学应经学、小学、辞章之学相得益彰，而不是全然分开。小学的存在，目的就是在议论辞章时能通古字，义疏经学时能辨名物。因此，《札朴》是桂氏学术思想的集中体现。段玉裁虽与桂馥未曾谋面，但通过钱大昕、王念孙、卢文弨等人得知桂氏学问精核，他在给《札朴》作序时也如是评价："未谷深于小学，故经史子集古言古字，有前人言之未能了了，而一旦恚然理解者，岂非训诂家断不可少之书耶？况其考核精审，有资于博物者，不可枚数。"对桂氏精于考据大有赞誉之词。

如今清人学术笔记仍有大量可挖掘的空间，对文字训诂音韵学、民俗学、社会文化等皆有可资借鉴之处。

《续黔书》中的"俗字""川字""鳌字"

苌丽娟

(北京师范大学文学院　北京　100875)

提　要：《续黔书》为清代张澍任贵州省玉屏县知县时所撰，共八卷，考证了贵州省的星野、沿革、历史人物、神话传说、特产工艺、花木禽鱼等。其中卷五收文16篇，学者多以"异闻奇事、石刻古碑、俗字方音"来概括本卷内容。本文尝试对该卷"俗字""川字""鳌字"三个词条的内容进行梳理。"俗字""川字""鳌字"实涉文字、音韵、训诂等乾嘉小学之不同门类，可见方志中保存了不少不同地域及不同民族的语言文字材料，因而我们对贵州省各县府志丛书中所收用汉字译写的民族语言和方言材料以及所收民族文字进行整理，以期为汉字传播及跨文化汉字研究打好基础。

关键词：俗字　川字　鳌字　方志

张澍（1776~1847），字百瀹，号介侯。清嘉庆四年（1799）中进士，选翰林院庶吉士。嘉庆六年（1801）被派到贵州省玉屏县任知县。壬戌（1802）初秋，代理遵义县知县，癸亥（1803）二月，代理广顺州（今长顺县）知州，于此年冬辞官离开贵州。张澍在贵州虽然只有短短两年时间，但他积极投身于贵州，深入了解当地的风土人情并辛勤搜集记录，《续黔书》便由此诞生。《续黔书》原名《黔中纪闻》，因作者受前人田雯《黔书》影响，遂更名为《续黔书》。

《续黔书》首次刊印于嘉庆九年（1804），原稿2册，现藏法国国家图书馆,现存版本有:《粤雅堂丛书》本,即《丛书集成初编》所据之本;清光绪二十三年(1897)贵阳书局刻本;贵阳交通局代印之《黔南丛书》本等。各版本之间有细微差别,如"鳌字"一篇中"犹狸名不来,为反切之音"一句,嘉庆九年本、贵阳交通局代印之《黔南丛书》本及1897年贵阳书局刻本都相同,但是《丛书集成初编》本却作"独狸名不来,为反切之音","犹"误写为"独"。嘉庆九年本于卷五末尾"雷击六人"条目后附录有"方言"一节,其他版本皆无,盖传抄刊刻过程中删弃。

《续黔书》共八卷,每卷之下悉录数十词条别为一篇,如卷一下列"星野""地界""捍水议"等;卷二下列"三闾大夫""竹王""庄豪"等;卷三下列"黔中""夜郎""龙标"等;卷四下列"游紫气山记""游东山记""重游东山记"等;卷五下列"多雨""歧舌""医方刻石"等;卷六下列"官铸""盐""茶"等;卷七下列"柤""邛竹""长寿草"等;卷八下列"孝兽""豪彘""水马"等。与大多囊括"天文志""地理志""营建志""食货志""学校志""武备志""秩官志""人物志""风土志""艺文志"等分类明晰、条例清楚的府县志相比,《续黔书》稍显随意,每卷之首无主题词指明所属类别。但仔细比勘,每卷之下所列条目又不无共同之处。如卷五所列"多雨""歧舌""医方刻石""石刻""俗字""川字""鳌字""生六男""化虎""咒尸为鸟""石棺""人疴""风鬼""钟斗""马化石""雷击六人"16个条目,皆为张澍对黔地奇闻逸事的考证。其中"俗字""川字""鳌字"三条似乎为与文字学相关术语。"俗字"一般与"正字"相对,有相对具体的指称范围,那么黔地"俗字"有何特点?"川字""鳌字"所指为何,是否也确为文字学术语呢?本文首先以清光绪二十三年的刻本为原本,悉录三篇文章(为保存原貌,暂不繁转简)进行点校,每篇之下对具体内容做分析。

对《续黔书》点校者较少,除《丛书集成初编》收录的1936年由商务印书馆发行的《续黔书·黔游记》是据《粤雅堂丛书》本排印并加句读外,另有贵州人民出版社1992年出版的由罗书勤等点校的《黔书·续黔书·黔记·黔语》。前者只以点号标示断句;后者将文本繁转简后加上完整标点,在注释中标出文中缺漏之处,对部分疑难词句并无详细注解。但两个点校本都存在明显错误。如《丛书集成初编》本将"不可为叵奈何为那何莫为盍者与为讲之焉为旂"点为"不可为叵/奈何为那/何莫为盍者/与为讲之焉为旂"。联系上下文,此处为作者列举反切之例,格式为四字结构,"何莫为盍者"五字划为一句实为不妥。罗书勤点校本将"淮南子说林训土胜水非一坏塞江"点为:"《淮南子·说林》训'土胜水,非一坏塞江。'"按:《淮南子》又名《淮南鸿烈》,是在西汉宗室刘安主持下招致宾客集体创作而成。据《汉书·艺文志》"《淮南》内二十一篇,外三十三篇",《说林训》是《淮南子》中的第十七卷,点校者此处将"训"字点在书名与篇名之外,乃不通文献典籍之误。

同时,两个点校本也存在差异,如在"俗字"一篇中对"土胜水非一坏塞江又普木切音攴义亦同"与"黔之古城南有孖江车溶两水将合处"这两句的点校有些许不同,此处不再赘述。

一　俗字

"黔南各郡,民苗讼牒中多俗字,亦有字书所载而音迥不类者,詢之亦有解,如:奓,讀爲下,言指勒不异也;疒,讀爲擺,言行止動搖也;嫢,讀爲戀,言婦女善淫也;又炱,讀爲紐,言以蟲置火上狀紐動也(《集韻》:炱,逴貝切,音權,蟲入火貌);鵤,讀爲刁,言人形短矮也(《廣韻》有鴬字,音爵,與雀同,《說文》:鴬,依人小鳥也);圤,讀爲絡,言甽畴之斜側者也(《集韻》:圤,音樸,塊也,《淮南子·說林訓》'土勝水,非一圤塞江'。又善木切,音攴,義亦同);孖,讀爲鴉,言水之分流者也(孖,《廣韻》《集韻》《類篇》竝音滋,《玉篇》云"雙生子也"。黔之古城南有孖江,車溶兩水將合處,形如八字,有寨焉,亦名曰八孖)。"

我们依次在字书中查找文中所列的7个字例。"奓"字,《广东舆地图说·录例》:"粤地俗字最夥,若大步为奓。"清·徐珂《清稗类钞·方言类·黔苗方言》:"鸡为奓"。未在其他与作者同时代或更早的字书中发现该字。《汉语大字典》第585页:"奓,qiá,方言,跨;四川少数民族部族或人名用字;方言,贵州苗族'鸡'的译音。"

"炱"字,《集韵》《类篇》《正字通》《字汇》都有收录,但为"逴员切"，此处"员"疑误写为"贝"。

"𢗚"字，字书没有收录，但字书有上"心"下"鸟"之字鴬，《说文》："依人小鸟也。"《正字通》："俗雀字，因六书古文雀篆作雀而误。"《广韵》《集韵》并即约切，音爵，与雀同。"𢗚"字左"心"旁与"小"相混，且部件移位而成"鴬"字。

"圤"字，《集韵》《宋本广韵》《篆隶万象名义》《类篇》《正字通》等各字书均有收录，《汉语大字典》《中华字海》《汉语大词典》释义多参考《说文》"璞，或从卜"。《康熙字典》："《集韵》'匹角切，音璞，块也'，《淮南子·说林训》'土胜水非一圤塞江，一作璞'，又普木切，音支，义同。"

"孖"字，《广韵·之韵》："孖，双生子也。"《集韵·之韵》："孖，一产二子，通作㜳。"《玉篇》："子辞切，亦作滋，蕃长也。"《汉语大字典》解释较为全面，补充方言用例，读 mā，谓相连成对。按，"孖"字多出现在贵州省的地名中①，如《黎平县地名志》载有"高孖"（侗语称因住地位于高山又系河水源头）、"摆孖"（侗语称小河为孖，坡塝为摆）等。

"𡣆"字在现存字书中没有发现收录情况，疑与"娭"字同。"娭"有女子善舞之义，与文中所谓"妇女善淫也"意义似乎有所关联。两字声符"齿"与"此"音近，故作者将娭字声符换为"齿"，实际上又造出了一个新的俗字。

"𩗴"字在字书以及俗字谱中均未找到。

仔细比较文中所列"俗字"7例，可以发现，作者所谓"俗字"实包含两种类型。一为某地方言俗字被汉语吸收后又被少数民族借用，来记录本民族的语言，音与义都发生了变化，如"夯"，我们猜测"𩗴"可能也属此类；二为借汉字来记录少数民族语言，如"炗""𢗚""𡣆""圤""孖"。第二类虽都为用汉字记录少数民族语言，但也有细微差别。"炗"字形和语义都来源于汉语，但是转读少数民族本民族语音，相当于训读式的汉语借词。"𢗚""𡣆""孖"为采用汉字字形记录少数民族的语音，但

---

① 詹莎莎：《贵州地名用字研究》，四川外国语大学硕士论文，2017。

是所表达的语义却与汉语语义相关，属于使用范围的转移。如“孖”由表示一人产二子转为表示一水之分流；“㣛”由表示依人小鸟也，转为形容人形短矮也。而“圤”为借汉字来记录少数民族语言，只借字形，语音和语义都发生改变。

其中第二种类型用以记录少数民族语言的汉字是汉语俗字还是少数民族文字呢？学界对此似乎没有明确界定，部分学者看法也存在变化。如张明等人2013年发表在《贵州大学学报》（社会科学版）上的《清水江文书侗字释例》一文，将《清水江文书·天柱卷》中用汉字记侗音的单字和词汇称为侗字，并举出10个侗字为例如：“圭”，侗语为guis，侗音为kui^{323}，是“小溪”的意思，引申为小溪和小溪两侧的地区；“登”，侗语为daengc，侗音为$taŋ^{11}$，是“水塘”的意思；“德”，侗语为dees，侗音为te^{323}，为“下面”之意；“亚”，侗语为yav，侗音为ja^{53}，为“田”之意；“梭”，侗语为sot，侗音so^{323}，为“干”意等。① 但他们2014年发表在《贵州大学学报》（社会科学版）上的《从贵州地方志看清水江地区的汉字记录侗语情况》一文，又并未将记录侗语的汉字称为侗字。② 由此可见，他们对这类记录侗语的汉字是否为侗字的看法也有改变。杨庭硕、朱晴晴在《清水江林契中所见汉字译写苗语地名的解读》中并未将译写苗语地名的汉字称为苗字。③

何红一在《美国国会图书馆馆藏瑶族文献研究》中将美国国会图书馆藏瑶用俗字的类型分为10类，其中第9类为“汉字瑶音”，即“似是汉字、汉音而瑶义”④。何先生指出：“汉字注本民族读音，是以往汉字俗字界所归纳的俗字构成类型中所没能包括的，却在瑶族等民族中生动地存在着。”文章中所举例子如汉字“苗”，瑶音［miu］，瑶义为“我”；“邓”瑶音为［daŋ］，瑶义为“和”；“比能”，瑶音［pei－naŋ］，瑶义为“好

① 张明、韦天亮、姚小云：《清水江文书侗字释例》，《贵州大学学报》（社会科学版）2013年第7期。

② 张明、韦天亮、姚小云：《从贵州地方志看清水江地区的汉字记录侗语情况》，《贵州大学学报》（社会科学版）2014年第11期。

③ 杨庭硕、朱晴晴：《清水江林契中所见汉字译写苗语地名的解读》，《中央民族大学学报》（哲学社会科学版）2017年第1期。

④ 何红一：《美国国会图书馆馆藏瑶族文献研究》，中国社会科学出版社，2017。

比";"阳鸟"瑶音［jaŋ - piou］,为仙鹤、凤凰之意等。何先生将这种用汉字的形、音表达瑶语意义的类型称为"汉字俗字"。

我们认为,汉语俗字和少数民族地区俗字存在两种关系。其一,少数民族地区俗字为汉语俗字的借用沿用;其二,汉语俗字和少数民族地区俗字字形偶合。但是借汉字来记录少数民族语言,不管在音和义上是否有联系,都应看作汉字而不是少数民族文字或汉字俗字。

少数民族在书写文书中,除了用汉字记录汉语外,还使用汉字来记录少数民族语言,且使用汉字来记录民族语言的往往出现在地名当中。在现存的地名志中,除了存在汉字音译少数民族地名的现象,还有借汉字字形来记录一个音与义都与汉字无关的地名。如贵州省《黎平县地名志》中收有"岑莌"一词,"莌"音dui³³,意为地处山界山脉绵延的山地半坡间的一块小丘陵平顶山。而"莌"字《康熙字典》《汉语大字典》《中华字海》等都有收录,《汉语大字典》:"音dun²¹⁴,整、整数;整批地买进;囤积。"①"莌"字在地名中的读音和意义与其在辞书中的音义都不相同,存在方音差异。

由此我们可以看出,地名中保留了大量的少数民族语言信息,也反映出汉族与当地少数民族的接触,以及少数民族对汉文化的接纳与吸收。

关于文中所说"黔南各郡,民苗讼牒中多俗字"这一现象,结合作者在玉屏县任知县这一史实,以及贵州省各少数民族的分布区域,我们可以发现,清水江契约文书与文中所说"民苗讼牒"非常贴合。

清水江契约文书是贵州省黔东南清水江流域苗族侗族人民用汉字书写并私家保存的各类民间文书的总称,所涉范围广泛,时间跨度大,主要包括土地租佃、买卖、典当契约,还有分家析产、乡规民约、家规族谱、纠纷诉讼等,涵盖劳作、生产、交往等多方面内容。清水江契约文书由非汉族的苗、侗族人用汉字书写,由于汉族与苗、侗族接触的程度有差异,加之写手对汉语的理解和掌握程度有限,因而文书中存在大量的土俗字及汉字记侗语、苗语现象。

在现阶段对清水江契约文书俗字的研究中,我们虽然没有发现文中所列的7个俗字,但其中却也存在着大量的特殊字词,如自创字,把几个字

---

① 詹莎莎:《贵州地名用字研究》,四川外国语大学硕士学位论文,2017。

的意思合在一起写成一个字的"涅",表示九成色银;"艰"指纹银;为防止他人涂改文书,将数量词"一"写作"乙""＜""凵""乀";"手"写作"肀";用"岀"来指山的斜面坡,一说指一块有石旮旯的荒山,当地读为bia³³,侗语读为yua³³;"荐",ao³³,提起来的意思;"躬"指二者挨在一起;"犴"指动物下的崽。省笔字,像"合同"写作"向";"毫"省写作"毛";"整"写作"夋""恶"。沿袭异体字,像"贰"写作"貳""弌";"廿"写作"卄""丗""念"等。使用别字代替本字,如"自"写作"是","坡"写作"波","却"用来代替"角"和"脚"等。①

除了苗族的讼牒文献中存在字书中出现过的俗字外,瑶族的券牒文献中也存在大量对敦煌俗字以及宋元以来俗字的继承。如"爺"字,美国国会图书馆藏瑶族文献《南(喃)灵科》(1904)封面书有"平杨老劣李金爺"字样;"贏"字,美国国会图书馆藏瑶族文献《丧家字式·丧场十二愿》封面写有"书主邓演贏抄集""羽士邓演贏抄集"字样②。这些在字书中出现的俗字同时出现在少数民族的讼牒文献中,说明这些少数民族历史上与汉族有密切的联系,由此也可以窥见汉字在民族地区的传播情况。

综上,黔地俗字除了文中所说在字书中可以找到记录外,还有很多土俗字或者说是自创字,是字书中尚未收纳的,有的在民族地区出现的俗字也会被汉字系统所吸收接纳。不同民族之间交流往来,文字在民族之间流通,使当地文化及语言习惯等都都会对文字的形体结构及使用职能产生影响,这些地方志及少数民族文献都是研究汉族与少数民族接触及汉字传播的重要资料。

二 川字

"黔之人呼牛马之窾爲春,余莫知其解,或又曰穿,思之知當爲川。始信土俗方言果符訓詁之指歸也。案《山海北山經》:'倫山有獸,狀如

---

① 张明、安尊华、杨春华:《论清水江流域土地契约文书中的特殊字词》,《贵州大学学报》(社会科学版)2017年第2期。
② 何红一:《美国国会图书馆馆藏瑶族文献研究》,中国社会科学出版社,2017。

麋，其川在尾上，其名曰罷九。'郭注云：'川，窮也。'而姚旅《露書》引《山海經》，川作穿。蓋穿可訓川。故《釋名》曰：'川，穿也。'顏師古《漢書·李尋傳》注云：'川者，水貫穿而流通也。'裴氏《廣州記》云：'南海龍川縣，本博羅縣之東海，有龍穿地而出，即穴流東泉，因目為号。'是川之訓穿，傳記多有之。又伯樂《相馬經》有馬'白州'，亦當是'川'字。畢中丞沅《山海經》校本，疑'川當為州'，蓋据《尔疋》之'白州驠'，不知郭氏彼注亦□為窮，則州為後人譌寫無疑也。張揖《廣雅》亦云'川，臀也'可證。"

黔之土俗方言中將"穿"讀為"春"，而在注疏材料中，"穿""川"可互訓，而"窮"又可以用來訓"川"，"臀"也可用來訓"川"，"窮"與"臀"義近，如此，"春"便可用來指"窮"，作者得出"土俗方言果符訓詁之指归也"这一结论。而在方志材料中存在大量用汉字记录的土俗方言，这些在方志中保存下来的材料对研究训诂学、方言地理学以及历史语言学都有重要作用。我们将《中国地方志集成·贵州府县志辑》① 中用汉字记录的土俗方言及少数民族语言收集为下表：

编号	来源	类目	语言种类	内容分类
1	《安平县志》卷五	风土志·苗语	苗语、犵语合译	天文、地理、称呼、身体、村寨房屋、衣服、布帛、饮食、器用、坐卧具、饮食具、火具、粮食具、农具、杂具、文具、乐具、刑具、数目、方向、颜色、疾病、珍宝、农功、米谷、菜蔬、果瓜、花木、禽兽、鳞介、昆虫
2	《八寨县志稿》卷二十一	风俗	白苗语、黑苗语、狆家语、狆家反书	
3	《毕节县志》（光绪）卷之七《方言》	风教门·方言	罗罗言、犵家言、苗家言、各家言	天文类、时令类、地理类、草类、屋舍器用类、饮食类、方位类、稻粱类、衣服类、颜色类、鸟兽类、伦纪类、身体类、数目类

---

① 《中国地方志集成·贵州府县志辑》，巴蜀书社，2006。

续表

编号	来源	类目	语言种类	内容分类
4	《定番县乡土教材调查报告》第十二章	人文·语文	汉字定番方音	
5	《兴义府志》卷四十二	风土志	方言苗语、狆语、青苗语、白苗语、猓猡语	地理、称谓、人事、身体、疾病、居处、衣物、饮食、器用、数目、年月、方向、颜色、珍宝、农功、谷蔬、花木、鸟兽、虫鱼
6	《定番州志》卷六	风俗·方言	方言附	
7	《都匀县志稿》卷五	地理志·风俗	夷语（土族、苗族、水族）；夷文（水书）	
8	《麻江县志》卷五	地理志·风俗	夷语（苗语）	家庭称谓、饮食用语、衣服别语、住所别语、用器、身体、兽、禽、虫、果品、天文、农具、数目
9	《独山县志》卷十三《风俗》	风俗·苗蛮	苗蛮附（蛮语、狆语、狄语、狄家反书、苗语）	
10	《荔波县志稿》（油印本，1984）卷二	氏族志·方言/文字	荔波县方言对照表（本地、水家、莫家、傜子）文字（汉文、水文对照表）	
11	《黎平府志》卷二	地理志下·风俗/苗蛮	方言、苗语、苗字	
12	《剑河县志》卷七	民政志·语言	语言	
13	《贵州通志》卷八十六	风土志六·方言	附夷语（俗语、夷语 安顺夷语合译、兴义夷语、都匀夷语、独山狆家语、独山水家语、黎平夷语）；夷文	
14	《古州厅志》卷一	地理志·苗语	苗语、䃕家语、生苗语、狄家语、壮家语	
15	《独山州志》卷三	地理志·方言	狆家语、黑苗语、蛮歌	
16	《永宁州志》卷十	风土志·方言/苗语	方言、苗语狆语合译	

续表

编号	来源	类目	语言种类	内容分类
17	《沿河县志》卷十三	风土志·方言	方言	
18	《息烽县志》卷二十九	风土志·方言	方言	
19	《瓮安县志》卷九	方言		
20	《黔书》卷上	方言		
21	《三合县志略》卷四十二	民族略·水族文字/方言	附水族文字、三合县四区方言表（汉文、东区、西南、北区）、歌曲	
22	《榕江乡土教材》第五章	歌谣·土音歌		
23	《普安厅志》卷四	地理·苗蛮	附方言：罗罗语、僰语、狆家语	
24	《余庆县志》（康熙）卷七	风土志·方言	方言	
25	《镇宁县志》	民风志·语言		
26	《贵州余庆县志》卷二	风土志·方言	汉族方言、夷语、苗语、苗夷语言对照	
27	《平坝县志》	民生志·言语	汉译（青苗青仲）通用言语表	

《安平县志·苗语狆语合译》

《贵州通志》风土志六《方言》

《榕江乡土教材·土音歌》

三　犛字

　　黔之人儕輩相呼其偶，不往赴則唉曰犛。質問之，則犛者不來也。案，古犛字，本有來音。劉向引《詩》'來牟'作'犛麰'。郭顯卿《字指》：'犛字從釐，徐仙民讀與來同。'鄭康成《儀禮》注曰：'貍之言不來也。'徐廣云：'貍，一名不來，天子設貍侯，所以射諸侯之不來者，取此意也。'是黔人之言不來爲犛，猶貍名不來，爲反切之音。如并夾爲籯，終葵爲椎，邾婁爲鄒，勃勒爲披，舉矩爲莒，勃蘇爲胥，壽夢爲棸，舌職爲殖，顓孫爲申，蒺藜爲茨，茅蒐爲韎，扶胥爲輔，於菟爲虎，不聿爲筆，軒轅爲韓，俠累爲傀，瓠盧爲壺，鞠躬爲芎，丁寧爲鉦，僻倪爲陴，和同爲降，句讀爲谷，明旌爲銘，大祭爲禘，蘮蒘爲須，于居爲邘，窗籠爲聰，蠨蝓爲蛛，卒便爲倩，令丁为鈴，鶻鵃爲鳩，瘯蠡爲疾，^① 蔽膝爲韠，側理爲紙，扶淇爲濰，狻猊爲獅，不可爲叵，奈何爲那，何莫爲盍，者舁爲諸，之焉爲旃，徒格爲斥，如是爲爾之類，皆目雙聲合爲一字。其學起于涿郡高誘，其注《呂氏春秋》《淮南子》，往往詳其音讀。而韋宏嗣注《國語》亦有音切。今人相承？爲始樂安孫叔然者，誤也。"

文中指出，黔之人以"鳌"表示"不来"，与"貍"表示"不来"之义相同，"鳌"与"貍"皆是"不"与"来"反切之音，并以43组例子来进行说明。同时提出反切并非始于孙叔然，高诱和韦宏嗣在他们的注解中早已使用。张澍以"双声合为一字"这一规则，并附以43组反切例子，来对"音切，也即反切"这一现象进行说明。这并非张澍独创，而是他对前人学术的继承。

古人的学术笔记中对"反切成词"这一现象多有论述。如《宋景文公笔记·释俗》："孙炎作反切，语本出于俚俗常言，尚数百种，故谓秀为鲫溜，凡人不慧者即曰不鲫溜，谓团曰突栾，谓精曰鲫令，谓孔曰窟笼，不可胜举。而唐卢仝诗云：'不鲫溜钝汉国朝。'林逋诗云：'团栾空绕百千回。'是不晓俚人反语。逋虽变突为团，亦其谬也。"^②《容斋随笔》："世人语音有以切脚而称者，亦间见之于书史中。如以蓬为勃笼，盘为勃兰，铎为突落，叵为不可，团为突栾，钲为丁宁，顶为滴颡，角为矻落，蒲为勃卢，精为即零，螳为突郎，诸为之乎，旁为步廊，茨为蒺藜，圈为屈挛，锢为骨露，橐为窟驼是也。"^③《菽园杂记》："今以类推之，蜀人以笔为不律，吴人以孔为窟陇。又如古人以瓠为壶，《诗》'八月断壶'是已。

---

① "窗籠爲聰蠨蝓爲蛛卒便爲倩令丁为鈴鶻鵃爲鳩瘯蠡爲疾"一句，《黔南丛书》本、1897年贵阳书局刻本及《丛书集成初编》本中，都作"窗籠爲聰蠨蝓爲鳩瘯蠡爲疾"，漏掉中间3句。罗书勤点校本据初印本指出了缺漏，此处我们采纳并补出原文。
② 宋祁：《宋景文公笔记》，上海古籍出版社，1988。
③ 洪迈：《容斋随笔》，上海古籍出版社，1978。

今人以为葫芦，疑亦诸字之反切耳。"①

顾炎武在《音学五书》"反切之始"这一条中列举了大量的用例："按反切之语自汉以上即已有之，宋沈括谓古语已有二声合为一字者，如不可为叵，何不为盍，如是为尔，而已为耳，之乎为诸。郑樵谓慢声为二，急声为一。慢声为者焉，急声为旃。慢声为者与，急声为诸。慢声为而已，急声为耳。慢声为之矣，急声为只是也。愚尝考之经传盖不止。如《诗·墙有茨》传：'茨，蒺，藜也。'蒺藜正切茨字。'八月断壶'，今人谓之'胡卢'，《北史·后妃传》作'瓠芦'，瓠芦正切壶字。《左传》有'山鞠穷乎'，鞠穷是芎藭，鞠穷正切芎字。'著于丁宁'，注：'丁宁，钲也'，《广韵》：'丁，中茎切'，丁宁正切钲字。'守陴者皆哭'，注：'陴，城上僻倪'，僻音避，僻倪正切陴字。'弃甲则那'，那，何也，后人言奈何，奈何正切那字。'六卿三族降听政'，注：'降，和同也'，和同正切降字。《春秋》'桓十二年，公及宋公、燕人盟于谷上'，《左传》作'句渎之上'，句渎正切谷字。《公羊传》'邾娄后名邹'，邾娄正切邹字。《礼记·檀弓》：'铭，明旌也。'明旌正切铭字。《玉藻》：'终葵，椎也。'《方言》：'齐人谓椎为终葵。'，终葵正切椎字。《尔雅》：'禘，大祭也。'大祭正切禘字。'不律谓之笔'，不律正切笔字。须，薶无，薶无正切须字。《列子》：'杨朱南之沛。'《庄子》：'杨子居南之沛。'子居正切朱字。古人谓耳为聪，《易传》：'聪，不明也。'《灵枢经》：'少阳根于窍阴，结于窓笼，窓笼者耳中也。'窓笼正切聪字。《方言》：'鼀䵷或谓之蠷螸。'蠷螸正切鼀字。'壻，谓之倩。'注：'今俗呼女壻为卒便。'卒便正切倩字。《说文》：'铃，令丁也。'令丁正切铃字。'鸠，鹘鸼也。'鹘鸼正切鸠字。'痤，一曰族絫。'徐铉以为即《左传》之'瘯蠡'，瘯蠡正切痤字。《释名》：'韠，蔽膝也，所以蔽膝前也。'蔽膝正切韠字。王子年《拾遗记》：'晋武帝赐张华侧理纸。'侧理正切纸字。《水经注》晏谟、伏琛云：'潍水即扶淇之水也。'扶淇正切潍字。《广韵》：'狻猊，狮子。'狻猊正切狮字。以此推之，反语不始于汉末矣。"②

---

① 陆容：《菽园杂记》，中华书局，1985。
② 顾炎武：《音学五书·音论卷六》，中华书局影印本，1982。

从《音学五书》所举例子我们可以发现，张澍于"蹩字"条下所列43组例子绝大多数出于此。顾炎武作为明末清初杰出的思想家、经学家、音韵学家，与黄宗羲、王夫之并称为清初"三大儒"，他在音韵、小学等方面都有深厚造诣。除《音学五书》之外，还著有《韵补正》《古音表》《唐韵正》等书，对清代乾嘉学派的音韵学也有启蒙作用。张澍作为清代乾嘉学派代表人物之一，对前代学者学术思想的继承由此可见一斑。

但是考察文中所列43组例子，我们发现它们并非属于同一类别，所谓的反切例子中实际上包含了合音词。我们试比较"不聿为笔"与"奈何为那"这一组例子。顾炎武《日知录》卷三十二："直言之曰那，长言之曰奈何，一也。"杨树达《词诠》："那，疑问代名词，'奈何'之合音。""奈"属泥母月部，"何"属匣母歌部，"那"属泥母歌部。"那"即"奈"字脱落韵母、"何"字脱落声母后合音而成。《尔雅》："不律谓之笔。"郭注："蜀人呼笔为不律，语之变转。"反切注音在汉人应劭注《汉书》时便开始使用，前人用"不"注"笔"的声母，用"律"注"笔"的韵母，后来直接用"不律"注"笔"。在语言的形成机制中，这两类应该是互逆的。

关于"反切成词""合音词"等概念，历代文献称说多含混不清，"蹩字"一篇便是这一现象的反映。此外，还有章太炎"私鈚合音为鹣"、朱骏声"髑髅之合音为头字"等在讲"反切之语"时夹杂有合音词。对于这些训诂条目，我们要有分别地加以利用，而不能不恰当地去扩大合音词的范围。

除了贵州方言中以"不来"训"蹩"外，反切成词现象在其他地区的方言中也存在。如内蒙古西部地区的方言中仍保留着一些反切的痕迹，类似于"圪梁"为"岗"、"圪塄"为"埂"、"圪搅"为"搞"、"圪览"为"杆"、"黑郎"为"巷"、"不浪"为"棒"、"不烂"为"绊"、"不来"为"摆"、"不拉"为"拨"、"窟窿"为"孔"、"特络"为"套"等。①

作为张澍编修的第一部方志，《续黔书》虽"体例颇病错杂，尤近芜

---

① 刘彪：《方言中的反切踪迹探考》，《武汉教育学院学报》1997年第10期。

漫"①,但单就卷五所列"俗字""川字""蘁字"这三篇来看,"俗字"一篇指黔地苗族文献中存在特殊用字,"川字"一篇指明黔地之土俗方言符合训诂之指归,"蘁字"一篇指明黔地存在反切成词现象。"俗字""川字""蘁字"虽都以"字"为缀,却并非只与文字相关,可谓文字、音韵、训诂兼有,乾嘉之小学皆备矣。通过对方志材料的解读,我们可以更加深入地了解特定时间、特定区域的语言文字事实,为历史的语言文字研究提供史料支撑。

---

① (清)李慈铭著,云龙辑,虞云国整理《越缦堂读书记》,辽宁教育出版社,2001。

美洲印第安人使用的象形文字名称和标志[*]

黄亚平　伍　淳

(中国海洋大学文学与新闻传播学院　青岛　266100)

提　要：美洲印第安人不同社会组织与个人的象形文字名称和标志稍有差异。部落的标志主要用图腾、部落特征以及部落的独特发型、服装配饰作为象征符号表示；氏族和宗族的标志大都是他们的保护神，多用动物或动物部位的象征符号来表示；个人的名字相对比较复杂，他们真正的名字一般以自然物来命名，而后起的名字则与个人特征和个人行为有关。这对汉字起源的探讨或许有启发意义。

关键词：美洲印第安人　象形文字　名称和标志　象征符号

美洲印第安部落、氏族和个人都使用象形文字名称和标志，这是印第安象形文字最常见的用途之一。

本文以加里克·马勒里的《美洲印第安图画文字》第十三章"图腾、标记和名称"中印第安人使用的象形文字材料为主要依据，同时参考同类著作中的象形文字材料，梳理出印第安人的部落、氏族标志和个人名称，并结合人类学家的有关论述，尝试揭示印第安象形文字的名称和标志显示出来的命名方式对名物词起源和文字起源研究的意义和价值。

---

[*] 本文原载于《汉字汉语研究》2018 年第 2 期。

一　部落的标志

印第安象形文字中涉及部落标志的内容有三类：一是以图腾作为部落标志；二是选取某些特征作为部落标志；三是以本部落的独特发型和服装配饰作为标志。其中，部落特征多与部落所经历的重要事件或习俗有关。本部落所特有的发型和服装配饰作为部落的时尚，起到与其他部落相区别的作用。

（一）图腾作为部落标志

在印第安人社会中，有许多动物图腾，也有许多植物或自然物的图腾，这些图腾都可以用象征符号来表示。比如，一份印第安人与法国人签订的条约上就盖满了参与部落的象形文字纹章。其中，塞内卡部落和奥农达加部落以"蜘蛛"代表；卡尤加部落以"长烟斗"代表；奥奈达部落由一根分权的树枝代表；一只熊代表阿尼兹人（Aniez）；瑞特人以河狸来代表；阿布纳基人以野羊来代表；渥太华人则以野兔来代表；等等①。这些象形文字的动物和自然物纹章就是部落的标志。再如，苏人（Scioux）是大草原上人口众多的民族，其中的五个部落的标志如下：（1）沿河苏人（Ouatabatonha）部落，住在圣克罗伊河畔或下奇麦湖边，其部落标志是一只颈部受伤的熊；（2）湖区苏人（Menesouhatoba）部落，他们的标志也是一只颈部受伤的熊；（3）大草原上的苏人（Matatoba）部落，他们的标志是一只嘴里叼着一支箭的狐狸；（4）狩猎苏人（Hictoba）部落，他们的标志是驼鹿；（5）大草原上的苏人（Titoba）部落，其标志是鹿，鹿角上有一张弓。还有印第安齐佩瓦（Chipewa）七部落写给美国总统的象形文字请愿信（图1），请愿信中分别画了七个部落的图腾动物，这些图腾动物同时也是七部落的部落标志。其中，六个图腾动物的心脏和眼睛分别与最前面的鹤图腾的心脏和眼睛相连，表明鹤部落是七部落的领头者，这七个部

---

① Garrick Mallery: *Picture-Writing of the American Indians* (New York: Dover Publications, 1972), 378.

落一心一意。他们写了这幅象形文字请愿信，一致要求美国国会允许七部落迁徙到湖区居住并从事捕鱼活动。①

图 1　齐佩瓦部落请愿书

部落图腾动物作为部落的标志并不是唯一的。动物图腾之外，部落也可以有其他的标志。如上述卡尤加部落的"长烟斗"，奥奈达部落的"分杈的树枝"，阿里卡拉人（又称里斯人）的"玉米穗"，等等。另外，古老的部落标志还会随着时代的不同发生新的变异。如住在美国东北部缅因州及加拿大新不伦瑞克省、新斯科舍省等地，属于阿尔冈琴语系的四个部落——帕萨马科迪部落、马莱西特部落、米克马克部落、佩诺布斯科特部落，他们既有古老的各部落的图腾动物，又有新的部落标记。如图2所示。

图 2　东阿尔冈琴人的部落标志和图腾动物①
a. 帕萨马科迪部落，前面的图腾动物是鳕鱼；b. 马莱西特部落，前面的图腾动物是麝鼠；c. 米克马克人，前面的图腾动物是鹿；d. 佩诺布斯科特族，前面的图腾动物是水獭。

---

① 周有光：《世界文字发展史》，上海教育出版社，1997，第32页。

这四个部落的象征符号都是双人划独木舟，但是有使用船桨和竿子的不同，"据说由于四个部落所在水域性质的差异，有的地区是浅滩，有的地区是深水，有的是缓流，有的是急流，因而需要分别使用竿子和船桨"①，形成了比较晚近的部落标志。

（二）选取某些特征作为部落标志

印第安人一些特有的部落标志可能是由于部落所经历的某一重要事件或习俗而形成的，他们在使用象形文字表示时，会将这些部落特征用图形表达出来。

比如布鲁勒部落。1763年冬天，他们曾经遭受一场草原大火，许多人被烧死，剩下的人大腿严重烧伤，因此产生了"Si-can-gu"这个称呼，意为"烧伤的大腿"。因为这一特殊经历，印第安象形文字中用"大腿上部的黑色斑点"这一特征来表示布鲁勒人。

图3　布鲁勒人 　　　　图4　布鲁勒人

图3是一个布鲁勒人一天夜里离开了村庄，第二天早晨却被人发现死在村外，群狗在吃他的尸体。大腿上部的黑色斑点表明他是一个布鲁勒人。

图4是一个布鲁勒人被发现死在一棵树下，原因是树倒下砸在他身上。大腿上的黑色斑点也暗示他是被烧伤大腿的布鲁勒人。

再比如夏安部落，这个部落曾经有切断手臂向神献祭的习俗。还有一个更古老的习俗，即用切断的敌人手指做项链，或砍掉敌人整只手或前臂

---

① Garrick Mallery: *Picture-Writing of the American Indians* (New York: Dover Publications, 1972), 379.
② 除特别说明外，本文的图文资料均来自加里克·马勒里的《美洲印第安图画文字》，以下不一一注明。

作为战利品来炫耀。使用象形文字时，用"手臂上的记号"、"垂直短线"或"交叉线"来表示这一习俗，构成该部落的标志。

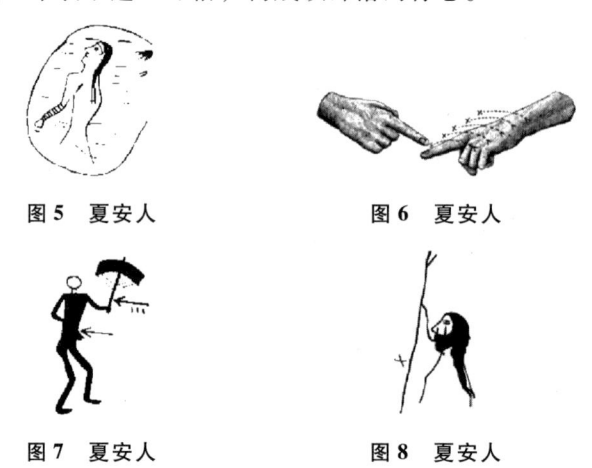

图 5　夏安人　　　　图 6　夏安人

图 7　夏安人　　　　图 8　夏安人

图5中这位自夸刀枪不入的夏安人被白人士兵射死，手臂上的记号为夏安部落的标志。

图6是夏安部落的手势符号，意思是胳臂受伤。

图7用箭头下方的垂直短线表示夏安人，这是一个特例。而在一般情况下，这样的短线符号可能代表数字，或表示死亡的人数。

图8反映的是一位名叫"尖桩"的人和夏安人交战。一根尖桩画在他的面前，有一根普通的线与他的嘴相连，表示这个人的名字叫"尖桩"。尖桩前面的交叉线是夏安族的象征符号，这个符号同样代表手臂上的疤痕或袖子上的条纹，同时也是这个部落的手势符号。交叉线是象征符号和手势符号的简化和固化形式。

（三）独特发型和服装配饰作为部落标志

许多印第安部落有独特的发型和服装配饰，它们既属于时尚的范畴，同时也是萨满教盛行的祭礼社会中重要的服饰和身体展演的形式，这些有时也作为部落的标志使用。

阿布萨罗卡部落（又称克劳人）以编发、涂在前额上的红色颜料或从前额向上延伸的头发作为该部落的标志。达科他部落的标志是以头顶上编饰的一绺头发和戴在头顶的羽毛为发型，或将头发往后梳，然后用装饰带将头发扎起来。

图 9　阿布萨罗卡人 　　图 10　阿布萨罗卡人 　　图 11　达科他人

图 9 中画在右边的是克劳人，以编发为特征；左边的达科他人则将头发往后梳，用装饰带将头发扎起来。

图 10 画了一个以编发为特征的克劳人的头像。

图 11 画了一个在剃光的头顶上编饰一绺头发并将羽毛戴在头顶上的达科他部落的标志。

波尼人的部落标记是剃光的头顶上一绺头发近乎直立或略向后弯曲，有点儿像号角。上面涂满了朱红色的颜料，有时巧妙地缀上一束马毛使头发加长，形成一条辫子披在肩上。波尼（Paw-nee）一名即来源于此。也有可能源自"pá-rik-ɪ"一词，意思是"号角"。其独特的发式是他们装束中最明显的特征，所以自然成为波尼族的名称。希多特萨人、格罗斯文特人或米尼塔里人以长长的头发、红色的前额为部落标志。

图 12　波尼人 　　图 13　波尼人

图 14　波尼人 　　图 15　希多特萨人

图 12 是达科他人所画的波尼人的部落标志。

图 13 中头上号角似的发型是图 12 的简略形式或固定形式。

图 14 中的发型表示这是波尼人。

图 15 中长长的头发、红色的前额,表明这是格罗斯文特人。

曼丹部落的头饰是将雄鹰的尾毛戴在头顶。奥马哈部落的头饰标志是将头发剪得很短,脸颊上涂红色颜料。蓬卡部落的标志是笔直的驼鹿发髻。

图 16　曼丹人　　图 17　奥马哈人　　图 18　奥马哈人

图 19　蓬卡人　　图 20　蓬卡人

图 16 中独特的发型是曼丹部落的标志。

图 17 画了一个留着短发和红色脸颊的正面图像。这正是奥马哈部落的标志。

图 18 是侧视图。这个插图没有显示出奥马哈人的脸颊颜色。

图 19 中一些驼鹿毛被用来做成一个大约长 8 英寸、宽 2 英寸的发髻,套在头上,从前额直到后脖。发髻再加一根羽毛,就代表了蓬卡人。

图 20 描绘了用驼鹿发髻做的人工头饰,这是蓬卡部落的标志。

二　氏族和宗族的标志

美洲印第安人一般采用动物和无生物来给氏族命名。这些动物或无生物通常是印第安人的保护神,即图腾。"在一些部落中,例如新墨西哥的摩其(Moqui)村落印第安人,氏族中的成员声称他们是从那作为氏族名称的动物所传下来的——他们的远祖是被主宰之神将其从动物变成人形的。"[①] 因此,氏族成员一般不会杀与本族图腾相对应的动物,也不吃它们

---

① 〔美〕摩尔根:《古代社会》,杨东莼、张栗原、冯汉骥译,商务印书馆,1971,第 139 页。

的任何部位。例如，大多数南部印第安人禁杀狼；纳瓦霍人不杀熊；奥赛奇人曾经从不杀河狸，直到河狸皮售价昂贵之后才破戒，但杀的时候要向动物道歉。切诺基人禁止成员食用鹿舌和熊舌。他们割下这些器官，投入火中以行圣礼。在奥吉布瓦人中，不许熊图腾宗族的成员单独吃熊这种动物，然而，同一宗族内的不同分支却可以分吃整只熊。当一只熊被杀后，熊图腾宗族的一个分支吃熊头和爪子，剩余的留给其他分支。还有一些印第安部落作了变通，有些族人可以吃某些动物的后腿肉，但不能吃前腿肉，其他人可以吃前腿肉，但不能吃后腿肉①。这是因为，有时整只动物被定为一个宗族的图腾，而有时只是动物的一部分被选作图腾（个人名字的许多图形也有同样的起源）。图 21 显示了对动物部位的选择，这些动物部位可能代表着不同的氏族。

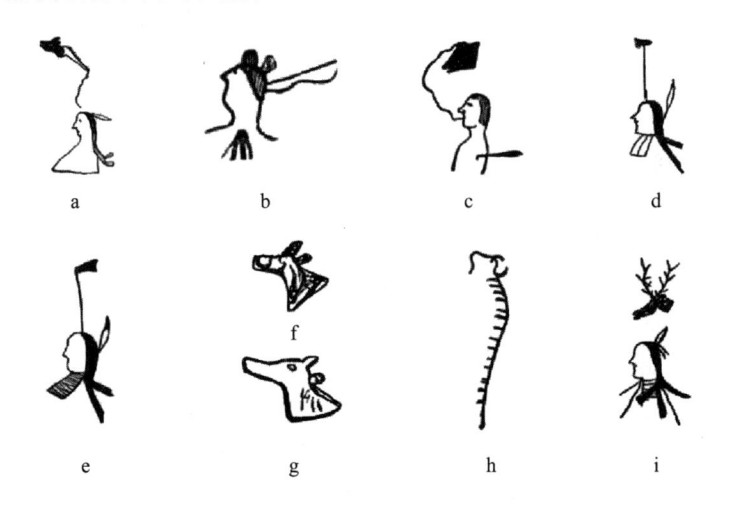

图 21　达科他人的氏族标志
a. 熊背　b. 熊耳　c. 名叫熊耳的人在与里斯人的交战中被杀　d. 熊头　e. 熊掌
f. 熊脑　g. 熊鼻　h. 后背　i. 驼鹿头

图 21 似乎是达科他人部分氏族或宗族的图腾标志。其中，前七个图形分别显示了熊的各个部位，即后背或脊骨、耳朵、头、爪、脑袋、鼻子或鼻口，这些动物的部位都是禁忌的主题，很可能是宗族或宗族分支的标志。

---

① Garrick Mallery：*Picture-Writing of the American Indians*（New York：Dover Publications，1972），389.

三　个人的名字

相对于部落、氏族的名称和标志而言，印第安人的个人名字比较复杂。一般而言，印第安人在孩子出生后不久，会根据部落制度的规定起名。可由巫师（peaiman）来挑选和赐名，更多的则是由父母起名，通常选择一些植物、动物或其他自然物的名称。这些名字虽然一出生就有，却很少使用。这是因为，印第安人生活在萨满教盛行的社会里，他们相信人的名字即是自己的一部分。如果有人知道了这个名字，他就拥有了名字主人的部分能力，其他人还能施展巫术加害名字的所有者。[①] 因此，在印第安人社会中，他们会极力避免直呼自己的真名，而是以亲属关系或相关年龄代称。

由于有这样的习俗，印第安人普遍有多个名字，除了起初的名字，每个人一生中通常都会获得一个新名字，或先后有几个名字。取名时会依据一些特殊的战功或冒险，也可能是贬义的绰号。因为所有名字（包括原来的名字）都与客观物体或实质行动相关，因此都可以用一幅图画表达，也可以用图形符号来表示。

根据部落制度，所起的名字一般不表示同一家族内成员的任何家族关系。因为在印第安人社会中还没有家族姓氏。"家族的形式并不早于文明。"[②] 而所取的名字通常表示个人所属氏族及与同一部落中其他氏族人员的关系。"各氏族对于它的成员都有一套名字，这些名字都是氏族的特别财产，所以，同一部落中其他的氏族是不能使用的。氏族所给予的名字，其本身即是氏族权的代表。这些名字，由其意义言，或表示他们所属的氏族，或为人所公认是某一氏族中的人名。"[③] 这些名字往往以某种动物、动物属性或动物某一部位作为象征符号。这些名字很容易用象形文字来描绘，也可以用手势符号表达。这种起名方式在达科他部落中尤其常见。在

---

① 〔英〕詹姆斯·乔治·弗雷泽：《金枝》，徐育新、汪培基、张泽石译，大众文艺出版社，1998，第362页。
② 〔美〕摩尔根：《古代社会》，杨东莼、张栗原、冯汉骥译，商务印书馆，1971，第125页。
③ 〔美〕摩尔根：《古代社会》，杨东莼、张栗原、冯汉骥译，商务印书馆，1971，第125页。

达科他象形文字中,所画的一个与人相连的物体,表示的就是一个图腾或一个人的名字,常常有一条线将该物体与人物的头部连接,更常见的是与人的嘴巴相连。①

在部落中,个人的名字能表明自己具体属于哪个氏族,比如在易洛魁人索克部和福克斯部中,"长角"这个名字属于鹿氏族,"黑狼"属于狼氏族,"卡-波-纳"(意思是"曳巢之鹫")、"佩-阿-塔-纳-卡-贺克"(意思是"飞越一大树枝之鹫")等名字属于鹫氏族。阿尔贡金诸部落中最古老的特拉华部落有三个氏族——狼氏族、龟氏族、火鸡氏族,但没有氏族的专用名称,称呼其氏族时多用女性鼻祖的个人名字以代之。如"玛-安-格里特"(意思是"大足")、"帕-萨-昆-阿-孟"(意思是"摘玉蜀黍")等名字属于狼氏族,"鄂-卡-贺-基"(意思是"统治者")、"塔-克-翁-鄂-托"(意思是"高岸")等名字属于龟氏族,"摩-哈尔-阿-拉"(意思是"大鸟")、"鸟-楚克-哈姆"(意思是"以鸟抓地者")等名字属于火鸡氏。

下面介绍的人名大多取自红云的《统计册》,这是一份象形文字的签名簿,共有七个宗族或氏族的289人参加签名。这份签名簿表达了当地印第安人对白人当局任命的印第安酋长的反对意见,以及他们对红云酋长的声援。还有取自奥格拉拉花名册和冬日记事中的人名。这些人名大都取自自然物的名称,或概括个人特征而得,或与个人行为相关。

(一) 以动物、植物或其他自然物命名

印第安人最开始的个人名字通常会选取一些动物、植物或其他自然物来命名,或者选取动物、植物、自然物的一些部位、特征和行为来命名。前者如"天鹅""白鹅""老鼠""獾子""蜘蛛""脸树""黑石""羚羊粪"等,后者如"短尾马""双鹰""斑点驼鹿""斑点马""斑点黄鼠狼""回望熊""断腿鸭""吸烟熊""咬树熊""奔跑的羚羊"等。

---

① Garrick Mallery: *Picture-Writing of the American Indians* (New York: Dover Publications, 1972), 444-447.

图 22　天鹅　　图 23　白鹅　　图 24　老鼠　　图 25　獾子

图 26　蜘蛛　　图 27　鸟儿　　图 28　脸上的树　　图 29　黑石

图 30　羚羊粪　　图 31　羚羊粪　　图 32　叶子　　图 33　叶子

图 34　红云　　图 35　红云　　图 36　短尾马　　图 37　双鹰

图 38　四只乌鸦　　图 39　斑点驼鹿　　图 40　斑点马　　图 41　斑点黄鼠狼

图 42　回望熊　　图 43　断腿鸭　　图 44　吸烟熊　　图 45　咬树熊

以上出现了三组同义的象形文字：羚羊粪（图30、图31）、"叶子"（图32、图33）和"红云"（图34、图35），此类情况在印第安人象形文字表达方式中常见。我们还可以举出许多例子，如上文论及部落名称和标志时所列举的布鲁勒人、夏安人、阿布萨罗卡人、波尼人、奥马哈人、曼丹人等,均有两三种不同图形标志。印第安人也频繁使用不同的手势符号表示同一个对象。① 由此可见,在印第安人使用的各类象形文字中,虽然表示相同的人和事,但可以采用不同的图形,颇类似成熟文字系统中的异体字现象。

图 46　奔跑的羚羊

图 47　奥塔哥酋长土阿瓦伊基土地转让书上的墨刻签名

图46实际上是印第安人使用的象形文字签名②。世界其他地区的原住民文化中也曾经出现过类似的情况。比如新西兰的毛利人有文身的习俗,称之为"墨刻"。在新西兰原住民社会,"墨刻"是出类拔萃者特有的标志,由此可以区分贵族、自由人和奴隶。原住民还使用"墨刻"在土地转让书上签名,如图47所示。据说,毛利人曾经把他们的墨刻作为签名而照画给欧洲人。③

(二) 以个人身体特征命名

在原住民社会中,人们更容易被别人起绰号。有时,同一个人可能有几个不同的绰号。绰号大多是贬义的,常与个人身体的畸形或遭遇意外伤

---

① 黄亚平、伍淳:《美洲印第安手势符号初探》,《中国海洋大学学报》(社会科学版) 2017 年第 2 期。
② 黄亚平:《北美印第安人日常使用的象形文字及记事功能》(上),《中国文字研究》2017 年第 4 辑。
③ 〔美〕史蒂夫·吉尔伯特:《文身的历史》,欧阳昱译,百花文艺出版社,2006,第 96~101 页。

害造成的身体特征相关（图 48～图 53）。

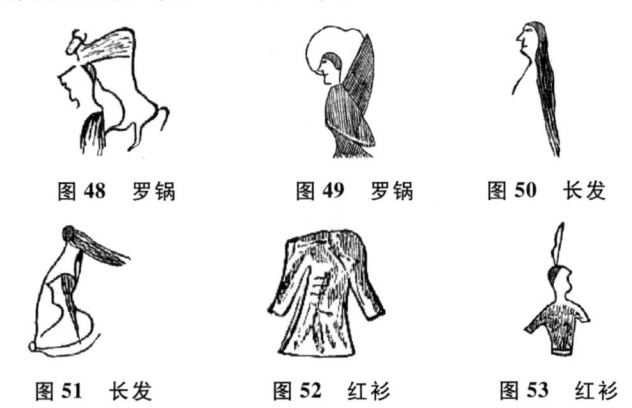

图 48　罗锅　　　　图 49　罗锅　　　　图 50　长发

图 51　长发　　　　图 52　红衫　　　　图 53　红衫

图 48 和图 49、图 50 和图 51、图 52 和图 53 三组象形文字与上述"羚羊粪""叶子""红云"的情况类似，都是两个图形表示同一个意思。相对而言，图 48 用动物的驼背代指人的驼背，是用具体形象表示抽象概念；图 52 用涂成红色的衣服代替穿红衫的人，属于有意味的替代形式。

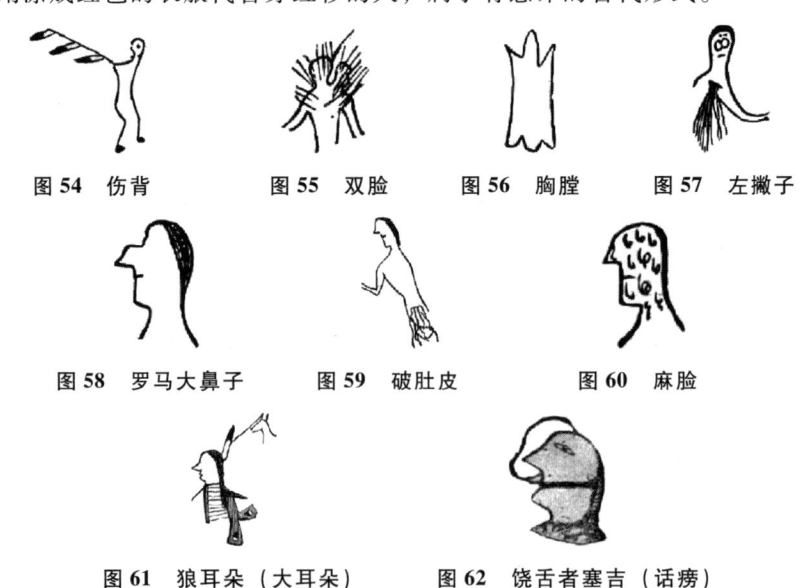

图 54　伤背　　　　图 55　双脸　　　　图 56　胸膛　　　　图 57　左撇子

图 58　罗马大鼻子　　图 59　破肚皮　　　图 60　麻脸

图 61　狼耳朵（大耳朵）　　图 62　饶舌者塞吉（话痨）

图 54 至图 62 中的人名（绰号）均以个人身体特征命名，便于记忆。

（三）以个人的行为命名

印第安人还有一些名字是依据个人的特殊战功或冒险行为而获得的，这些名字均与个人独特的行为、经历有关。

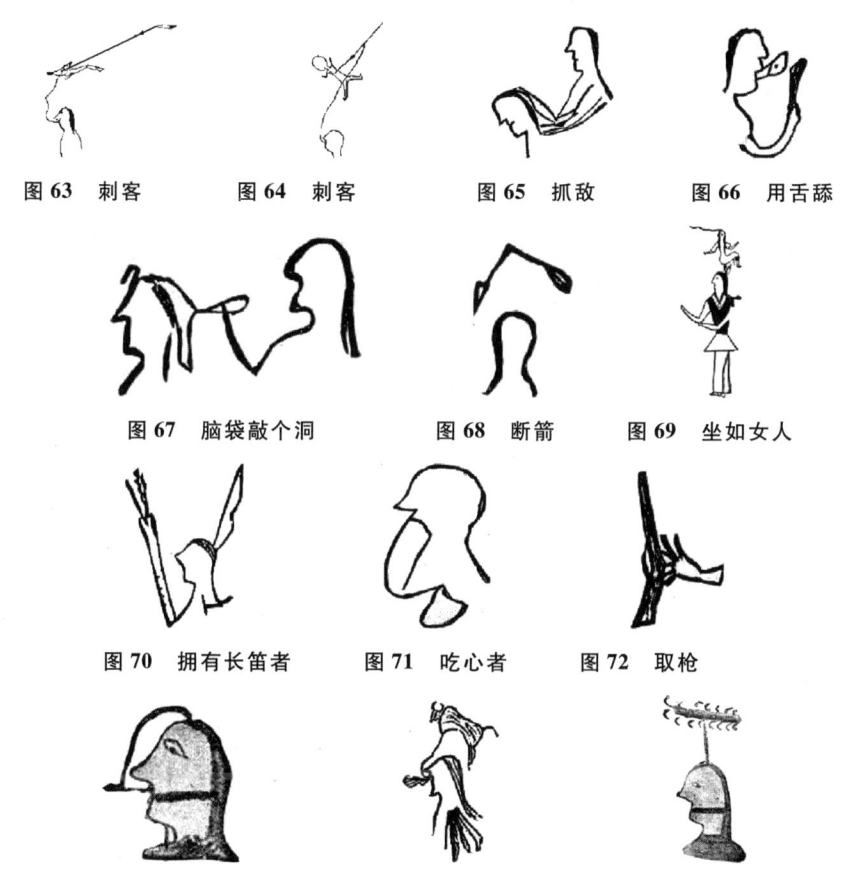

图 63 刺客   图 64 刺客   图 65 抓敌   图 66 用舌舔

图 67 脑袋敲个洞   图 68 断箭   图 69 坐如女人

图 70 拥有长笛者   图 71 吃心者   图 72 取枪

图 73 吹哨者约拉   图 74 吹哨者/小牛   图 75 黑路（Canku-sapa）

通过图 63 至图 75 的例子可以看出，印第安人最基本的命名方式是用具体可见的形象来称呼抽象的名字，使得本来抽象的名字具有了丰富的内涵和特征。这一基本方式不仅用于印第安人给自己命名，还可见于印第安人对欧洲人名字尽可能形象的翻译上。比如，一名弗吉尼亚白人被称为"Assarigoa"（意思是"大刀"），威廉·佩恩被叫作"Onas"，在莫霍克方言中它的意思是"羽毛管"，总督弗莱彻（Fletcher）被易洛魁人叫作"Cajenquiragoe"，意为"大快箭"，Maynadier 将军被表达为"many deer"（意思是"许多鹿"）。在原住民那里，他们更习惯用一个与英语名字读音相近的事物的图形来介绍人名，而不是采用名实约定这样的抽象方式。

美洲印第安部落、氏族和个人使用的象形文字名称和标志，以及印第安人的命名方式，对我们研究名物词起源和文字起源具有重要的参考价值。

浅谈甲骨文、圣书字中人体字符构形的异同*

蔡 蓉

(中国海洋大学文学与新闻传播学院 青岛 266100)

提 要：文字和图画，同源而殊途。象形性是文字在产生和创制初期对图画的继承和发展。作为象形文字的典型代表，甲骨文和圣书字在取象构形过程中所采用的原则既有相通之处又有差异。通过对两种文字中表示人体的字符进行比较，我们发现两种文明基本上都采用了"应物写形""特征突出"等构形原则；但受地理环境、社会文化和原始艺术等因素影响，甲骨文和圣书字又呈现出写意性与写实性、线条性与团块性等方面的差异。探究二者在构形原则上的异同，对深入了解人类思维的一致性以及两种文明的差异性有重要价值。

关键词：甲骨文 圣书字 人体字符 构形异同

引 言

甲骨文和圣书字是两套成熟的象形文字系统，形成初期主要采用象形表意，即通过描绘现实客观物象来创制象形字符。两者在创制的过程中大致都遵循了"近取诸身，远取诸物"的方式，圣书字中象形字的创制方式和我国传统"六书"中的"象形者，画成其物，随体诘诎"有相似之处。

---

* 本文原载于《汉字文化》2018年第12期（理论卷第3期），第47~51页。

甲骨文和圣书字中取象于人体的字符所占比重都较大，主要包括人体形象与重要器官、身体动作与运动形态。从 1899 年甲骨文首次被发现至今，被识别的单字符号有 1500 个左右，很多字符的构形与人体及其动作行为有关。《甲骨文字根研究》一书中列出的与人体形象及其行为有关的字根有 108 个，占据全书字根总数的 22.3%。古埃及学家艾伦·加德纳爵士（Alan Gardiner）在《埃及文法》（Egyptian Grammar）一书中按照字符取象对圣书字基本字符进行了分类，取象于人体的字符可以分为四个子类，共 145 个字符，即取象于"男人及其行为"的字符有 55 个，取象于"女人及其行为"的字符有 7 个，取象于"人形神"的字符有 20 个，取象于"人体器官"的字符有 63 个，占字符总数的 21.6%。[①]

象形文字在发生和发展过程中，经历了由实物到图画，再由图画到文字的阶段。甲骨文和圣书字中人体字符的形成都体现了实物、图画和象形字之间的联系与转化，在构形过程中遵循的原则具有一定的理据性和可分析性。甲骨文和圣书字中取象于人体形象与行为的字符，在创制过程中遵循了一些相似的原则，同时也兼具自身特点。

一　构形方式的相似性

对甲骨文和圣书字人体字符的构形方式可以从两个层面进行探讨，一是原生性构形，二是再生性构形。象形字的创制和人类思维的发展较为同步，原生性构形主要依赖人类的形象思维，再生性构形是人类抽象思维作用的结果。原生性构形方式主要遵循应物写形原则、特征突出原则和以静表动原则，再生性构形方式主要遵循随形附丽原则、表象指事原则和变形改造原则。

（一）应物写形原则

用形象来表现客观事物，是人类大脑在处理外界信息时最为直接的方式。人类的形象思维将实物以最直观、接近于图画的方式展现出来，"应

[①] 陈永生：《汉字与圣书字表词方式比较研究》，人民出版社，2013，第 60~67 页。

物写形"成为象形字最基本的构形原则。两种文明在象形字创造初期对现实事物进行观察和感受，并结合主观认识进行描绘，即用应物写形的方式描绘出实物整体或局部的轮廓，具有形象直观的特点。

甲骨文：▱（目） ▱（首） ▱（长）①

圣书字：▱（眼睛） ▱（头） ▱（吃、喝、说、想）②

甲骨文的"目"字象人眼之形；"首"字象人头的外廓和眼睛之形，其上部有头发，或可以省去头发；"长"字取象于一个拄拐杖的长发老人，通过描绘现实物象的"长发"和"拐杖"表现较为抽象的年长之意。圣书字中的"眼睛"取象于人眼，古埃及先民们将现实中眼睛所具有的圆弧度转移到平面上，尽可能地还原了现实物象；"头"取象于侧面的人头，不同时期会佩戴不同的假发，人头的眼睛是正面的，耳朵位于头部的中心，取象的过程中没有失去头部所具有的基本特征；表示"吃、喝、说、想"的字符取象于一个手指着嘴的男人，这个男人一只手放在一边，举起的手不碰到嘴且手掌向外，一方面表示与饮食有关的意义，另一方面表现与智力思考有关的抽象含义。

（二）特征突出原则

现实生活中的事物纷繁复杂，如果创制字符过程中只采用简单的实物摹写，可能会造成字符相混或者表意不清。我们发现，先民们在创制人体字符过程中，通过抓取实物特征的方式来解决此类问题。特征突出方式可以细分为两类：一是在描绘过程中抓住某事物的特征与其他事物加以区别，二是为求区别而在字符之间添加区别性符号。前者是符号与事物之间的意指关系，后者反映的是符号和符号之间的结构关系。

甲骨文：▱（人） ▱（女） ▱（子） ▱（老）

---

① 有关文中所说的甲骨文"人体字符"，参考季旭升《甲骨文字根研究》，文史哲出版社，2003，第4~5页。

② 有关文中圣书字"人体字符"，参考《埃及文法》（*Egyptian Grammar*）一书的字符表和词汇部分（Gardiner, 1957：442 – 457）。

(九)　(肘)

圣书字：(男人)　(女人)　(孩子)　(老者)

(高官)　(雕像)

甲骨文的"人""女""子""老"等字在取象表意过程中抓住了各自的突出特征并加以区别，这类字符属于突出特征的第一类，即在描绘过程中就抓住事物的主要特征与其他同类事物进行区别；"九"和"肘"二字皆取象于人的手臂之形，"九"是"肘"之初文，后来被借用表示数字"九"，古人在原本字形基础上增添区别符号形成"肘"，这样在使用过程中就不会与"九"相混。

同甲骨文一样，表示"男人""女人""孩子""老者"的圣书字字符在取象过程中均抓住了各年龄段人群的重要特征，在描绘同类事物的过程中使表意清晰准确；而用于表示"高官"和"雕像"的皆是姿势直立且一手执棍、一手执物的男人形象，二者的区别在于男性手中所执之物不同，又为后者增加了一个底座，借此方式来明确"雕塑"的含义。取象相似的两个字符通过增添区别性符号很好地避免了字符混用和表意不清。

（三）以静表动原则

甲骨文和圣书字的人体字符除了摹写人体形象与重要器官之外，较大部分与人体行为动作有关，形象地表现了各自先民行走、跳跃、舞蹈、弯腰、击打等一系列的行为动作。人体行为动作字符并不是动画或者连环画，而是通过描绘某动作的定格瞬间来展现动作的整体过程。

甲骨文：(夭)　(舞)　(丮)

圣书字：(庆祝)　(死亡、敌人)　(呼叫)

甲骨文的"夭"字是"走"之初文，象人行走时两臂摆动之形，先民们抓住正在行走之人的四肢特点，将"走路"的动态过程用静态瞬间来表现，动作形象且表意清晰。"舞"字象人持牛尾一物翩翩起舞之形，古人借用宗教祭祀之时舞蹈动作的定格瞬间来表现整体过程。"丮"字象一人跪坐或屈身、两手前伸并有所持之形，先民们利用静态瞬间描绘将人屈身跪坐并双手持物的连续性动作完整地表现了出来。

圣书字中表示"庆祝"的字符取象于蹲坐之人，一只手臂举到胸前，另一只手臂高举于头顶，古埃及人借用左手捶胸代表庆祝时两拳交替捶胸的动态过程。表示"死亡、敌人"的字符取象于头上流血的男人，其双腿折回到自己胸前，古埃及人将男人受伤倒地的动态过程转化为静态瞬间，表意形象且清晰。表示"呼叫"的字符取象于召唤状的男人，其一只手臂顺垂在一侧，另一只手臂向前弯曲、手掌向上，古埃及人利用静态手势动作表示正在进行交谈或者其他语言活动。

（四）随形附丽原则

有些客观事物较为细致并缺乏特征性，无法直接取象构形，先民们借助事物间的关联性，采用随形附丽的方式构成象形字。这类字符除了整体勾勒、指称事物，还将相关事物连带描绘，两者关系较为紧密。附加的形体具有明确表意性，承担补充表意的作用。

甲骨文：👁（眉） 𣎆（发） ✡（髭）

圣书字：𓂈（流泪） 𓁷（鼻子） 𓂉（双唇）

甲骨文的"眉"字依附"目"这个主体物象进行取象构形，先民们借助二者间较强的相关性，将难以构形的"眉"利用"目"表现出来。"发"字依附"人"这个主体物象进行构形表意，在人头部增添点画代表毛发来凸显"发"之形义。"髭"字象人正面之形，以人口两侧附着的几根须发来表示人的胡须，甲骨文中表示须发类的字符多采取此类原则。

圣书字中表示"眼泪"的字符取象于人眼，古埃及人借助"眼睛"并在其下方添加点画符号，以此来表示抽象的流泪之意。表示"鼻子"的字符并没有单独摹写人鼻之形，而是通过鼻子所依附的侧脸来取象构形。"双唇"依附于"牙齿"这个主体物象进行构形表意，与甲骨文中"齿"的构形方式相似，区别仅在于圣书字是"嘴唇依附牙齿"，甲骨文是"牙齿依附嘴唇"。

（五）表象指事原则

先民在创制人体字符过程中难免会遇到一些较为抽象且难以表现的事

物。这类字符主要采用"表象指事原则",即在象形勾勒的基础上增添抽象性点画符号。但圣书字的人体字符采用该原则时不如甲骨文频繁,这和两种象形文字的自由原则相关,即圣书字注重写实性,而甲骨文则更具写意性。

甲骨文:▮(文) ▮(亦) ▮(甘)

圣书字:▮(眼睛的动作或状态) ▮(装饰) ▮(吐痰、呕吐)

甲骨文的"文"字象人身上有花纹之形,在正面人形的胸口位置画×表示纹身。这种方式是抽象性的概念在描绘象形物象基础上进行符号指事。"亦"字取象于正面人形,是"腋"之本字,手臂下的左右两点为指事性符号。"甘"字象口中含有某物之形,是"含"之初文,在"口"中添加抽象符号来表示所含之物。

圣书字中表示"眼睛的动作或状态"及"装饰"的字符皆取象于人眼,不同之处在于前者是上眼睑涂有颜料的眼睛,后者是下眼睑涂有颜料的眼睛,分别在"眼睛"的上下部位增加指事符号来指明"眼睑";表示"吐痰、呕吐"的字符象嘴角流出液体之形,取象于人的嘴巴,那条波浪线表示从口中流出之物,十分形象地描绘了"秽物"的运动路线和状态,表现了动作的持续性和过程性。

(六)变形改造原则

先民们还通过对原生字符形体进行正反左右颠倒、部件组合、笔画增减的方式来形成新字符。这种变形改造方式可以细分为整体性变形和局部性改造两类,前者是将原生性字符进行整体形体颠倒或者组合,后者是将原生性字符进行笔画或者部件的局部增减。

甲骨文:▮(大) ▮(屰) ▮(又) ▮(左) ▮(大) ▮(矢)

圣书字:▮(崇拜、尊敬) ▮(跌落) ▮(高兴) ▮(颠倒) ▮(小孩、年轻的) ▮(年少的国王)

甲骨文的"大"字象人正面之形,"屰"字象倒人之形,两字皆取象于人形，原生性字符"大"通过整体上下颠倒的方式创制了"屰"。"又"字象右手的侧面之形，"左"字象左手的侧面之形，前者通过部件左右反写的方式形成后者。"大"字象人正面之形，"矢"字象人头向右倾侧之形，后者在"大"的基础上改动上方表示头部的笔画。

圣书字中表示"崇敬、尊敬"和"跌落"的字符皆取象于双臂高举的男人，后者是通过对前者字符整体逆时针翻转90°而得到的。表示"高兴"的字符取象于举起双臂手掌朝上的男人，又通过字符整体性倒写的方式来表达"颠倒"之意。表示"小孩、年轻的"的字符取象于小男孩，"年少的国王"与其取象相同，增加佩戴的埃及王冠来表明身份的尊贵。

二　构形方式的差异性

古中国人和古埃及人在创制人体字符过程中基本上遵循了"近取诸身，远取诸物"的原则，也体现了象形文字"以形表意"的构形特征。两种文明所依附的自然地理环境、社会人文环境、民族心理差异等都会直接影响各自的象形文字在取象表意过程中的构形思维，独特的构形方式会使两种象形文字产生直观性的视觉差异，并反映在构形原则上。

（一）同物异形

象形文字既是早期先民对现实世界的反映，也是对生活内容的记录。人体字符直接反映了两个民族对自身的认知与表达。古中国和古埃及的先民在反映现实生活中的相同客观物象之时，创制的字符在字形上有很大的差异。

表 1　甲骨文和圣书字中摹写相同的事物字符列举

	人	女人	孩子	老人	口	手
甲骨文						
圣书字						

表 1 清晰地反映了甲骨文和圣书字在摹写相同客观事物时构造出不同

的字形。两种古文明的先民利用"应物写形"原则创制人体字符，抓住了客观物象的不同特点，从不同角度对物象展开取象构形。甲骨文的"人"字象人侧身垂手直立之形，从人侧面站立的角度来构形表意；圣书字的"人"则取象于坐着的男人，从人蹲坐的角度来构形表意。甲骨文的"女"字表现的是古代女子双手交叉侍奉他人的场景；圣书字则取象于一个蹲坐的女子。甲骨文在表现"孩子"时抓住孩童张开双手的状态；圣书字则突出孩童吃手的特征。甲骨文和圣书字在表现"老人"之时都抓住了年老者驼背、拄拐杖的特点，但甲骨文在此基础上突出了老人的长发特征。与摹写人体形态不同的是，人体部件的观察角度是固定的，但是甲骨文和圣书字中表示"口"和"手"的字符依然不同，甲骨文更加线条化和抽象化，圣书字则呈现团块状和具象化的特征。

（二）写意性与写实性

古代中国和古埃及从不同的构形思维出发，对形象的处理自然不同，即"中国的古文字从具体的象形走向抽象的象形，而古埃及象形文字仍然保持了视觉形象的具体性"①。甲骨文和圣书字中人体字符呈现出两种完全不同的特征：甲骨文在摹写客观物象之时，只追求神韵上的相似性，不强求形貌上的趋同，呈现出一种"立象而取意、得意而忘形"的状态；而圣书字是对现实物象的完全模仿，不仅追求形貌的相似，而且力求贴合现实与细致描绘，是一种"自然主义"的产物。由此，甲骨文具有"写意性"特征，延续象物原则的圣书字则体现出"写实性"特征。

表 2　甲骨文和圣书字表意相似的字符列举

甲骨文					
	伏	廾	舞	毓	兀
圣书字					
	弯腰	崇敬	跳舞	生孩子	叛乱者

---

① 李晓东：《"六书"与古埃及象形文字构字法》，《内蒙古民族师院学报》1992 年第 1 期。

表 2 中的字符大都与人体行为或者状态有关，两种文字的字符所指称的动作或者状态具有相似性，但在字形方面，甲骨文表现了"写意性"特征，圣书字则突出了"写实性"特征。甲骨文的"伏"字象一人侧面俯身之形，圣书字中表示"弯腰"的字符取象于俯身的男人，甲骨文利用抽象化线条达到表意即可，圣书字则细致勾勒力求与现实相近。甲骨文的"廾"字和圣书字中表示"崇敬"的字符取象相似，皆为跪坐在地双手向上的人形，圣书字追求"形象"，甲骨文则追求"神似"。甲骨文的"舞"字和圣书字中表示"舞蹈"的字符都强调了跳舞时的状态，但圣书字细致描绘了人的四肢动作，甲骨文则突出了人所持之物。甲骨文和圣书字中表现"生育"的字符都借助"女子"和"正在出生的孩子"这两个部件共同表意，古埃及人根据现实场景创制字符，而甲骨文"毓"字中表示"羊水"的点画符号使字符更具抽象性和写意性。甲骨文的"廾"字象跪坐并双手反缚之人，圣书字中表示"叛乱者"的字符也取象于单膝跪地双手反缚的男人，圣书字的字符比甲骨文更加写实，追求摹写现实物象。

（三）线条性与团块性①

虽然都是象形文字，但是圣书字比甲骨文更具图画性。圣书字追求的是对客观物象整体的"形"，达到了"象"的特征；甲骨文追求的是表现客观物象整体的"神"，达到了"韵"的目标。带有具象性特征的圣书字按照图画的逻辑，用"块、面、体"来表现物象；甲骨文立足于客观事物的本质特征，将客观物象的典型特征进行线条化提取，是一个抽象化和符号化的过程。从前文大量甲骨文和圣书字的实例中我们不难看出，甲骨文在创制人体字符过程中抓住了客观物象的典型性特征，将这些特征都用抽象化的线条进行构形表意，追求"神似"的甲骨文用简洁的线条达到表意的完整性和准确性。圣书字在创制过程中遵循的是"自然主义"原则，古埃及人将客观物象的典型性特征都尽可能真实而完整地摹写下来，如实地记录了现实生活，更具写实性的创制方式使圣书字的字形自然呈现出团块

---

① "线条性"和"团块性"概念，参考陈永生《汉字与圣书字表词方式比较研究》，人民出版社，2013，第 60~67 页。

状的特征。

结　语

甲骨文和圣书字作为象形文字的重要代表，二者的人体字符在取象构形过程中有较多相似的构形原则，同时也展现出不同性质象形文字的构形个性：甲骨文人体字符的字形突出写意性和线条性，而圣书字则更加侧重写实性和团块性。创制者身处于不同的地理位置，这使得甲骨文和圣书字在构形原则上有所不同。圣书字作为"与神灵沟通"的文字最大限度地追求字符的形象写实，确保沟通神灵并实现生命的不朽和永恒；甲骨文用来记录占卜的事件和结果，更倾向于"人的交流"，所以更具抽象性和线条化。圣书字继承了古埃及艺术中的"正面律""规范性""团块性"等艺术原则，人体字符在"自然主义"的原则下进行创制，呈现出"写实化"的物象描摹特征，注重整体轮廓和局部细节的双重把握；甲骨文的"写意性"同样是对原始艺术的继承和发展，不论是原始岩画还是陶器符号，抽象化和线条化的艺术特征贯穿其中。两种象形文字字符之间的差异是自然地理环境、社会文化环境、原始艺术特征等多方面因素共同作用的结果，两种文明之间的差异性也清晰地反映在文字之中。

参考文献

［1］黄德宽：《古文字学》，上海古籍出版社，2015。

［2］裘锡圭：《文字学概要》（修订本），商务印书馆，2013。

［3］周有光：《比较文字学初探》，语文出版社，1998。

［4］张洁、胡小明：《四大象形文字中的身体运动形态研究》，《体育学刊》2014年第2期。

甲骨文与圣书字动物字构形比较研究*

郑丽娜

（中国海洋大学文学与新闻传播学院 青岛 266100）

提 要：甲骨文与圣书字是世界上古老的成熟文字，比较研究其动物字的构形原则，有助于探讨其脱胎于图画文字，进而与语词结合的规则，从而触摸两大古老文明的语言文字文化。通过分析动物字形，发现其构形原则有两类：一是实物原则，二是符号区别原则。

关键词：甲骨文 圣书字 动物字 构形

引 言

甲骨文与圣书字是古老成熟的象形文字，在构形原则上有很多相似之处。文字起源于图画，但又区别于图画，研究图画、文字与语词之间的关系对于研究文字的形成机制有很大价值。象形文字既是图画文字的否定者，又是继承者，其象形性与图画文字有很大的联系，而且真正实现了符号与语词的紧密结合，是文字体系的一场革命。

一 文字与图画文字

任何古老的文字都有其发生、发展的过程，在成为一种能准确记录语

---

* 本文原载于《汉字文化》2018 年第 12 期（理论卷第 3 期，总第 206 期），第 43~46 页。

言的成熟文字之前,总要经历一个由图画到文字的过渡阶段。"图画文字是用事物的图像提示事物的要点和联系,唤起人们关于该事物的记忆和联想的文字。图画文字的提示性是客观的,是具有社会性和自我说明作用的。"① 由于图画文字是提示性的,因此它无法准确记录语言中的词,而完成"由图解事物变为图解词义、由提示语言变为提示特定的词"② 的过渡便标志着象形文字的成熟。象形文字使文字体系发生质变,让文字与语言有了如影随形的关系,但仍沿用了图画文字用图画表达事物的方式。一方面,象形文字借鉴了图画文字直观描绘事物形象的摹写方式;另一方面,象形文字将繁复的图画简化为客观的固定符号,使其具有独立负载信息的能力和社会性的特征。由此可见,脱胎于图画文字的象形文字与图画在表达方式和记录原则上都有明显的差别。沈兼士指出:"文字画与六书象形、指事字之区别,前者为绘画的,复杂而流动不居,后者为符号的,简单而结构固定。"③ 虽然沈先生只在形式上区别了"文字画"(即图画文字)与象形文字之间的不同,但这确实是两者在构形上的主要区别。此外,象形文字与图画文字还有记录、表达原则上的不同,在此我们将形式、记录和表达原则称为"构形原则"。

二 动物象形字的构形原则

甲骨文和圣书字由于所处的文化、地理环境等不同,其构形原则既有本质上的相似之处,又有各自的特点。笔者对季旭升《甲骨文字根研究》和埃及学家 Gardiner 在 *Egyptian Grammar* 一书中的动物字形进行了比较分析,发现两者的构形原则可以分为两类:一是实物原则,二是符号区别原则。这两大原则是所有象形文字共同的构形原则,但不同民族又表现出不同的民族特色。

---

① 王凤阳:《汉字学》,吉林文史出版社,1989,第 306~307 页。
② 王凤阳:《汉字学》,吉林文史出版社,1989,第 332 页。
③ 沈兼士:《段砚斋杂文》,知识产权出版社,2014,第 2~4 页。

（一）实物原则

1. 实物原则的概念

许慎在《说文解字·叙》中说："古者庖犧氏之王天下也，仰则观象于天，俯则观法于地，视鸟兽之文与地之宜，近取诸身，远取诸物。"① 由此可见，古人在造字之初便将人、自然、动物和植物等世间万物作为取象对象，因此，最初的文字是以实物为基础进行构形的，这也是古人朴素的具象思维方式的体现。"象形"是许慎总结的汉字结构类型"六书"之一，"象形者，画成其物，随体诘诎"②。实物原则便是对客观事物的具象描摹，"采取应物写形的方法，通过抓整体或局部的轮廓，用简洁的线条，描绘出物的基本形，以代表语言中相应的名称"③，其图画性和象形性较强，形义联系也最密切。黄德宽把这类象形字叫作整体摹写类，"即采取摹写事物整体轮廓的办法来构造字形符号"④。古人在运用实物原则进行造字构形时，与图画文字的绘画方式不谋而合，都是通过线条的长短粗细、轻重转折等变化来刻画各种形体。不同的是，象形文字较为简洁直观，并与相应的词固定在一起，成为文字的符号。

2. 不同表现

甲骨文与圣书字都遵循了应物写形的实物原则，但文字符号的外形特征不同。王元鹿将文字符号的外形特征称为"符号体态"，并从"文字的符号化程度""文字的简化程度""文字的量的规范化程度"三个方面进行判定。⑤ 因此，我们在比较甲骨文和圣书字的外形特征时，借鉴王先生的几个术语进行分析，将其不同归纳为以下三个方面。

（1）文字的符号化程度

文字的符号化程度是指文字的外形接近于图画还是符号。相比之下，

---

① 许慎：《注音版说文解字》，中华书局，2015，第316页。
② 许慎：《注音版说文解字》，中华书局，2015，第316页。
③ 兰伟：《东巴画与东巴文的关系》，载郭大烈、杨世光《东巴文化论集》，云南人民出版社，1985，第428页。
④ 黄德宽：《古文字学》，上海古籍出版社，2015，第39页。
⑤ 王元鹿：《比较文字学》，广西教育出版社，2001，第95~104页。

甲骨文动物字的符号化程度强，图画性弱，更接近于符号，偏向写意；圣书字的符号化程度弱，图画性强，更接近于图画，偏向写实。这两种动物字符符号化方式的差异可以称为"写意性符号化方式"和"写实性符号化方式"。①

（2）文字的简化程度

早期文字常有简化实物的倾向，文字的简化程度即是指文字的外形较简还是较繁。显而易见，甲骨文的简化程度高，字形较简；圣书字的简化程度低，字形较繁。实际上，文字的符号化程度和简化程度是相并行而存在的，符号化必然伴随着字形的简化，简化是符号化的途径，简化以符号化为目的。例如，

取　象：牛　　羊　　象　　猪　　狗

甲骨文②：

圣书字③：

我们可以看出，虽然取象于同一动物，但甲骨文和圣书字的外形特点却差别很大。甲骨文字形的符号化和简化程度更高，线条感、抽象感较强，尤其是"牛""羊"两个字形，只用了具有代表性特征的牛角和羊角代指整体，更简化。而且整体动物字构形时，四足动物的四肢采取了省简的方法，只用简单的线条勾勒出两条腿，更加抽象。而圣书字则与之相反，符号化和简化程度都比较低，更接近于实物的图画，动物的躯体比较饱满，四肢不仅全部画出，而且前后蹄皆呈一前一后的行走状态，写实性更强。

（3）文字的方向性

作为不同文明产物的文字，也表现出不同的方向性特征。文字的方向性即是指文字符号的朝向。甲骨文中的动物字包括正视、侧视和俯视三种视角，而且最大特点是侧立的字形占主体，且朝向向左。而圣书字的动物

---

① 陈永生：《汉字与圣书字表词方式比较研究》，人民出版社，2013，第43页。
② 本文所有甲骨文出自季旭升《甲骨文字根研究》，文史哲出版社，2003。
③ 本文所有圣书字出自 Gardiner, *A Egyptian Grammar: Being an Introduction to the Study of Hieroglyph*. The Griffithb Institute, 1957。

字遵循严格的程式化标准"正面律",即动物的头和身体是侧面的,眼睛和角是正面的,动物形象更突出完整,图像符号以正立的侧面成排排列,方向一致,都面朝文字的起点。例如:

甲骨文: (鹿) (兔) (萬)

圣书字: (公牛) (公羊) (狮子)

甲骨文的"鹿"是正视图,"兔"是侧立的侧视图,"萬"(本义是"蝎子")是俯视图,而圣书字都是正立的侧视图。

(二) 符号区别原则

符号区别原则是对实物原则的进一步补充与细化。如上所述,实物原则是象形字的首要造字理念:从字形角度看,象形字具有明显的表意特征;从字符角度看,怎样选择字符形体进行表意则体现了象形字的构意过程。实物原则侧重于表意,即直接通过事物形体来表达意义或概念,体现了象形字的可解释性;而符号区别原则在构形的基础上更侧重于构意,即体现相似字形之间的区别特征和字符义之间的逻辑关系。动物字是以动物形体来构形的,但自然界中的动物外形有的极其相似,在刻画某一种动物的共同特征时难免与其他动物混淆,造成字形难以辨识、字义模糊不清的境况。因此,动物字构形时还需要在基础字形上通过夸张、变形、突出、衬托等方式对符号进行区别约定,从而使字形更明确固定、字义更清晰准确,既表达了词义,又区别了他类事物。这就是动物字构形的构意原则,我们称之为"符号区别原则"。符号区别原则是表达性与区别性的统一,因有不同的区别方式而有不同的表现,主要体现在以下几个方面。

1. 部分代整体

有些象形字并不完全摹写实物的整体形象,而是通过摹写所象之物的一部分来表达整体词义。这类字形摹写的一部分并不是随心的,而是实物的突出部分,能够起到区别于其他相似实物的作用,区别性特征是构形的主体部分。部分代整体的构形方式是象形字构形的一个变例,一方面是字形符号化简化的结果，另一方面是受不同民族文化的影响。例如：

甲骨文：𗀕（牛） 𗀖（羊）

圣书字：🐂（公牛） 🐃（牛头）

牛与羊是四足动物，但甲骨文却不作整体侧视形，只表现牛羊的头部。牛角与羊角是牛羊代表性的突出特征，因此，用部分代替整体既简洁又不产生别义，是象形字构形的一种特殊方式。古埃及人在书写"牛"时，用牛的整体侧视图来表示，但在书写献祭仪式套语中的"牛"祭品一词时，却只能用突出牛角的牛头来表示，因为这受古埃及祭祀文化的影响。与甲骨文不同的是，圣书字中"牛"存在整体和部分两种字形，而甲骨文只有摹写部分特征的一种字形。

2. 区别特征

有些象形字摹写实物时，在抽象出其共同特征的基础上，对区别性特征重点摹写，我们称之为"特征摹写"①。象形字在依照实物进行构形时，往往不是对实物真实摹写，而是为了记录语词对实物稍加改造，夸张放大其区别特征，使其成为表达特定词义的特定区别符号。例如：

甲骨文：𗀗（马） 𗀘（兕） 𗀙（象） 𗀚（鹿）

圣书字：🐴（驴） 🐖（猪） 🦛（河马） 🐘（象）

甲骨文中，"马"，象马之形，马鬃是突出表现的部分；"兕"，象野水牛之形，花纹大角是其夸大突出的部分；"象"，象大象之形，长鼻子是区别特征；"鹿"，象鹿形，分叉的双角是重点摹写部分。圣书字由于重于写实，其区别特征虽没有夸张变形，但依然突出表现。"驴"，特征是长耳朵；"猪"，突出长长的猪嘴、脊椎上坚硬的猪鬃和卷曲的尾巴；"河马"，着重描绘巨大的身躯和短粗的四肢；"象"，区别特征是长鼻子和长长的象牙。

3. 同形变体

同形变体是同一类既有联系又有区别的事物成组出现时，以形表义已

---

① 陈丹：《甲骨文基础字形构形与使用研究》，硕士学位论文，安徽大学，2011，第44页。

经不能满足别义的需要，因此要对同一字形或相似字形进行改造，进而区别词义。此时的共同特征只是起辅助作用，其变体特征才是词义的重点解释对象。例如：

甲骨文：🐖（豕）　🐖（豪）　🐖（豭）　🐖（豖）

圣书字：🐏（公羊）　🐏（羚羊）　🐏（瞪羚）

🐐（野生山羊）　🐐（戴有印章项圈的山羊）

甲骨文象豕之形的一组字中，"豕"，象竖立的猪形，是最基础的突出腹部和垂尾的字形；"豪"（帚），从豕，背有修豪，是在"豕"的基础上加上修豪；"豭"，象公猪之形，是在"豕"的字形上突出生殖器；"豖"，象公猪被阉割之形，生殖器（小短画）与腹部断开，同样是对"豕"形的改变。这组意义相关的字构形时，豕的共同特征作用不大，只能通过其变体特征还原词义，从而达到别义的目的。

圣书字中同形变体的构形特点更显著。这组取象于羊的字形中，公羊，是一只绵羊的形象，突出一对螺旋形的扭曲的羊角；羚羊，突出一对直立的长角；瞪羚，突出弯曲的双角；野生山羊，突出向后弯曲的长角；戴有印章项圈的山羊则主要突出项圈。这一组字形中，羊的共同特征几乎一致，只是通过改变羊角的形状或增添附加物来区别不同的羊，其同形变体起到了别义的重要作用。

4. 衬托象形

衬托象形是独属于甲骨文的构形方式。裘锡圭对古汉字的分类中有一类"复杂象物字"，"这些字所象的东西很难孤立地画出来，或者孤立地画出来容易跟其他东西相混。所以为它们造象物字的时候，需要把某种有关的事物，如周围环境、所附着的主体或所包含的东西等一起表示出来，或者另加一个用来明确字义的意符"。① 这即是黄德宽所说的"随形附丽"类象形字，因为"有些客观物体比较细微而又缺乏特征，无法通过直接摹写其形来构成符号，于是藉助事物间的关联性，采用随形附丽的办法构成象

---

① 裘锡圭：《文字学概要》（修订本），商务印书馆，2013，第 120～121 页。

形符号"。① 不论是"复杂象物字"还是"随形附丽"类象形字，都是通过衬托的方式，借助于相关背景将摹写对象衬托突出以表现字义，字义与衬托对象直接相关，但又离不开与相关背景的关联性。虽然字义的重心在两者中有所偏差，但两者却是不可分离的整体，我们把这类字的构形方式称为"衬托象形"。衬托象形的衬托对象可以是实物形象，也可以是难以用象形符号表示的实物的抽象符号，它与相关背景形成一种位置固定的主次关系。例如：

（牢）　（膺）

"牢"，象家畜关在栏圈内，本义是栏圈。字形的外部象栏圈形，单独不成字，为了使字义明确，加了一个意义相关的"牛"形。"膺"，在"隹"（鸟）胸脯部位加一圆弧符号以表示胸义。"胸"的意思难以单独用象形符号表示，因此借助于象形的"隹"形，在胸脯部位加一个圆弧抽象符号来表示。

5. 动态表现

动态表现是圣书字特有的构形方式。从以上的分析中我们可以看出，不论是甲骨文还是圣书字，其动物字的构形都是以摹写动物的静态特征为主。但圣书字中有少数的动物字形是通过摹写动物的动态特征来表达词义的。例如：

（小山羊）　（马）　（野兔）

小山羊是以跳跃的山羊形象展示的，刚开始显现的羊角说明了山羊的年轻，良好的跳跃能力展现了年轻山羊的生命力，两者结合，将小山羊的形象摹写得形象逼真。马，在摹写动物程式化形象的同时，捕捉了动物的紧张和爪子的优雅，展示了马在奔跑中的动态过程。野兔，同样结合了动物的外形特征和动态表现，以蹲着的野兔形象示人，充满了警惕性，好像随时准备奔跑。这三个动态形象在区别各自特征的同时，将符号的意思表达得更精确生动。

---

① 黄德宽：《古文字学》，上海古籍出版社，2015，第45页。

结　语

　　综上所述，甲骨文和圣书字动物字的构形原则基本相似，也稍有不同，主要遵循实物原则和符号区别原则，其中实物原则较符号区别原则形义关系更密切。本文对动物字构形原则的研究只是在字形基础上较浅层次的展开，虽然对甲骨文和圣书字的构形有了一定的认识，但还存在许多不足，其深层次的构形原则还待日后深入研究。

日本使用汉字过程中对常用汉字数量的处理

刘海燕

（中国传媒大学文法学部　北京　100024）

提　要： 日本是汉字文化圈中接受汉字文化比较彻底的国度，在汉字的本土化适应和改造方面也有一些自身特色。从历史进程来看，日本接受汉字的传播和影响，经历了三个阶段，从全盘接受中华文化，到转型接受西方文化，再到开始侵华战争。这三个阶段都存在着一个突出的实用主义特点，导致日本汉字使用方面有常用汉字急用先学的做法。相比较来说，中国对常用汉字数量的关注则比较不清晰比较晚。本文按照历史上的三个阶段，以及抗日战争胜利后到现阶段，梳理和对照中日两国对常用汉字数量处理的不同之处，观察日本的汉字教学国别化特征，以期对当下汉语国际教育工作有所启发。

关键词： 常用汉字数量　日本汉语教学　世界汉语教育史

在汉字文化圈国家中，日本使用汉字最为"正统"，也最为纠结。一方面，日本曾崇尚中华文化，历史上原汁原味地移用汉字文化，可以说汉字已经植根于日本语言文化的血液之中。日本根据汉字创制了拼写日语的平假名和片假名，继而书写"和式"日语词语的平假名与用汉字字形书写的汉字词语和用片假名书写的外来词三位一体，形成日本语言文字的和谐局面。可以说，日本是"汉字情结"很深的国家。另一方面，日本是讲求实用的国家，比中国更早开始接受西方文明，并对东亚地区展开侵略，可以说日本对汉字是有爱有恨的。日本"去汉字"的呼声很高，汉字在日本也常有乱用，有很多"不规范"的本土化改制。

汉字在日本传播的历史及变化很值得重视，是研究跨文化汉字传播理论与方法的良好素材。本文仅就日本所使用汉字中常用汉字数量的处理问题进行探究。

一 历史上中日常用汉字数量的比较

我们出于对中日两国历史学（政治、经济发展历史）、语言文字发展史和教育史元素的综合考虑，将中日汉字应用历史分为三个时期。

（一）古典期

古典期指的是从"遥远的过去"开始分别到中国明朝时期和日本江户时代。

1. 中国

甲骨文之前汉字经历了漫长的孕育过程。1979 年，山东大汶口遗址出土的灰陶酒器刻有类似文字的符号。其中一个符号，上面是圆圆的太阳，下面是五座连在一起的山峰，中间的部分，有人认为是火焰，有人认为是一弯明月，还有人认为是一只大鸟。虽然看法不同，但学者公认其是最古老的汉字之一。因为类似符号在山东莒县、诸城及南京、安徽等地也出现过。

到了三千五百年前的殷商文字，汉字已经有了一定的数量和较为完备的体系。1936 年 3 月，发掘出土了高 2 米、直径 1 米、重达 6 吨的甲骨柱，剥离出 1700 多片甲骨。

1978 年，湖北随县曾侯乙墓出土了 140 件青铜容器，65 件青铜编钟，4500 多件青铜兵器，青铜器总重量超过了 10 吨。随着青铜器制作技术的发展，汉字刻画在青铜器上，传播地域扩大。随着孔子"有教无类"的教育和百家争鸣的文化传播，汉字数量经历了成倍增长的历史时期。1965 年山东出土的"侯马盟书"（上有典型的东周文字），一共有 5000 多件，其中有可辨识文字的就有 500 多件，总字数达 3000 多个。一个字常有十几种写法，"敢"字有 90 多种写法，"嘉"字的写法超过了 100 种。

公元前 223 年，廷尉李斯奉诏整理六国文字，"罢其不与秦文合者"，统一字形，对汉字写法进行规范，固定每个字的结构，固定汉字和字义的配置关系。同年，在始皇帝昭告天下的文告中，"书同文字"列为显赫的功绩之一。

汉字"隶变"后，字形进一步具备了抽象符号的特点。前 191 年西汉政府废除了秦始皇的禁书令，允许民间藏书，一些消失已久的古籍逐渐浮出水面，并因此而形成一个新的学派，叫"古文经学"。47 年，曲阜孔子旧宅"鲁壁出书"，一卷用古文书写的《尚书》及大批竹简重见天日，使得古今文字之争更激烈。东汉永元十二年（100）许慎开始撰写《说文解字》，把 1 万多个汉字归到 540 个部首下面。

隋唐时开始推行科举考试制度，在"学而优则仕"的风气下，学子们以读遍经典为荣耀，汉字字数并没有得到应有的限制，常用字的概念没有形成。

2. 日本

古代日本是一个分裂的国家，很早就到中国进行朝拜。1784 年在福冈县志贺岛出土了刻有篆文"汉委奴国王"的金印，这是东汉光武中元二年（57）光武帝赐予"倭奴国"遣使的印绶，这是汉字最早落脚日本的痕迹。汉文经典经由朝鲜传到日本。罗卫东说："汉字最初传入朝鲜半岛时，由于当时汉文化作为一种优秀文化为东亚地区周边民族所仰慕，所以在吸收各方面的汉文化时，对承载汉文化的工具——汉字全面接收。"①

据日本《古事记》和《日本书纪》卷十、《日本历史大辞典》相关记载，"上古之世，未有文字，贵贱老少，口口相传"。中国二十四史之一《宋书》有《倭国传》，收录 478 年倭国雄略大王致宋顺帝的一则表文，开篇是"封国偏远，作藩于外，自昔祖祢，躬擐甲胄，跋涉山川，不遑宁处"，叙述了从中国和朝鲜半岛到日本列岛的移民及其子孙传播中国文化的史事。公元 285 年（应神天皇十六年，中国西晋武帝太康六年），朝鲜

---

① 罗卫东：《汉字在韩国、日本的传播历史及教育概况》，《中央民族大学学报》（人文社会科学版）2001 年第 3 期。

百济阿蒂王派阿直歧到达日本，作为日本太子菟道稚郎子的老师，阿直歧又推荐了胜过自己的学者王仁（相传又名迩吉师），王仁给日本带来了《论语》10 卷、《千字文》1 卷，由此日本皇室的汉字学习开始了。日本推古天皇十二年（604），用汉字写成了史上第一部成文法典《十七条宪法》。日本圣德太子汉学修养很高。7 世纪中国的隋唐时期，日本先后向中国派遣了"遣隋使"和"遣唐使"。

平安时代（794～11912）在日本文学史上是汉文创作达到高峰的时期。当时学习汉字是男子的专利，女性开始使用"假名"写作，这种"女手"是后来日语假名的雏形。日本学者白川静（1910～2006）毕生研究汉字、考古学、民俗、神话、文学等。他透过卜辞金文的研究，对汉字形成的系统及其文化源流提出了诸多有价值的见解。他一直强调，汉字的价值在于它是人类对于世界和宇宙本原的记忆和思考，日本把汉字作为记录概念和表达思维成果的符号整体认知。汉字是"真"的"名"，日本发明的记音符号是假名，"假"就是假借。

日本人研读汉字典籍先是"生吞活剥""原汁原味"地朗读、记忆，后来也使用简便的"汉文训读"——按照日语语序来阅读汉文，帮助翻译和理解。日本也借用汉字来为日语注音，日本诗歌《万叶集》中表示日语读音的汉字被称为"万叶假名"。空海和尚以"万叶假名"为母体，仿照汉文的草书字体创制了草书字母"平假名"。吉备真备也利用汉字的偏旁结合日本语的发音，创造了楷书字母"片假名"。后来平假名用于记录日语，片假名用于拼写外来语。日本的假名注音是针对汉字学习、汉字本土化的重大发明。汉字的母国——中国创制拼音文字辅助汉字教学，是一千多年以后的事情了。

日本对汉字传播和教学的第二大贡献是限制了常用汉字数量，因地制宜地进行急用先学的实用主义改造，并不像中国那样让教学全盘服务于科举制度，而是服务于日常工作和生活。

（二）转型期

日本江户时代（1603～1867）相当于中国明末清初年间。这一时期中国延续着封建社会"盛世"，在日本却是封建统治的最后一个时代，开始现代化转型。

1. 中国

中国明清时代，封建社会中央集权带来文字刻板发展的趋势。汉字研究多集中于训诂注疏，汉字教学方面延续了服务科举的私塾教育。随着在鸦片战争中的惨败，中国渐渐沦为半封建半殖民地国家。

2. 日本

日本江户时代德川幕府进行统治，直接管理着全国四分之一的土地和许多重要城市，全国其他地区分成大大小小两百多个藩。16 世纪末，日本人口的 80% 以上为农民，经济制度是一种封建的小农经济。江户时代一度政治安定，经济发展。17 世纪后半期，随着地方性特色手工业兴起，城市开始繁荣，日本经济逐渐从封建农业经济向商业转化。随着航运发展和口岸贸易发达，日本与中国、越南、吕宋等地贸易增多，与经由马来西亚的荷兰、葡萄牙贸易也逐渐增加。1825 年幕府发布《异国船驱逐令》，幕府政治垄断贸易，压制天主教传播。1854 年，美国佩里提督"黑船"，用炮火轰开了日本锁国大门，日本幕府不再禁绝与西方各国贸易，发布《燃料淡水供给令》等。虽然幕府也实行了一些富国强兵政策，但是未能缓和尖锐的社会矛盾。1867 年德川幕府把权力归还朝廷，1868 年明治天皇开始了明治维新。

日本江户时代，翻译荷兰书籍的"兰学"兴起，带动了西方数学、几何、历法、天文、地理、生物、医学以及外交、人文等书籍的输入，提倡客观和实证，服务经世济民，由此日本开始了近代化的历程。当时研究西方天文学、地理学的西川如见（1648~1724）称，"唐土文字虽文字繁多，然其通达功效较西方文字并无优胜"。1866 年，日本近代邮政制度创始者前岛密（1835~1919）较早提出，"应当仿照西洋诸国，采用表音文字，勿用汉字，并最终在日常及公私文章中废除汉字"。

江户时代日本出现了类似现代小学教育的寺子屋教育，学童年龄大都是六至十多岁，以训练读写和使用算盘计算为主。当时的男童入学率很高，大部分识字，女童识字率也较高。寺子屋以及私塾没有特定收费，富人可交银两作学费，出身寒微的农家可交少量农作土产作学费。商业社会的发展，迫使人们必须识字维持生计。江户时代寺子屋教育中，汉字教学多采用《千字文》作为四书五经的通俗版本和实用版本，采取急用先学的教学步骤，学会一般的记账、通信后，再学一些简单的诗文。

江户时代是日本歌舞伎、浮世绘艺术蓬勃发展的时期，以荻生徂徕为代表的汉学学问家比较活跃。但是江户时代日本的汉学教育跟"古典期"相比已经发生很大变化。当时日本的公文书是汉字字形、日语内容夹杂的"候文"，这种文体11世纪镰仓时代开始流行，用于书信文章，室町时代逐渐成为有别于日语口语体的文语体。例如江户时代活跃的"新选组"领袖写的《新选组辞退之仪》，题目上就有似是而非的感觉；文中用汉字书写的内容"副长有间敷仪与觉候得共，新选组最近之成和承服仕兼间敷觉侯条，右辞退之仪申上候而，江户归住奉条残候事"，中国人基本上读不懂。

江户时代服务于中日贸易翻译工作的唐通事汉语教学，采取"字话"训练口语，他们编写的教材体现了中国传统的"汉语观"。第一是以字组词，汉语词汇以单音词为核心，少数高频字组成双音节词，继而组成大量词语，生成各种句子，例如"好天—天气好—今天好天"；第二是以字类语，通过汉字习得成组、成批地扩充汉语词汇量，例如"马头、牛头、羊头"，"马尾、牛尾、羊尾"。唐通事编写的汉语教材通过以字类语和组字成话的训练，有目的有计划、循序渐进地达成汉语语法、汉语思维和汉语文化渗透，汉语教学走着"从识字到学话"的道路。

我们统计了唐通事汉语教材的典型代表《唐话纂要》收字情况。教材中有1296个字出现在《现代汉语常用字表》，其中在常用字部分出现的有1184个，在次常用字部分出现的有112个，81个未出现。由此可以看出第1~2卷收字以常用字为主体，可以推知这部教材在选择字、词收编时遵循了以常用优先的原则。把1296个在《现代汉语常用字表》中出现的收字还原到第1~2卷收词中，覆盖率基本达到100%。

（三）侵华战争时期

日本明治维新以后，走上了资本主义扩张之路，开始了侵略中国等国家的蓄谋，教育则全面为"帝国"发展服务。同期的中国受到帝国主义侵略，国家民族到了生死存亡的关头。

1. 中国

1917 年胡适提出"文学改良刍议"，接着新文化运动兴起，汉字落后、废除汉字的声音高涨。

2. 日本

日本明治维新之后全盘西化，对传统的中国文化加以贬斥。鼓吹"脱亚入欧"的福泽谕吉提出"汉字限制论"，主张把日常使用汉字的数量控制在一定的范围内。侵华战争时期日本的汉语教学活动也空前畸形地发展，各种"军用""商用"的"实用""会话"教材铺天盖地，"沉浸式汉语学习""汉语水平考试"都大规模开展。但是这种汉语教学并不重视汉字教学的科学性。当时日本人普遍认为汉字数目太多，不利学习，主张应该完全废除，当时的文部省尝试限制汉字的使用。但是民间有汉学背景的人士反对这种趋势的声音也很强烈。

二　现阶段日本常用汉字发挥的效用

第二次世界大战结束以后，中日两国关系处于隔离状态。美国管制下的日本取消农历节日等，建议废除汉字，使日语罗马字化。1946 年 11 月日本以内阁告示公布日本当用汉字，规定《当用汉字表》中的 1850 个汉字为现代日语日常使用的汉字书写范围。1949 年公布《当用汉字字体表》，规定字体。1948 年 2 月公布《当用汉字音训表》，1973 年 6 月改订该表，规定音训，明确了作为法令、公文、报纸、杂志及一般社会上使用汉字的规范。

计算机技术兴起之后，日本的汉字输入问题逐步解决。1981 年 10 月日本内阁又再次公布《常用汉字表》，并指出："我国（指日本）长期使用的汉字假名混合文体，是对我国的社会文化最有效、最适合的表记文字，今后也有必要不断充实。汉字的造词能力强，语义明晰，但用量过大会导致表达与理解上的误解，把握这些特点，才能把我国的文字标记变得更加丰富与优美。"

三 日本确定常用汉字数量对中国汉语教学工作的启示

利用一种外来文字记录本民族语言，日本有许多独特的本土化创新。

日本将汉字视为"真名"，让汉字充分发挥标示语素意义、为词语进行语义场分类即类语的作用，日本现在还有很多类语词典；日本将记录语音的文字符号视为"假名"，让假名发挥记录语言、辅助汉字的作用。这种做法值得我们注意。例如，我们可以用汉字拼音符号直接拼写外国人名，而无需转换为汉字记音。

日本文部科学省生涯学习政策局生涯学习推进课建立日本汉字能力检定协会，执行日本汉字能力检定，现在分为1级到10级。这个考试不限定参加资格，什么人都可以根据自己的喜爱程度去掌握不同等级的汉字，各企业可以根据自己的需要选择不同汉字程度应试者。现阶段，日本常用汉字表以外的汉字使用假名，专有名词根据常用汉字基准来进行整理。居住地、出生地、新地名、人名的表示场合使用汉字，动物名以及中国、朝鲜以外的外国地名使用片假名来表记。尤其是在汉字数量的限定方面，日本的做法使得"当用"的汉字数量、读音规范得到明确。

日本汉字能力检定协会还出版了大量跟汉字教学相关的教材、书籍和游戏，开展汉字文化的调查研究、普及活动和与汉字相关联的宣传活动，建立了汉检汉字资料馆。日本汉字能力检定协会从1995年开始每年公开征集"年度汉字"，并在12月12日在京都市清水寺发布，使得汉字突出地表现东方文化的神秘色彩。2009年起该协会承担了日本贸易振兴机构移交的商务日本语能力测试。这个机构在传承汉字文化方面发挥了重要作用。

现阶段日本中小学汉字教学也注意编制教学用卡片、字典等，编写有趣的日语歌谣、小故事等，用日语"戏说"汉字；电视节目中常有汉字认读比赛等趣味性活动。"对外日语教学"中，日本有专门的汉字教学部分，采取多种方法让学习汉字变得生动有趣，这些做法也值得我们学习。

但是日本社会也存在汉字使用上的"逆流"，就是汉字、假名夹杂以及滥造汉字的情况，对汉字系统造成破坏，对于汉字文化交流造成困难。

参考文献

［1］高本汉著，贺昌群译《中国语言学研究》，商务印书馆，1934。

［2］冯天瑜：《新语探源——中西文化互动与近代汉字术语生成》，中华书局，2004。

［3］李如龙：《汉语词汇学论集》，厦门大学出版社，2011。

［4］李如龙：《汉语应用研究》，中国传媒大学出版社，2004。

［5］李葆嘉：《论语言类型与文字类型的制约关系》，《南京师大学报》（社会科学版），1990年第4期。

［6］沈国威：《西方新概念的容受与造新字为译词——以日本兰学家与来华传教士为例》，《浙江大学学报》（人文社会科学版）2010年第1期。

［7］史有为：《汉语外来词》（增订本），商务印书馆，2013。

［8］喻冰峰：《"兰学"在日本出现的原因探析》，《日本问题研究》2003年第3期。

［9］张宽信：《汉字、汉文化与日本文化》，《湖南师范大学学报》（社会科学版）1994年第6期。

［10］朱伟京：《现代汉语中的日语借词的辨别和整理》，《日本学研究》1994年第3期。

［11］〔日〕源了圆：《日本文化与日本人性格的形成》，北京出版社，1992。

"跨文化汉字研究"视域下的八思巴字

苏天运

(齐齐哈尔大学文学与历史文化学院　齐齐哈尔　161006)

提　要：八思巴字是元朝国师八思巴遵照元世祖忽必烈的旨意创制的一种拼音文字。从"跨文化汉字研究"的角度看，汉字在传播过程中对八思巴字产生了一定的影响，使八思巴字在外形、职用、行序方面均与汉字有着一致性：字体仿汉字篆体，呈方块型；以音节为书写单位；行序由右向左、字序从上至下。可以说，八思巴字是汉字的远裔。八思巴字与汉字的此种渊源，是由元朝政权对汉族地区的统治需要决定的。

关键词：跨文化汉字研究　汉字传播　八思巴字

　　李运富先生在《简论跨文化汉字研究》一文中认为："'汉字传播'的空间性不必拘泥于实体，而可以理解为抽象的'跨文化'：只要跨越了文化界限，即使在同一区域，也算是横向传播；如果在同一文化内部，即使地理位置有变化也不算横向传播。例如除了民族、国家外，语言也是重要的文化元素，因而可以把母语为汉语而使用汉字的人群当作汉字传播源，而传播的目标就可以是母语为非汉语的人群，那么同一地区同一国家不同语种之间就可以发生汉字传播。因此'汉字传播'的实质是把汉字扩展到不同的文化环境中，让本来不属于汉语文化的人接触和接受汉字，而不只是扩大或转移地域。"[①] 蒙古族曾经使用过的"八思巴字"，便是汉字

---

① 李运富、何余华：《简论跨文化汉字研究》，《北京师范大学学报》2018年第1期。

跨文化传播的产物。

八思巴字被应用于 1269 年以后的整个元代，随着元朝的灭亡逐渐被废弃，成了死字。八思巴字使用的历史虽然不长，但它作为"译写一切文字"的文字，译写了多种语言，记录了许多史实，给后世留下了宝贵的语言文字和历史资料，对于研究八思巴字本身及有关语言和元代社会的情况都有重要的价值，围绕于此，学界已经有很多成果问世。而实际上，八思巴字除具有上述研究价值外，对于探讨其与汉字的关系、汉字及汉语对元代社会语言文字政策的影响等均具有重要意义。本文便尝试以"跨文化汉字研究"为视角就此问题展开初步探研。

一　何谓"八思巴字"

八思巴字是元朝国师八思巴遵照元世祖忽必烈的旨意创制的一种拼音文字。《元史》等汉籍称八思巴字为"蒙古国书""蒙古国字""元国书""元国字"，藏文文献称其为"蒙古新字"（后改为"蒙古字"）、"蒙古方块篆字"或"篆字"。在近代，八思巴字又有较为通用的两个名称："方体字"或"方块字"（译自蒙文文献）和"八思巴字"（也作"八思巴文"）。前者是由它的字母呈方块型而得名，后者则因它的创制人是八思巴而得名。元世祖忽必烈入主中原后的第一件大事，就是命国师八思巴创制本朝国字。《元史·世祖记》还明确记载，元政权最迟于 1269 年正式颁布使用八思巴字。

二　八思巴字是汉字的远裔

汉字起源于黄河流域，是华夏文化的代表。汉字在发展中不断向其他文化传播，其中包括传向境内少数民族地区，蒙古族自然也不例外。八思巴字的"蒙古方块篆字"或"篆字"、"方体字"或"方块字"的名称不正是给予我们其与汉字之间有着某种渊源的友情提示吗？

下面我们便从形体与职用两个层面揭开汉字与八思巴字之间关系的神秘外纱。

首先，从外形方面的属性看。八思巴字虽然是拼音文字，但其字母体势却有三种：楷体（正体）、篆体与双钩体。以楷体和篆体为常见。篆体专用于印章和碑额，它是在楷体的基础上产生的，其笔画与相应的楷体字母存在一定对应关系，但在结构上比楷体复杂得多。这是因为一个楷体字母可以有多种篆体形式，而这些篆体形式有的包含对称花样或多层结构，像汉字的"九迭篆"。例如楷体字母"y"，据现在所见到的实物，就有十几种篆体"ꡧ ꡨ ꡩ ꡪ ꡫ ꡬ ꡭ ꡮ ꡯ ꡰ ꡱ ꡲ"。① 正是因为八思巴字篆体形式的这种特殊性，才有了"方体字"或"方块字"的名称。而汉字的外形当然呈平面方块型，不管是象形意味较浓的早期汉字，还是隶变楷化后的后期汉字，都是方块型而非线条型。书写形式上，商朝时期的甲骨文和金文，虽然一些字的写法还没有十分规范，但就每个字的外部形态或轮廓来说，已经显示出了方块型的特点：为了使每个汉字大体上能容纳在一个方格里，组成合体字的构件往往采用不同的配置方式，如左右相合、上下相合、内外相合等。隶书、楷书的字形呈现为十分整齐的方块型，有些构件在不同的位置常常写成不同的形状，如"心""手""水""火""衣""示"等字作构件时，位置不同写法就不同，目的就是使整个字能容纳在一个方格里。总之，汉字外部形态以拼合成字后能写在一个方格里为原则，所以人们常用"方块字"来概括汉字的外形特征。② 所以，从外形属性看，八思巴字与汉字同属于"平面方块型"文字。

其次，从职能方面的属性看。八思巴字在拼写语言时遵循两种原则，一是语音学原则，一是传统原则，译写语言时分别使用。八思巴字对蒙古语和汉语用的是语音学原则，即根据这两种语言的实际口语拼写它们的语音；对藏语和梵语用的是传统原则，即完全根据这两种语言的书面形式一对一地转写它们的字母。因此，对藏语和梵语而言，八思巴字无所谓拼写法，其拼写法实际上只是针对蒙古语和汉语而言。③ 八思巴字对蒙语与汉语相同的拼写原则决定了其与汉字在职能属性方面的相同点，即均记录语

---

① 照那斯图：《论八思巴字》，《民族语文》1980 年第 1 期。
② 李运富、张素凤：《汉字性质综论》，《北京师范大学学报》2006 年第 2 期。
③ 照那斯图：《论八思巴字》，《民族语文》1980 年第 1 期。

言的音节。八思巴字的记录单位，对汉语而言相当于一个汉字，对蒙语而言复杂一些：有时等于一个音节，有时等于两个音节。原始汉语的语素和词项都是单音节的，与之相适应，汉字也是单音节的，一个单音节的汉字正好可以用来记录一个单音节的音义结合体——语素。后来由于音节的衍分和音译外来语，汉语出现了多音节语素，而汉字仍然是单音节的，要完整地记录一个多音节语词或语素，就得同时用多个汉字，这时的每个汉字所记录的仅仅是一个音节而不是语素。因此，从总体来看，汉字只跟汉语的音节对应，而无法跟汉语的词或语素意义对应。可以概括地说，汉字的职能就是记录语言的音节，包括有意义的音节（语素）和无意义的音节（非语素）。①

综上，八思巴字与汉字在外形与职能属性方面均有一定的关联。除此之外，八思巴字与汉字在行款上也有着惊人的一致性：八思巴字的行序也是从右向左，字序亦是从上至下，与记录文献语言的汉字的行款一样。

而八思巴字与汉字的这种趋同是由怎样的机制产生的呢？

赵丽明先生在《变异性·层次性·离合性·互动性——汉字传播规律初探》一文中认为："在汉字的传播过程中，汉字作为记录语言的符号、社会交际的一种工具，不断地适应、调整，因此造成了功能变异、形符变异、性质变异、语义变异等各种现象，有借用（音、义、词）、变体（增、损、反、倒、斜、重构）、改制，还有从根本上改变了文字的性质，由表意变成表音。于是形成了异彩纷呈的汉字大家族——汉字系文字。"并认为八思巴字属于"汉字系文字"的"准汉字式文字"。②

李运富先生对八思巴字等的性质有了新的认定，他认为："源自汉字而记录外语的文字可以大别为两种情况：一是完全借用汉字或仿造汉字记录外语。如日本的音读汉字、训读汉字，朝鲜的吏读汉字等……我们把这种看起来是汉字而记录日语和朝鲜语的文字叫做'准汉字'。……第二种情况是利用汉字的形体并参照汉字的构造方法构造出新的本民族文字，它

---

① 李运富、张素凤：《汉字性质综论》，《北京师范大学学报》2006年第2期。
② 赵丽明：《变异性·层次性·离合性·互动性——汉字传播规律初探》，《汉字的应用与传播：'99汉字应用与传播国际学术研讨会论文集》，华语教学出版社，2000。

们看起来只是跟汉字相似或相关,其实不只是功能上不记录汉语,形体结构方式上也跟汉字不完全相同,如记录越南语的喃字,记录状语的古壮字,记录党项语的西夏文等,我们把这种形态上像汉字而实际上不是汉字的外语文字叫外语'类汉字'。""在外语汉字中,我们认为应该排除'字母文字'或'拼音文字',如朝鲜谚文、日本假名(片假名、平假名)等。……严格来说,这些'字母'是生产'字'的'母',本身不是记录语言的表达单位,因而不是'字'。它们虽然源自汉字,但实质上是只含有汉字的形体元素而完全舍弃了汉字的构件和结构方式,因而不再是汉字。"①

笔者比较赞同李运富先生的观点。虽然八思巴字不再是汉字,但其来源于汉字这一事实是无可争议的,也是学者们的共识,因此可以说:"八思巴文是文字发生学上的混血儿,是汉字的远裔。"②

三 八思巴字成为汉字远裔的原因

李运富先生说:"我们把源自汉字的日本假名(片假名、平假名)、谚文等字母文字排除在'汉字'之外,如果拿它们跟汉字比较的话,就属于汉字与非汉字的比较,重点当然在考察彼此的影响和变化。"③ 下面我们便从汉字对八思巴字的影响角度探讨八思巴字成为汉字远裔的原因。

(一)八思巴字在元代具有至高无上的地位

关于八思巴创制蒙古新字的过程,《元史·释老传》记载:"中统元年(1260),世祖即位,尊为国师,授以玉印。命制蒙古新字,字成上之。"关于字成的年代,下文作了交代:"至元六年(1269),诏颁行于天下。"《元史·世祖纪》有更为详细的记载:"六年(1269)……二月……己丑,

---

① 李运富、何余华:《简论跨文化汉字研究》,《北京师范大学学报》2018 年第 1 期。
② 赵丽明:《变异性·层次性·离合性·互动性——汉字传播规律初探》,《汉字的应用与传播:'99 汉字应用与传播国际学术研讨会论文集》,华语教学出版社,2000。
③ 李运富、何余华:《简论跨文化汉字研究》,《北京师范大学学报》2018 年第 1 期。

诏以新制蒙古字颁行天下。"①

元世祖忽必烈为了推行八思巴字，曾于1269年专门下诏书："朕惟字以书言，言以纪事，此古今之通制。我国家肇基朔方，俗尚简古，未遑制作，凡施用文字，因用汉楷及畏吾字，以达本朝之言。考诸辽、金，以及遐方诸国，例各有字。今文治寖兴，而字书有阙，于一代制度，实为未备。故特命国师八思巴创为蒙古新字，译写一切文字，期于顺言达事而已。自今以往，凡有玺书颁降者，并用蒙古新字，仍各以其国字副之。"②

而在元世祖忽必烈建立政权以前，蒙古族已经有较为成熟的文字——回鹘式蒙古文。从元朝政权灭亡后蒙古族即恢复使用回鹘式蒙古文看，这种文字已经比较广泛地被蒙古族采用，具有一定的群众基础。此种情况下，忽必烈为何要再推行一种新型文字呢？

我们知道，"实用性"是评价一种文字非常重要的一个方面，可以《蒙古秘史》为例来看回鹘式蒙古文的这一性质。巴雅尔、③ 昂奇④两位先生都指出，《蒙古秘史》（问世于1240年）最初是用回鹘式蒙古文写成的，而蒙古族采用此种文字不过是1204年以后的事，仅用了三十几年就能够写出这样的历史学、文学经典，可见回鹘式蒙古文是比较成熟的文字，至少可以满足蒙古族对文字的基本要求。回鹘式蒙古文几经改进，一直被蒙古族沿用到了现在，更可见其科学性。故忽必烈要废弃回鹘式蒙古文，绝不是出于技术层面的考量。

究其实质，政治原因才是根本，是迫于现实的需要。忽必烈曾在文字的命名上反复斟酌：至元六年称"蒙古新字"，后又否定自己，在至元八年下令"今后不得将蒙古字道作新字"。⑤ 总之，一定要使八思巴字名正言顺地取代回鹘式蒙古文。另外，正如照那斯图先生分析的，忽必烈正式将八思巴字定名为"蒙古字"是至元八年正月，其时"忽必烈尚未定国号为

---

① 宋濂等：《元史》，中华书局，1997。
② 宋濂等：《元史》，中华书局，1997。
③ 巴雅尔：《〈蒙古秘史〉原文考》，《民族语文》1981年第3期。
④ 昂奇：《对元代蒙古口语语音的研究》，《内蒙古社会科学》1994年第2期。
⑤ 陈庆英：《元朝帝师八思巴》，中国藏学出版社，1992。

元"，八思巴字"既是民族文字，又是国家文字"。① 所以，八思巴字在元代的文字地位和政治地位是至高无上的。

陈庆英先生指出："忽必烈没有象辽和西夏，用汉字偏旁来构组蒙古文，也没有在畏兀字拼记蒙古语的基础上将其改进完善为蒙古文，而是把这个任务交给了八思巴。这一方面可能是出于宗教信仰的原因，另一方面可能是蒙宋对立，加上中亚诸王不承认忽必烈的整个蒙古汗国的大汗地位，为向南宋及西方诸汗显示自己的崇高地位，在文字上就需要一种与以前蒙古汗国使用过的几种字书都不相同的新字。""忽必烈把八思巴创制蒙古新字当作弥补元朝'一代制度'中的一个重要缺陷、对树立和维系元朝的国威有重要作用的大事来看待的。"②

（二）八思巴字的创制是元朝政权统治汉族地区的需要

虽然忽必烈"为向南宋及西方诸汗显示自己的崇高地位"没有用汉字偏旁来构组蒙古文，但这并不能改变汉族对蒙古族、汉字对八思巴字具有重要影响的事实。甚至可以说，八思巴在创制新字的过程中首先要考虑的便是如何更好地让汉族人接受这种文字。

金欣欣先生在《八思巴字的性质及其与汉字的关系》一文中指出："汉族历史悠久，在元朝政府的统治范围内，汉族相对于蒙古族和其他民族来说，在文化上、经济上均处于优势地位。蒙古族在语言、文字上均与汉族不同，元朝政权要想统治汉族地区，首先就必须有一批掌握八思巴字、蒙古语的翻译人才。翻译人才在当时主要有两方面的用途：一是从事汉语文献典籍的翻译，给元朝统治者的统治特别是对汉族的统治提供借鉴，比如翻译《大学衍义》（节译）、《贞观政要》、《资治通鉴》（节译）、《孝经》、《列女传》、《百家姓》等；一是从事政府文件的翻译。前者需要大量的时间和人力，是一项长久的工作；但后者却更为现实和迫切，因为蒙古族政权这方面的人才是缺乏的，而且已有的翻译人员对汉语的掌握也

---

① 照那斯图：《论八思巴字》，《民族语文》1980年第1期。
② 陈庆英：《元朝帝师八思巴》，中国藏学出版社，1992。

不够精通。"①

那么，当时的元政权稀缺汉语翻译人才到何种程度呢？学界早有论及。八思巴字学者马瑞安·列维基、尼·鲍培认为，八思巴字"诏令起源于成吉思汗时期，都是用一个模式写就的。原文起初是以蒙古语文写成，之后才由蒙古语翻译成汉语文"。"蒙、汉两种原文之间存在着不相符合的情形"，"其主要原因乃是在爱德·沙畹的译述中，汉文的法译有错误而导致的"。②对此，亦邻真先生指出，这些诏令译文"既不能用古汉语书面语常规训释，又与纯粹的元代汉语口语不同。这是一批不顾汉语固有的语法规律和用语习惯，径从蒙古语原文机械地翻译过来的公文"。③亦邻真先生说的问题，即蒙古语诏令的汉译文本存在语法错误和不符合汉语用语习惯的情况，至少是元政府在早期缺乏精通汉语翻译人才的反映。

上述学者的观点可以从元政权诏令汉文本的形成情况得以印证。诏令汉文本有两种形成方式：一种是先用汉文写就，再用八思巴字译写；另一种是直接从蒙古诏令翻译过来的。就后者来说，对蒙古语的特殊用语和语法现象的翻译基本一致，显然是专家行为，已经基本形成了一定的模式，而这个模式的制定者明显对汉语不够精通。

元朝政权培养从事汉语文献典籍翻译汉人翻译人才是为了给元朝统治者的统治特别是对汉族的统治提供借鉴，那么其培养从事政府文件翻译的汉人翻译人才的目的又是什么呢？纯粹是为了翻译诏令吗？这需要从元政府诏令汉文本的应用对象来探寻答案。

八思巴字译写汉语，除用于翻译、编写书籍以外，蔡美彪先生的研究表明，还用在碑刻、官印、花押、牌符、钞、钱、权等几种情况。其中，最主要的还是用于碑刻，主要包括三种情况：第一，庙宇宫观的圣旨碑。"元代颁发佛道庙宇宫观的圣旨，常常刻在石碑上，以使过往官民看到后，不敢再肆意破坏。这类圣旨碑大部分都是用八思巴字写蒙语，汉文白话译意。"第二，保护孔庙的圣旨和加封孔子、孟子、颜回等的制诰。它们

---

① 金欣欣：《八思巴字的性质及其与汉字的关系》，《南阳师范学院学报》2003 年第 5 期。
② 〔美〕尼·鲍培：《〈八思巴字蒙古语碑铭〉补译》，郝苏民翻译、补注，内蒙古文化出版社，1986。
③ 亦邻真：《元代硬译公牍文体》，《元史论丛》第 1 辑，中华书局，1982。

"原来都是先用汉文写成，文辞典雅，多出于当时汉族文人之手。八思巴字只是用来译写汉语的音，好让不识汉文的人也能够读；另一方面，也可表示它是出自蒙古统治者的"。第三，给汉族人个人的制诰。"受封的人把它刻在石上，以表示皇帝的'荣宠'。"以上三种情况，"译写汉语八思巴字应用的直接对象，主要的还都是汉人"。①

而对于元政权颁布给汉族人用八思巴字拼写汉语的诏令的作用，上引蔡美彪先生就保护孔庙等的诏令碑刻说，汉文"多出于当时汉族文人之手。八思巴字只是用来译写汉语的音，好让不识汉文的人也能够读；另一方面，也可表示它是出自蒙古统治者"。

文字是用来记录语言的，让一个不懂汉语的人读用八思巴字拼写汉语的文本，虽然可以读得比较像汉语，但未必能真正领会文本的意思。即使让懂汉语的人读用八思巴字拼写汉语的文本，也定会出现模棱两可甚至是完全读不懂的地方。八思巴字研究专家照那斯图先生曾在广东南华寺发现过1312～1317年间的两份没有附汉文译文的八思巴字蒙古语圣旨。他在对圣旨进行考释时，对于"汉语专名和术语的八思巴对音字"，其中属于"习见的说法"和"见于文献记载"的，"不难确定所对应的汉字"，但有"少数难以确定的，则暂时在《蒙古字韵》所收的同音字组里选一个可能的字"，另做标记，"表示待考"。② 虽然考释的是八思巴字蒙古语文献，但其八思巴对音字记录的还是汉语读音。可见，在元代，让一个普通汉族人、蒙古族人读八思巴字拼写汉语的文字，是不现实的，更是没有意义的。所以，元朝政权用八思巴字译写汉语的诏书，一定不是"让不识汉文的人也能够读"，它只是元朝政权在汉族地区宣示其统治权的象征，以显示其对汉族地区所拥有的主权。

可知，元朝政权培养汉人翻译人才的用途虽有别，但目的却无两：都是为了实现与稳固对汉族地区的统治。

基于此，元朝政权积极地向汉族推广八思巴字，以培养八思巴字与蒙

---

① 蔡美彪：《元代白话碑集录》，科学出版社，1955。
② 照那斯图：《南华寺藏元代八思巴字蒙古语圣旨的复原与考释》，《中国语言学报》1983年第1期。

古语的翻译人才。而元朝统治者在培养汉族的蒙古语人才方面的的确确是做过努力的。汉字音译本《蒙古秘史》虽然最早见于明朝洪武年间，但昂奇先生指出：它是元代的产物，是"由于教育方面的某种需要""非常全面而细致地进行了一次汉字音译"，之后，"和秘史相仿的，以汉字音译蒙古词语，然后再合成为蒙汉对照的会话工具书译语应运而生，并流传起来，如元代的《至元译语》"。① 应该说，这是元朝政府帮助汉族人学习蒙古语的一种较为有效的方法。

上述所有，决定了八思巴字在创制过程中必须要向汉字靠拢，向汉文趋同（字体仿汉字篆体，呈方块型，以音节为书写单位，行序由右向左、字序从上至下），以便于更好地为汉族人所接受，被汉族人所学习，甚至是掌握、精通与使用（虽然这些并没有真正实现，只是掩盖元朝政权统治需要这一本质的表象），八思巴字的汉字远裔身份由此产生。俄国学者波兹德涅耶夫的一席话恰是最有力的旁证：回鹘式蒙古文不甚准确、符号又少、对汉字注音不便，在把汉文文献翻译为蒙古文文献时，"必然会遇到""大量困难""才产生了创制一种比畏兀蒙文更准确的新文字的想法"。② 而八思巴字对汉语的"译写"，也使它成为历史上第一种拼写汉语的文字。

---

① 昂奇：《对元代蒙古口语语音的研究》，《内蒙古社会科学》1994 年第 2 期。
② 〔美〕尼·鲍培：《〈八思巴字蒙古语碑铭〉补译》，郝苏民翻译、补注，内蒙古文化出版社，1986。

西夏文字中的否定会意构字法

段玉泉

(宁夏大学西夏学研究院　银川　750021)

提　要：西夏文字中有大量的会意字，其中一种为否定会意字。西夏文否定会意构字不只是学界已经提出的以"𗇋"（不）、"𗤋"（无）二字为基础而形成的，还有一部分字是以"𘝞"（不、无、莫）为基础衍化而成。曾有学者提出否定会意是以"𗇋"（不）的左边构件"丨"以及"𗤋"（无）字的右边构件"𧘇"为基础造否定会意字，并进而将"丨"称为"非部"，将"𧘇"称为"无部"。经过系联可以发现，不但以"丨""𧘇"构件构成的字中有大量字不属于否定会意字，也有只出现"𗇋"（不）字的右边构件以及"𗤋"（无）字的左边构件的否定会意字存在。这进一步证实了龚煌城先生提出的西夏文字是以基本字为基础衍化出其他字的观点。"𗇋"（不）、"𗤋"（无）、"𘝞"（不、无、莫）三字衍化而出的否定会意字在意义上与三字所记录的不同否定词之否定功能大抵吻合。西夏文字中的否定会意字无疑是在汉字以"不""勿"等否定字为构字成分构成会意字之方法影响下的结果。

关键词：西夏文字　否定会意字　构形

西夏文字中有大量的会意字，其中一种比较特殊，即否定会意字。例如"𘞵"（温）字，《文海宝韵》字形解释为"𗇋𗯿𗍶𗾈"（不热冷右），意思是该字是由三部分组合而成，分别选取"𗇋"（不）字的左边构件"丨"、"𗯿"（热）的左边构件"彡"以及"𗍶"（冷）的右边构件"𩙿"，合三构件之形，取意为"不冷不热"，即"温"字。此种否定会意法，龚煌城先生曾有讨论，明确指出这是受汉文以"不"字为构字成分构成会意字之方法影响的结果，并列举出 21 个以"𗪙"（不）字的左边构件"｜"构成否定会意字的例子。① 西田龙雄先生则补充了另一种否定会意法，即以"𘜶"（无）字的右边构件"ᄀ"进行否定，在其所归纳文字要素中将"｜"称为"非部"，将"ᄀ"称为"无部"，并进一步将二者区分为两个类型：一是关系状态之否定，二是存在之否定。② 两位先生的研究使得我们对西夏文字中的否定会意构字有了深刻认识，循着他们的研究我们还可以有更进一步的认识。

一 用于否定构形的基本字

在西夏文字中，除以"𗪙"（不）字、"𘜶"（无）字为基础进行否定会意构字外，还有一部分是以"𘗽"字为基础而构成否定会意构字。根据目前所见夏汉对勘资料，"𘗽"通常与汉文"莫""不""无""非"等字对译。以"𘗽"字为基础而构成的否定会意字主要有：

(1)	₅₆₁₈ 𗀔 gjii（1.14 Ⅴ）乞（借）、行乞	𘗽 𘟪 𗀔 𘟫／不左足右（《文海宝韵》甲20A33）
(2)	₅₃₉₅ 𗈶 wjij（1.61 Ⅱ）短	𘗽 𘟪 𗈶 𘟫／未左到右（《文海宝韵》甲66A61）
(3)	₅₃₇₆ 𗈾 tsjo（1.51 Ⅵ）躁（借）	𘗽 𘟪 𗈾 𘟪／不左善左（《文海宝韵》甲58A52）
(4)	₅₇₅₂ 𗿀 ŋə（1.27 Ⅴ）闹、闹腾	𘗽 𘟪 𗿀 𘟫／不左谐右（《文海宝韵》甲34B53）
(5)	₅₇₄₅ 𗁅 ljii（2.12 Ⅸ）破、损、丧；累	𘗽 + 𗁆／不牢（拟推）

此上五字，前四字《文海宝韵》均存构形资料。前两字否定会意相对明确，其他字需要做些说明。

（1）第三字"𗈾"为记录汉文借词"躁"之字，《文海宝韵》用"𘗽"（不）、"𗈾"（善）两字作字形解说。"不善"缘何会出了"躁"意？试看《文海宝韵》的意义解释部分：

---

① 龚煌城：《西夏文字中的汉字汉语成分》，载《西夏语言文字研究论集》，民族出版社，2015，第 300~301 页。
② 西田龙雄：《西夏语研究》（Ⅱ），座右宝刊行会，1966，第 240~245 页；《西夏语研究新论》，松香堂书店，2012，第 62 页。

𗸯𗸰𘋻𘋼𘝶𗸱𗸲𘏮𘏯𘋽𘓣𗸳。（《文海宝韵》甲58A52）

躁者不善于言词易嗔怒之谓。

这个解释可以帮助我们很好地理解这一否定会意过程。相对其他否定会意字，这里的构意相对要隐晦些。

（2）第四字"𗸳"《夏汉字典》解释为"肥胖"与"嬉闹"两层意义。这里解释为"闹、闹腾"，是基于以下考虑。

首先，《同音》丁种本背注（29B18）以"𘝵𘏭𗸳𘏮"四字解释"𗸳"，《夏汉字典》将四字翻译为"心烦不食"。这一翻译尚缺少必要的文献佐证，今从西夏文医方《敕赐紫苑丸》中核出"𘝵𘏭"一词，其与汉文"恶心"对译。因此，"𘝵𘏭𗸳𘏮"这四字不妨翻译为"恶心不食"。

其次，《文海宝韵》以"𘓣"字解释"𗸳"。旧多将"𘓣"解释为"肥、膏腴"，《夏汉字典》中"𗸳"的"肥胖"义项当据此而来。然《同音》丁种本背注（13B63）以"𘏯𗸲𘋽𘏮𘏭"解释"𘓣"，这个解释将使令性动词置于名词"𘏯𗸲"之后似不合西夏语言之规律，但其后出现"𘝵𘏭"之"𘏭"，有因食油脂而恶心之意，故"𘓣"亦当指"腻"或"恶心"之意。综合言之，"𗸳"应当是指"恶心"或"闹心"之义，此与构形资料的"不合""不谐"达到了形义吻合的原则。

（3）第五字"𗸲"《文海宝韵》缺失构形资料，然其左边构件为"𘋼"khia（2.15Ⅴ）字，意即"牢厚"。"𗸲"表示"破、损"义，正是合"𗸳+𘋼"（不+牢）否定会意而成。

西夏文字中，从"𗸳"构形的字不是很多，经初步统计，可以确定由其构成或衍生者共13字，其中有6字当是以"𗸳"mji（1.30Ⅰ）或其衍生字为声符造形声字。

二　否定部首问题

前文已及，西田龙雄先生将"丨"称为"非部"，将"言"称为"无部"。通过拆分西夏文字归纳文字要素的方法，对于探讨西夏文字底层构件有重要价值，但正如龚煌城先生所言，试图为每一文字要素确定意义未必能够实现，很多构形要素功能并非单一。因此，将"〔?〕"称为"非部"、将"〔?〕"称为"无部"可能并不合适，因为它们只适用于其中一部分文字。这里重点分析从"〔?〕"的西夏文字。

西夏文字中，以"〔?〕"为构件的字共 268 字。根据系联分析，以"〔?〕"为构件之字可以区分出音、义皆不相关联的四组：

（1）〔?〕（〔?〕）
（2）〔?〕（〔??〕）
（3）〔?〕（〔?〕）
（4）〔?〕（〔??〕）

以从"〔?〕"者为例，经初步系联，可以确定下列文字皆从"〔?〕"衍化或再衍化而成，这些字皆与否定词"〔?〕"无涉。

2983 〔?〕·u（2.1 Ⅷ）内、中、里	〔????〕/内左堂右	《文海宝韵》乙60. C3
1915 〔?〕·u（2.01 Ⅷ）盐；五昊乌	〔??〕/咸盐	《同音》44B1
2707 〔?〕·u（2.01 Ⅷ）怒	〔??〕/发怒	《同音》44B1
2699 〔?〕 nwə（1.27 Ⅲ）知、晓	〔????〕/内左有右	《文海宝韵》甲34B43
2823 〔?〕 mə（2.25 Ⅰ）生产、诞	〔????〕/内左孙右	《文海宝韵》乙71. 66
2701 〔?〕 mej（1.33 Ⅰ）显明；梅	〔????〕/内左明右	《文海宝韵》甲43B21
2960 〔?〕 mej（1.33 Ⅰ）跪	〔????〕/梅左膝左	《文海宝韵》甲43B22
2374 〔?〕 pu（2.C1 Ⅰ）纬线	〔????〕/内左线全	《文海宝韵》乙82. 38
2378 〔?〕 dji（1.11 Ⅲ）内藏	〔????〕/内全中心	《文海宝韵》甲17A23
2395 〔?〕 dji（1.11 Ⅲ）凹	〔????〕/弟左凸左	《文海宝韵》甲17A31
2819 〔?〕 ka（2.56 Ⅴ）纲纪；干；茎；	〔????〕/内全穿中	《合编》甲08. 074
1917 〔?〕 khwaa（2.19 Ⅴ）空，内枯	〔????〕/内全枯右	《合编》甲12. 151
1948 〔?〕 be（1.CC Ⅰ）穿、贯	〔????〕/内左透右	《合编》甲71A71
2913 〔?〕 lja（2.C7 Ⅸ）穿、刺	〔????〕/穿左穿右	《文海宝韵》乙84. 63

（例字中的译音字以下画破浪线表示，下同）

经初步统计，以"〔?〕"为构件的 268 字中，可以确定为从"〔?〕（〔??〕）"的否定会意字只有 50 余字，再加上以其中一些字再衍生而出者，总数也不到 100 字。

此外，西夏文辞书的构形资料中，有一部分明确注明以"㪅"为基础构形的字中，其基础构件并非左边之"刂"，而是选取中间部分"彡"为构件造否定会意字。如：

| ₃₇₄₀ 緩 kie（1.09 V）戒；法；贯 | 㪅䛇䖒/不中超右（《文海宝韵》甲杂2A31） |

也有选取"箮"的全部作构件造出新字进而再衍生者，如：

₄₁₂₃ 蔌 nar（2.73 Ⅲ）移、迁；惊慌	亂蔌/惊惶（《同音》19A6）
₂₈₄₆ 藏 naa（2.19 Ⅲ）洪	緩藏/洪水（《同音》17A6）
₄₁₂₁ 藏（异体）	
₂₈₂₁ 㯓 dzjwij（2.32 Ⅶ）迁、徙	㯓䩞蔌䩞/家左移全（《文海宝韵》甲19A11）

这组字明显是以"㪅"全形为基础再衍生而出"蔌"，又在此基础上进一步衍生出"藏""㯓"。由于"蔌"字缺少构形资料，从音义关系来看，目前还看不出与表否定的"㪅"有何联系，构意不十分明确。

还有选取"㪅虐"，即"㪅"的左边、上边以及右边部分为构件造新字者，如：

| ₁₉₀₃ 㯓 mji（1.11 Ⅰ）名弥（族姓） | 㪅虐刻䩞/名围圣全（《文海宝韵》甲16A72） |

显然这是以"㪅"（1.11 Ⅰ）为声符造形声字，并非否定会意字。

也就是说，将"刂"称为"非部"是不大符合这类西夏文字构形实际情况。合理的情况是以"㪅"为基本字衍生新字，或选取左边"刂"，或选取中间"彡"，或选取其周围，或选取全部作为构件造成新字，所造新字也并非全是否定会意字。

西夏文字中，以"訁"为构件的字共63字。情况与"刂"类似，并非都是否定会意字，兹不详述。其否定会意者也是以"绍"为基本字衍生而成，多选取右边"訁"为构件，亦有选择左边"刻"为构件造否定会意者，如：

| ₅₂₅₆ 䙼 gjo（2.44 V）衰（无美色） | 㩵䩞绍䩞/绒左无左（《合编》甲15.121） |

因此，西夏文字中的否定会意字并非是以"〿""訁"为否定偏旁为基础构造而成，而是以"㐅""纟""癶"三字为基础分别衍化而成。

三 西夏文否定会意受汉字影响

以表否定的"㐅""纟""癶"三字为基础造否定会意字，类似会意字在汉字中亦有所见。宋代学者张有《复古编》载："会意者，或合其体而兼乎义，或反其文而取其意。"① "合其体而兼乎义"即通常所见的会意，"反其文而取其意"之会意字多见于魏晋以后所编修字书中，即否定会意字。这些汉字通常是以"不""勿"等否定字为构字成分造会意字。汉文中的否定会意字可以区分为两种情况：

一是如"覔""歪""孬""甮"等字，即是典型的"反其文而取其意"。

二是如"不要为嫑""不用为甮"等等。这里的"嫑""甮"不仅合二者之意，取二者之形，且合二者之音，这类字也可以称作合音字。这应当是"反其文、取其意、合其音"一类。

西夏文字的否定会意字基本上不存在合音之情形，属于典型的"反其文而取其意"，这一造会意字之方式无疑是受汉文否定会意影响的结果。然而二者也有所不同，西夏文基本不采用全部字形，而是采用省形方式，选取基本字的构件也不完全固定。

附：西夏文否定会意字表

（一）"㐅"组

3474 㐅 tshiew（1.44 Ⅶ）损坏；坏	㐅+移/不左为左（《文海宝韵》甲54A12）
3488 㐅 twee（2.11 Ⅲ）对（借）、双	*㐅+爻/不单
3762 㐅 mjaa（1.23 Ⅰ）大、粗	㐅+细/不左细右（《文海宝韵》甲30B31）
1985 㐅 gja（1.20 Ⅴ）口吃	㐅+正/不左正右（《文海宝韵》甲28B33）

---

① 转引自赵宧光《六书长笺》卷四，《续修四库全书·经部》203 册，上海古籍出版社，2002，第 434 页。

续表

₁₉₄₁𠒇 dzjį（2.61 Ⅵ）集、聚、俱	𗧩𗦳𗦅𗦰/不左无右	（《文海宝韵》甲杂15B71）
₃₄₉₇𠒇 lụ（2.51 Ⅸ）障碍；缺；陷	*𗧩+𘃡/不过	
₃₇₆₃𠒇 siā（1.25 Ⅶ）山（汉借）；山产（译音）	𗧩𗦳𗧊𗦰/不左下右	（《文海宝韵》甲32A42）
₃₅₀₁𠒇·jiw（2.40 Ⅷ）疑	*𗧩+𗤁/不信	
₂₇₀₂𠒇 ljwį j（1.62 Ⅸ）暗；愚昧	𗧩𗦳𘗶𗦰/不左明右	（《文海宝韵》甲68B21）
₂₉₀₉𠒇 la（2.14 Ⅸ）诚实，果然	𗧩𗦳𘂆𗦳/不左妄左	（《合编》甲23.193）
₂₉₈₁𠒇 phə（2.25 Ⅰ）干	*𗧩𗯴/不润	
₂₉₈₂𠒇 dzwa（1.17 Ⅵ）炷（借）	𗧩𗦳𗧃𗦰/不左实右	（《文海宝韵》甲杂2B212）
₂₉₆₆𠒇 kiej（1.34 Ⅴ）矮	𗧩𗦳𘀺𗦳/不左长左	（《文海宝韵》甲44B23）
₂₈₃₃𠒇 djįj（2.37 Ⅲ）定（借）	*𗧩+𗦲/不动	
₂₉₂₉𠒇 kiwej（1.34 Ⅴ）遗、失	𗧩𗦳𗧎𗦳/不左有左	（《文海宝韵》甲45A42）
₁₉₄₃𠒇 njaa（2.18 Ⅲ）非、否、不	*𗧩+𗨎/不是	
₁₉₄₄𠒇 zji（1.11 Ⅸ）布施	𗧩𗦵𗩕𗧒/无量惜下	（《文海宝韵》甲18A41）
₂₉₅₂𠒇 lwow（1.54 Ⅸ）妄、枉、虚、横	𗧩𗦳𗨬𗦰/不左逆右	（《文海宝韵》甲61A21）
₃₂₆₉𠒇 wju（1.02 Ⅱ）兽	𘃸𗦰𗧩𗦰/兽右妄全	（《文海宝韵》甲7A52）
₂₈₃₀𠒇 dju（1.03 Ⅲ）告	𗧩𗦳𘆝𗦰/不左服右	（《文海宝韵》甲9A11）
₁₉₆₉𠒇 dzjiw（2.40 Ⅶ）堕、小产、流产	𗧩𗦳𗪲𗦰/不左胎右	（《文海宝韵》甲杂18B11）
₂₃₅₅𠒇 sā（1.24 Ⅵ）散	𗧩𗦳𘄒𗦰/不左集全	（《文海宝韵》甲31B11）
₃₄₆₃𠒇 lwəj（1.40 Ⅸ）迟、钝	𗧩𘃮𗬀𗦰/不敏慢右	（《文海宝韵》甲51A12）
₁₉₀₁𠒇 low（2.47 Ⅸ）懈怠	𗧩𗦳𘃮𗦰/不左捷全	（《文海宝韵》乙81.53）
₂₉₈₄𠒇 pjụ（1.59 Ⅰ）量、价	𗧩𗦳𗧃𗦰/不左实右	（《文海宝韵》甲65A21）
₂₇₀₆𠒇 lhjii（1.14 Ⅸ）温暖	𗧩𘜘𘁂𗦰/不热冷右	（《文海宝韵》甲杂10B32）
₃₄₉₄𠒇 dzjį（1.61 Ⅵ）混、浊	𗧩𗦳𗧔𗦰/不左清右	（《文海宝韵》甲杂5B61）
₂₇₁₉𠒇 phə（2.25 Ⅰ）抛弃	*𗧩+𗩂/不惜	
₂₅₅₇𠒇 gjį（1.61 Ⅴ）劣、逆、叛	𗧩𗦳𘃡𗦰/不左善全	（《文海宝韵》甲67B73）
₃₄₅₇𠒇 sjiw（1.46 Ⅵ）新	𗧩𗦵𗦳𗦰/不旧现右	（《文海宝韵》甲55A13）
₁₉₄₆𠒇 lə（2.58 Ⅸ）思、念、忆	*𗧩+𘃡/不忘	
₁₉₁₂𠒇 dze（1.80 Ⅵ）连续	𗧩𗦳𘄒𗦰/不左离全	（《文海宝韵》甲杂2B72）
₃₄₅₅𠒇·ja（— Ⅷ）孤、独	𗧩𗦳𗦲𗦰/不左同全	（《文海宝韵》甲杂9A12）
₂₉₀₃𠒇 kiwəj（1.41 Ⅴ）笨顽；号（译音）	𗧩𗦳𘅍𗦰/不左灵中	（《文海宝韵》甲51A43）

续表

编号	字 拟音 (韵) 义	构形 / 释义 (出处)
1968	□ dzjuu （1.07 Ⅵ） 晃（使速不见）	□□□□/不左见全（《文海宝韵》甲杂5B41）
1913	□ dźjar （2.74 Ⅶ） 谛、实	*□+□/不安
1896	□·jiij （1.39 Ⅷ） 平静、伏定	□□□□/不左易右（《文海宝韵》甲50B12）
2967	□ sar （2.73 Ⅵ） 散（汉借）、张、弛	*□+□/不聚
2932	□ lej （2.53 Ⅸ） 贪	*□+□/不足
3477	□ xiwəj （1.41 Ⅷ） 横（借）	□□□□/不左正右（《文海宝韵》甲51A61）
3740	□ kie （1.09 Ⅴ） 戒；法；贯	□□□□/不中超右（《文海宝韵》甲杂2A31）

（说明：表中加"*"号者为缺少构形资料，但可推定者。）

（二）"□"组

编号	字 拟音 (韵) 义	构形 / 释义 (出处)
5256	□ gjo （2.44 Ⅴ） 衰（无美色）	□□□□/绒左无左（《合编》甲15.121）
2198	□ khjwi （2.10 Ⅴ） 圈、圆、围	*□+□/无方①
2025	□ sjwi （1.11 Ⅵ） 穷尽；糟糠	□□□□/用左无右（《文海宝韵》甲18A62）
0316	□ xia （1.18 Ⅷ） 无、亡	□□□□/半全无右（《文海宝韵》甲26A71）
0342	□ dzjɨ （1.30 Ⅵ） 丢失	□□□□/置半无右（《文海宝韵》甲杂3A61）
0331	□ lwạ （1.63 Ⅸ） 熄灭	□□□□/自左火无（《文海宝韵》甲70A21）
3839	□ xa （2.14 Ⅷ） 舒畅、敞开	□□□□/系围无右（《文海宝韵》乙68.65）
2825	□ ŋwər （2.76 Ⅴ） 愈、消、瘥	□□□□/病无背右（《合编》甲07.231）
1941	□ dzjɨ. （2.61 Ⅵ） 集、聚、俱	□□□□/不左无右（《文海宝韵》甲杂15B71）
0327	□ mə （2.25 Ⅰ） 孤独、独	*□+□/无戏
5125	□ sjii （2.12 Ⅶ） 淡	*□+□/无咸
4292	□ lju （1.59 Ⅸ） 夜、晚；闲	□□□□/苍上无全（《文海宝韵》甲65B33）
2350	□ bjaa （1.23 Ⅰ） 尽、绝、无	□□□□/绒左无右（《文海宝韵》甲30B11）
5111	□ swu （1.01 Ⅵ） 脩	□□□□/肉津无右（《文海宝韵》甲6B62）
2631	□ njii （2.12 Ⅲ） 某甲、谁何	□□□□/名围无右（《合编》甲06.204）
2192	□ mjiij （1.39 Ⅰ） 尸	□□□□/气左无右（《文海宝韵》甲49B72）
0328	□ ku （2.04 Ⅴ） 瞽（借）	*□+□/无眼
0323	□ sjar （1.82 Ⅶ） 剥、削	□□□□/皮全无右（《文海宝韵》甲85A71）
0201	□ mjij （1.36 Ⅰ） 寂、静、闲	□□□□/音左无右（《合编》甲02.042）

续表

₀₃₄₃ 𘚥 ɣiā (1.25 Ⅷ) 闲	𘚤 𘚦 𘚧 𘚨/事全无右 (《文海宝韵》甲32A51)
₄₅₃₂ 𘚩 pạ (2.56 Ⅰ) 渴	*𘚪+𘚧/无唾
₂₀₂₃ 𘚫 sa (2.14 Ⅵ) 涸、竭、瘦	*𘚬+𘚧/无水
₃₀₃₄ 𘚭 —(— Ⅸ) 惜、吝	*𘚭+𘚧/无乳
₂₁₉₁ 𘚮 dzjo (1.72 Ⅵ) 比喻;譬如	𘚯 𘚧 𘚨/缘左无右 (《文海宝韵》甲杂4A31)
₄₆₆₃ 𘚰 lha (1.17 Ⅸ) 熄、灭;删;蔑	𘚱 𘚧 𘚲 𘚨/火无手右 (《文海宝韵》甲杂11B31)
₀₂₁₄ 𘚳 lụ (2.51 Ⅸ) 贫、穷、乏	*𘚳+𘚧/无财
₀₃₂₄ 𘚴 wjọ (1.72 Ⅱ) 寡、孤	𘚵 𘚧 𘚨/母左无右 (《文海宝韵》甲78B21)
₅₂₁₀ 𘚶 mo (2.42 Ⅰ) 孤	𘚷 𘚸 𘚨/父中无右 (《合编》甲17.202)
₂₃₂₅ 𘚹 mjɨ (2.61 Ⅰ) 忘	*𘚺+𘚧/无心
₀₄₆₉ 𘚻 mjọ (2.64 Ⅰ) 独	*𘚼+𘚧/无子
₀₄₁₂ 𘚽 tjɨ (2.61 Ⅲ) 劳、疲劳、懈怠	*𘚾+𘚧/无力

①按，该字缺构形资料，据《同音》丁种本28B51背注"𘚿：𘛀𘛁𘛂/圆：不有方"，推测改字由"𘛀"加"𘚧"构成，具体方法应当是在"𘚧"全形基础上从中插入"𘛀"的左边构件。

（三）"𘛃"组

₅₆₁₈ 𘛄 gjii (1.14 Ⅴ) 乞（借）、行乞	𘛃 𘛅 𘛆 𘛇/不左足右 (《文海宝韵》甲20A33)
₅₃₉₅ 𘛈 wjij (1.61 Ⅱ) 短	𘛃 𘛅 𘛉 𘛇/未左到右 (《文海宝韵》甲66A61)
₅₃₇₆ 𘛊 tsjo (1.51 Ⅵ) 躁（借）	𘛃 𘛅 𘛋 𘛅/不左善左 (《文海宝韵》甲58A52)
₅₇₅₂ 𘛃 ŋə (1.27 Ⅴ) 闹、闹腾	𘛃 𘛅 𘛌 𘛇/不左谐右 (《文海宝韵》甲34B53)
₅₇₄₅ 𘛍 ljii (2.12 Ⅸ) 破、损、丧;累	*𘛃+𘛎/不牢

十年来古壮字研究简评*

张青松

（郑州大学汉字文明研究中心　郑州　450001）

提　要：10年来，古壮字研究高潮迭起，成果辉煌。从数量上看，期刊论文与博硕士学位论文大约有70篇。从内容上看，大多数是从文字学角度进行研究的：古壮字的来源，古壮字发生的时代，古壮字的使用状况，古壮字形体研究，等等。此外，还有好几篇论文是从词汇学、音韵学、语法学或汉字文化学的角度进行研究的。不足之处体现在两个方面：首先是理论意识的淡薄；其次是研究视野欠开阔，研究材料不足。

关键词：民族文字　古壮字　汉语俗字

壮族是中国少数民族中人口最多的民族之一，主要聚居在广西壮族自治区、云南省文山壮族苗族自治州，少数分布在广东、湖南、贵州、四川等省。

壮族历史上曾有过多种文字，一种是方块型壮字，属表意文字，起源于古代，流行于壮族民间；一种是拼音壮文，1955年创制的以拉丁字母为基础的壮文，属表音文字。两者的符号系统及其产生和发展过程不尽相同，各有特点。还有一种简化壮文，是当今壮族人民按照自己的言语习惯和交际需要使用的简化汉字。

本文所谓的古壮字是古代壮族人民用来记录壮族语言的一种文字，主

---

*　拙作已在《兴义民族师范学院学报》2018年第5期发表，收入论文集有调整。

要是指仿照汉字而创造的一种民族文字。存在于历史文献中的方块壮字，在壮族地区曾被称作"方块字"、"土字"或"土俗字"，壮族人民称之为Sawndip（意即"生字"，不成熟的文字）。

一

1936年12月，《国立中央研究院历史语言研究所集刊》第六本第四分册上发表了闻宥的《广西太平府属土州县司译语考》，文章对合体的古壮字的形、音、义进行了比较全面的考释。覃晓航（2010：5）认为："闻氏的文章第一次对方块壮字形体进行了解析，指出了其中的声符和意符，并揭示了方块壮字与字喃之间的差异，是真正意义上的方块壮字研究的开山之作。"

笔者以"壮字"为关键词在中国知网中搜索相关论文，共得93篇（剔除重复），这些论文按年度分布如表1。

表1 壮字研究年度分布表

年份	2017	2016	2015	2014	2013	2012	2011	2010	2009
篇数	3	5	5	5	8	10	9	11	2
年份	2008	2007	2006	2005	2004	2002	1999	1996	1995
篇数	5	8	5	2	1	1	1	1	1
年份	1991	1988	1987	1986	1983	1982	1980		
篇数	2	1	1	1	1	1	1		

以2007年为分界线，2007年以前即1980年至2006年只有20篇论文，而2007年以后（含2007年）有73篇论文。由此可见，进入20世纪之后，尤其是2005年以后，古壮字研究高潮迭起，成果辉煌。

前50年的古壮字研究有两篇述评值得参考：其一是覃晓航、孙文玲《方块壮字研究史略》（2007）；其二是李明《近五十年来方块古壮字研究述略》（2007a）。

下面我们对10年来的古壮字研究做一个简单的回顾。除去期刊论文，有三点值得总结。

首先是出现了第一部学术专著：覃晓航《方块壮字研究》（2010）。覃著涉及了方块壮字研究的诸多方面：回顾了前人对方块壮字的研究成果，追溯了方块壮字的产生年代及历史发展进程，剖析了方块壮字的造字法，确定了方块壮字的性质，论述了方块壮字的字音，推究了方块壮字形体差异的原因，辨析了方块壮字的形体演变，探讨了方块壮字的教育史，破解了一大批汉文典籍及古壮字文献中的不明字例，等等。最突显著作价值的地方，是对多种汉文典籍和壮字文献中保留的不明壮字进行考释，使大量难解字得到合理解释。例如第九章《〈广西太平府属土州县司译语考〉不明字续考》、第十章《〈方块壮字〉不明字破解》、第十一章《〈康熙字典〉方块壮字考释》、第十二章《〈古壮字字典〉与〈康熙字典〉的偶同字》、第十三章《〈古壮字字典〉难解字形体剖析》。《古壮字字典》只解字音字义，未分析形体，缺陷明显，而覃晓航用了70页的篇幅对《古壮字字典》中的难解字形体进行剖析，厥功甚伟。为覃著所作书评在中国知网上共有6篇：覃小航（2010）、韦名应（2010）、黄丽登（2010）、李芳兰（2010）、李明（2012）、李晓丹（2012）。

其次是出现了两部博士学位论文：李明《〈古壮字字典〉方块古壮字研究》（2008）与高魏《麽经方块壮字字形整理与专题研究》（2016）。前者以目前收录古壮字最全的工具书——《古壮字字典》所提供的古壮字为基本的材料依据，通过定性与定量研究的方式，对古壮字文字系统的构成、古壮字的发生、古壮字中的自源字、古壮字中的借源字等问题进行了探讨。后者以《壮族麽经布洛陀影印译注》和《壮族鸡卜经影印译注》中的方块壮字为材料，以自行开发的麽经字料库为研究手段，运用语言文字学及相关学科的研究方法，对麽经方块壮字展开了比较全面的字形整理和比较深入的专题研究。字形整理包括研制方块壮字字料库和汇释麽经方块壮字，专题研究包括探讨方块壮字字料库研制方案、研究麽经方块壮字同形字、统计分析麽经方块壮字字量和探讨方块壮字字典编纂问题。此外，覃志强（2013）属于教育技术学专业论文，可以不论。

再次是出现了11篇硕士学位论文：范丽君（2007）、王胜香（2008）、李忻之（2011）、高魏（2013）、梁红燕（2013）、周妮娜（2014）、韦恋娟（2014）、李静（2015）、蒋雯（2015）、黄寿恒（2015）。

从文字学角度对古壮字的研究大致集中在以下几个方面。

1. 古壮字的来源

李明（2007 b）与李明、常悦（2011）继续探讨古壮字的来源。李明、常悦（2011）认为："古壮字作为一种既有借源文字，又有自源文字的民族古文字，其发生问题的研究对于我们认识普通文字学上文字的发生问题，有着重要意义。在其文字渊源物问题上，我们肯定其与汉字之间紧密联系的同时，也不应忽略其自源文字的文化源头。目前发现的古壮字中虽然来自于古代壮民族的自源文字只占有极少的部分，但它们在记词表意的方式以及符号体态上与早期的原始图画及刻划符号有着一定关联，古代壮族的原始图画与刻划符号作为古壮字的渊源之一也不应忽视。"

2. 古壮字发生的时代

袁香琴（2013）继续探讨古壮字发生的时代，作者认为："总体来说，古壮字的发生时代是有层次性的。自源字在未受汉字影响之前就产生了，产生时间不会早于战国。在汉族文化的影响下，从秦汉到唐代，是壮族人民接触使用汉字和改造汉字的时期，从目前所见最早的含有改造汉字形成的方块壮字的唐代碑文来看，借源字最迟也应在唐代就形成了，但最早不会早于魏晋时期。拼合字的产生时间与借源字相当，在魏晋至唐代将近400年间产生。并且，由于拼合字构型复杂，它们内部的产生时间也是有层次性的。"

3. 古壮字的使用状况

广西大学黄南津等有系列论文考察古壮字的使用状况，如黄南津、唐未平（2007，2008a，2008b），黄南津、高魏、陈华萍（2010），韦载旦、高魏、黄南津（2010 年），莫秋兰、黄南津（2010），陈华萍、高魏、黄南津（2010），李梅英、黄南津（2010），高魏、黄南津（2015），等等。此外，戴忠沛（2008）以广西德保县、靖西县为考察对象，研究方块壮字在当代壮族社会的应用。

黄南津等的调查研究结果表明，至今仍有许多人在使用古壮字。目前古壮字在民间主要以下面几种形式存在：

（1）宗教经书，主要包括壮族民间麽教的麽经和道士符咒经文等。宗教经书是古壮字文献的重要组成部分，也是壮族民间目前古壮字使用最为

（2）壮族山歌唱本。目前，壮族歌手仍习惯用古壮字编写、传抄山歌唱本。老一辈歌手保存的抄写年代较早的歌本，用字繁体较多，而年轻一代歌手歌本用字则简体较多，抄写以自己能看懂为主要原则。

（3）记录壮语地名、人名，壮族谚语，或者临时借用。至今壮族地名、人名多以壮语称谓，仍大量沿用古壮字来记录。自古以来，壮族地区的地名——地址、村名、山川、道路田林、水泉、名胜、古迹等等，多以壮语称谓，以古壮字记载。如那坡、那满、停怀等。人名方面，如"布洛陀""姆禄甲"就是用古壮字记录的壮语人名。此外，壮族人民在用壮语表达壮族谚语时也习惯于用古壮字来记录，壮族人需要记录壮语，但又苦于找不到合适的文字时，也会很自然地借用读音相同或相近的汉字来记录，即使是不会古壮字的壮族人也会用这个方法，对古壮字有所了解的人，这种临时借用的情况更多（黄南津、唐未平，2007）。

4. 古壮字形体研究

10年来在古壮字形体研究上有新的突破[①]。

首先是研究内容的深入。前面我们已经重点介绍过覃晓航（2010）在古壮字疑难字考释方面取得的成就。其实，李明（2008）在古壮字疑难字考释方面也有不少收获。

研究者不但继续研究古壮字的构字方式，而且对古壮字的某一小类进行深入研究。前者如李晓丹（2012），后者如袁香琴（2011，2012，2016），常丽丽（2013），高魏、张显成（2018）。此外还有古壮字专书研究，姑且从略。

其次是研究方法的突破。能更加自觉地运用比较法，除了继续将古壮字与喃字进行比较之外，还将比较的对象扩大到水族文字。前者如范丽君（2007，2009），韦树关（2011），李忻之（2011，2012），何明智（2018）。后者如袁香琴（2014）。此外，还有古壮字内部的比较研究，如黄丽登（2011）。

尚振乾（2013）尽管不是专门以古壮字为研究对象，但涉及古壮字材

---

① 此前的研究概况可以参看黄南津、胡惠（2009）。

料甚多。作者从语言接触的角度重新解释传统文字学"六书"中的转注，从方法到结论都值得重视。

李明（2007c）运用同义比较的方法来探讨古壮字的造字方式。他认为，所谓同义比较就是着重于通过意义将不同文种的文字关联起来考察，通过选取不同种文字意义上有联系的部分进行比较，这种比较既包括记录同义词的文字的比较，也包括意义类属上相同或相近的文字的比较，既有具体的微观的个别文字的比较，亦有宏观文字系统的方法论上的指导考察。

此外，还有好几篇论文是从词汇学、音韵学、语法学或汉字文化学的角度进行研究的，如王胜香（2008），周妮娜（2014），韦恋娟（2014），李静（2015），蒋雯（2015），潘红交、韦景云（2017），郑伟（2017，2018），等等。

二

最后谈谈古壮字研究存在的不足。

首先是理论意识的淡薄。在跨文化汉字研究领域注意理论建设及方法论探讨的少之又少。就笔者管见，王元鹿（2008a，2008b）从比较文字学的角度进行过一定的理论思考，曹德和、张丽红（2015）提出"接触文字学"理论。总体而言，古壮字研究者的理论意识是比较淡薄的。古壮字研究属于跨文化汉字研究的范畴，但很多理论问题没有深入探讨，比如跨文化汉字传播研究的定义问题。近20年来，汉字的传播研究逐渐被人重视，相关研究的论著在100部/篇以上。就内容而言，这些论著主要是汉字传播历史的描述，很少有人针对"汉字传播"做理论上的探讨，即使陆锡兴《汉字传播史》这样的专著，竟然也没有对"汉字传播"进行明确界定。"传播"是单向概念，如果要把别的文字跟汉字关联起来讨论，应该属于不同文字的接触和比较问题，不属于汉字传播问题。汉字在传播过程中如果接触到别的文字，既可能影响别的文字，也可能受别的文字影响。从"接触"的角度解释双向影响现象，比"传播"可能更准确。"跨文化汉字研究"可以涵盖汉字跟非汉字的相互影响和比较研究，研究别的文字时也可以从来源上追溯汉字传播的影响，但"汉字传播"研究可以不管别的文字。所以"跨文化汉字研究"比"汉字传播研究"范围要广得多（李运富、何余华，2018）。

其次是研究视野欠开阔，研究材料不足。《古壮字字典》在一些正体字之后所列举的系列异体字很有研究价值。其价值不限于古壮字、壮语与壮族文化，于汉字研究也有一定参考价值。有些古壮字与汉语俗字在形义甚至在形音义诸方面都有关联。

(1) 夯

【双（夯、戋、爹、钱）】cienz［çi：n²］①钱〔名词〕～颗。Cienzrei. 私房钱。②钱〔量词〕。(《古壮字字典》第73页)

李明（2008：69）认为："双"借用汉字"刀"加一区别性符号表示名词"钱"之义，引申为数量词"钱"。

按，明郭一经《字学三正》："钱，俗作爹。"刘复、李家瑞《宋元以来俗字谱·金部》"钱"字下引《古今杂剧》等作爹，引《通俗小说》等作𠔉。(1930：97) 爹、𠔉、夯、双均一字之变。《篇海类编·身体类·足部》："捉丁本切，收钱了讫。昌黎子作。俗用。""捉"字由爹、足会意而成。

(2) 刕

【刕】liengx［li：ŋ⁴］两：十双四 ～。Cib cienz guh liengx. 十钱为一两。(《古壮字字典》第285页)

覃晓航（2010：211）认为："刕"表示重量单位的"两"，是个融体会意字，由"刀"和"二"组成。

按，刘复、李家瑞（1930：119）《宋元以来俗字谱·八画》"兩"字下引《岭南逸事》作"刕"。

(3) 仸

【仸（伤、勿）】faed［fat⁸］佛：～老。faedlaux. 佛爷。(《古壮字字典》第150页)

覃晓航（2010：189）认为："仸"左形"亻"表示"仸"字的意义范围；右声"夭"取壮音 fa⁴（天），标记壮语词 fa⁸（佛）的读音。

按，刘复、李家瑞（1930：1）《宋元以来俗字谱·人部》"佛"字下引《目莲记》等作"仸"。

（4）虿

【螶（蟓、𫊸、虿、筴）】non［noːn¹］虫；蛹；粘发~。Haeux fat non. 谷子生虫。~蠮。nondoq. 马蜂幼蛹。（《古壮字字典》第 385 页）

覃晓航（2010：222）认为："虿"字上声"丿"是"𫊸"的省略形式，标记壮语词 noːn¹（虫）的读音；下形"虫"注释"虿"的字义。

按，刘复、李家瑞（1930：70）《宋元以来俗字谱·虫部》"蟲"字下引《目莲记》等作"虿"。

研究者在分析这些古壮字的形体时，很少联系汉语俗字材料①，无论如何是说不过去的。这些壮汉"同源字"之间的关系，值得我们深入研究。

陆发圆（1999）认为，方块壮字大致经历了萌芽、成形、流行、盛行等四个阶段，分别为汉代、唐代、宋代、明清。方块壮字成形之前，壮族先民曾借用汉字来记录壮语，这对方块壮字的成形产生了很大的影响，可以说这种借用文字是方块壮字的雏形。唐代是方块壮字"型变"时期，但此时期的方块壮字见于史籍的并不多，这表明方块壮字在唐代尚处于成形阶段，还未在壮族地区广泛流传。方块壮字到了宋代，屡见于史籍。明清时，方块壮字进入了盛行期，出现了许多以方块壮字撰文的长篇作品，使用范围从宋代的"牒诉券约"进一步扩大到文学作品（包括歌谣、神话、传说、故事、谚语、剧本、寓言等）、书信往来、楹联碑刻、经文药方、家谱地名等方面。流行区域也遍及壮族的各个聚居地方。

---

① 当然，个别研究者或个别地方也有联系汉语俗字材料的，比如覃晓航（2010：142）"壶"字条。

我们认为，陆发圆提出的古壮字发展四阶段论是比较可信的。古壮字成形之前，属于汉字传播过程，不存在文字接触问题。古壮字成形之后，作为一种独立的文字体系存在，只有到这个时候我们才可以说汉字与古壮字互相影响。因此直到唐宋时期，古壮字影响汉字，或者说古壮字被汉字体系吸收才有可能。"劧（钱）"、"刅（两）"、"伔（佛）"、"虿（虫）"等字见于唐宋文献且被唐宋（或以后）字书所收录，即其明证。

参考文献

曹德和、张丽红，2015，《接触文字学理论研究浅探》，《安徽大学学报》第 6 期。

常丽丽，2013，《方块壮字中记号字初探》，《学行堂语言文字论丛》第 2 辑。

陈华萍、高魏、黄南津，2010，《当前社会文化环境对方块壮字文献的生存、传承的影响——以龙州、象州、忻城三县为例》，《今日南国》第 2 期。

戴忠沛，2008，《方块壮字在当代壮族社会的应用——以广西德保县、靖西县为考察对象》，覃乃昌、覃彩銮主编《壮学第四次学术研讨会论文集》，广西民族出版社。

范丽君，2007，《古壮字、喃字与汉字比较研究》，中央民族大学硕士学位论文。

范丽君，2009，《古壮字、喃字和汉字的字形构造对比研究》，《汉字文化》第 5 期。

高魏，2013，《〈麽经布洛陀〉方块壮字统计分析与整理研究》，广西大学硕士学位论文。

高魏，2016，《麽经方块壮字字形整理与专题研究》，西南大学博士学位论文。

高魏、黄南津，2015，《从字频看壮族传统文字的效用特点——以方块壮字和汉字的字频比较为基点》，《广西师范学院学报》第 3 期。

高魏、张显成，2018，《论方块壮字同形字的产生途径——以〈麽经〉为新材料》，《中央民族大学学报》第 3 期。

广西壮族自治区少数民族古籍整理出版规划领导小组办公室，2012，《古壮字字典》，广西民族出版社。

何明智，2018，《喃字字书与金龙古壮字字书比较》，《广西民族师范学院学报》第 2 期。

黄南津、高魏、陈华萍，2010，《方块壮字文献生存及传承状况调查分析——以龙州、象州、忻城三县为例》，《广西民族研究》第 2 期。

黄南津、胡惠，2009，《方块壮字字形研究评议》，《中国文字研究》第 1 辑（总第 12 辑）。

黄南津、唐未平，2007，《当代壮族群体使用汉字、古壮字情况调查与分析》，《广西大学学报》第 8 期。

黄南津、唐未平，2008a，《壮族民间群体古壮字使用状况的调查与分析》，《暨南学报》第 1 期。

黄南津、唐未平，2008b，《社会文化环境对古壮字生存、发展的影响》，《中央民族大学学报》第 4 期。

黄丽登，2010，《汉字文化圈文字研究的里程碑——评汉字文化圈文字研究成果〈方块壮字研究〉》，《汉字文化》第 4 期。

黄丽登，2011，《凌云方块壮字与马山方块壮字字形对比研究——以〈目连经〉和〈伕子请客〉为研究对象》，中央民族大学硕士学位论文。

黄寿恒，2015，《壮字古籍〈太平春〉语言研究》，广西民族大学硕士学位论文。

蒋雯，2015，《〈古壮字字典〉壮语虚词研究》，广西大学硕士学位论文。

李芳兰，2010，《〈方块壮字研究〉：汉字文化圈文字研究的新成果》，《中国民族报》11 月 12 日。

李静，2015，《古壮字借音声旁和中古汉语韵母关系研究》，上海师范大学硕士学位论文。

李梅英、黄南津，2010，《方块壮字在当前社会环境中生存的积极因素和消极因素》，《今日南国》第 2 期。

李明，2007a，《近五十年来方块古壮字研究述略》，《中国文字研究》第 1 辑（总第 8 辑）。

李明，2007b，《古壮字来源新论》，《学术论坛》第 7 期。

李明，2007c，《从同义比较看古壮字的造字方式》，《民族论坛》第 10 期。

李明，2008，《〈古壮字字典〉方块古壮字研究》，华东师范大学博士学位论文。

李明，2012，《覃晓航：〈方块壮字研究〉》，《华西语文学刊》第 1 期。

李明、常悦，2011，《古壮字的发生与壮族原始图画及刻符》，《华西语文学刊》第 2 期。

李晓丹，2012a，《试析古壮字造字机制》，《学行堂文史集刊》第 1 期。

李晓丹，2012b，《比较文字学研究领域的新成果——〈方块壮字研究〉评介》，《学行堂文史集刊》第 2 期。

李忻之，2011，《方块壮字与喃字〈三千字〉比较研究》，广西大学硕士学位论文。

李忻之，2012，《方块壮字与喃字发展的比较》，《中国文字研究》第 1 辑。

李运富、何余华，2018，《简论跨文化汉字研究》，《北京师范大学学报》第 1 期。

梁红燕，2013，《〈壮族麽经布洛陀影印译注〉（1－2 卷）形声方块壮字的整理与研究》，广西大学硕士学位论文。

刘复、李家瑞，1930，《宋元以来俗字谱》，中央研究院历史语言研究所。

陆发圆，1999，《方块壮字的萌芽和发展》，《广西民族研究》第 3 期。

莫秋兰、黄南津，2010，《方块壮字活力研究及原因探究——以龙州、象州、忻城三县为例》，《今日南国》第 2 期。

潘红交、韦景云，2017，《借音壮字阴声韵母和中古汉语韵母关系研究》，《钦州学院学报》第 8 期。

覃晓航，2010，《方块壮字研究》，民族出版社。

覃晓航、孙文玲，2007，《方块壮字研究史略》，《广西民族研究》第 1 期。

覃小航，2010，《汉字文化圈文字——〈方块壮字研究〉》，《汉字文化》第 3 期。

覃志强，2013，《"用新识古"策略下的古壮字信息化传承研究》，西南大学博士学位论文。

尚振乾，2013，《由语言接触而形成的转注结构刍议》，《语言科学》第 1 期。

王胜香，2008，《古壮字自造字文化蕴涵初探》，广西大学硕士学位论文。

王元鹿，2008a，《关于文字传播的同义比较的意义与任务》，《中国文字研究》第 1 辑。

王元鹿，2008b，《关于民族文字发展研究若干问题的思考》，《中国文字研究》第 2 辑。

韦恋娟，2014，《方块壮字与壮语常用语素关系的考察》，广西大学硕士学位论文。

韦名应，2010，《体大精深：第一部方块壮字研究专著——读覃晓航先生〈方块壮字研究〉》，《广西民族研究》第 4 期。

韦树关，2008，《谈古壮字创制的年代》，覃乃昌、覃彩銮主编《壮学第四次学术研讨会论文集》，广西民族出版社。

韦树关，2011，《喃字对古壮字的影响》，《民族语文》第 1 期。

韦载旦、高魏、黄南津，2010，《方块壮字的情感价值和实用价值的调查与分析——以龙州、象州、忻城三县为例》，《法治与社会》第 5 期。

闻宥，1936，《广西太平府属土州县司译语考》，《国立中央研究院历史语言研究所集刊》第六本第四分。

袁香琴，2011，《借源方块古壮字中同形汉字研究》，《四川文理学院学报》第 4 期。

袁香琴，2012，《方块壮字异体字研究刍议》，《淄博师专学报》第 1 期。

袁香琴，2013，《方块古壮字的发生时代新探》，《龙岩学院学报》第 4 期。

袁香琴，2014，《方块古壮字与水文拼合字的比较研究》，《理论月刊》第 1 期。

袁香琴，2016，《从古壮字非纯借源字异体字看古壮字的演变》，《华西语文学刊》第 2 期。

周妮娜，2014，《〈古壮字字典〉草木牲畜类义符文化研究》，广西师范学院硕士学位论文。

郑伟，2017，《古壮字的汉字借音声旁与中古后期的韵母演变》，《中国文字研究》第 2 辑。

郑伟，2018，《方块壮字的汉字借音声旁与中古韵图的内外转》，《古汉语研究》第 1 期。

哥巴文经书《大祭风·迎请精如神·卷首》校译研究

李晓兰

（东华理工大学师范学院　抚州　344100）

提　要：已经翻译并公布出来的哥巴文经书《大祭风·迎请精如神·卷首》存在两种不同的版本，分别是《译注》版和《全集》版，这两种版本的《卷首》在经文部分存在脱文、衍文、错漏等问题，在对译部分存在多译、缺译、错译的问题。本文借用校勘学中的对校法、本校法、理校法等方法对已公布的纯粹哥巴文经书《大祭风·迎请精如神·卷首》进行校译，完善现有的哥巴文经书，为哥巴文字系统的研究提供相对可靠的基础资料。

关键词：纳西族　哥巴文　经书　汉译校勘

《大祭风·迎请精如神》是纳西族东巴举行超度非正常死亡者亡灵仪式时所用经书中的重要一种。该经书共分三册：卷首、卷中、卷末。《大祭风·迎请精如神·卷首》是《大祭风·迎请精如神》三册中的第一册，该经书正文是用哥巴文书写而成，属于纯粹的哥巴文经书。

目前已刊布的两种版本的哥巴文经书《大祭风·迎请精如神·卷首》

---

* 本文为国家社会科学基金重点项目"'世界记忆遗产'东巴文字研究体系数字化国际共享平台建设研究"（项目编号：12AZD119）；教育部重大项目"中华民族早期文字资料库与《中华民族早期文字同义字典》"（项目编号：11JJD740015）阶段性成果。

分别收录在《纳西东巴古籍译注》（一）①和《纳西东巴古籍译注全集》②中。这两种版本的《卷首》在经文部分和对译部分皆存在诸多问题，而到目前为止，关于这本经书中存在的问题尚没有学者进行校订和研究。这些问题的存在不利于对哥巴文经书用字的统计和研究，故此本文在对《大祭风·迎请精如神·卷首》的版本信息进行梳理的基础上，借用校勘学中的对校法、本校法、理校法等方法对这些错漏之处进行校订，进一步完善此经书，为基于此经书的哥巴文研究提供更为可靠的资料。

一　《大祭风·迎请精如神·卷首》的版本介绍

目前已颁布的哥巴文经书《大祭风·迎请精如神·卷首》有两种版本：一种是《纳西东巴古籍译注》（一）中收录的《大祭风·迎请精如神·卷首》，简称为《译注》版《卷首》；一种是《纳西东巴古籍译注全集》中第80卷所收录的《大祭风·迎请莫毕精如神·卷首》，简称为《全集》版《卷首》。

《纳西东巴古籍译注》（一）于第280页至第365页收录有《大祭风·迎请精如神·卷首》，包括封面1页，正文85页。这本经书在封面中有画框，题目采用东巴文书写，文字上方覆盖白海螺和彩带。正文采用哥巴文书写，没有跋语，译注采用哥巴文、国际音标、汉文对照的方式编写。该经书由杨树兴诵经、王世英翻译，但不知其写作者和写作年月。关于经书的收藏地点，该书在后记中交代"原经书珍藏于丽江纳西族自治县图书馆"③。

《纳西东巴古籍译注全集》第80卷第147页至第200页收录了《大祭风·迎请莫毕精如神·卷首》一经，封面1页，正文65页。这本经书在封面中没有画框，题目采用东巴文书写，文字上方覆盖白海螺和彩带。正文采用哥巴文书写，没有跋语。不知其写作者和写作年月。由杨树兴释读、

---

① 云南省少数民族古籍整理出版规划办公室编《纳西东巴古籍译注》（一），云南民族出版社，1986。
② 东巴文化研究所编《纳西东巴古籍译注全集》，云南人民出版社，2000。
③ 云南省少数民族古籍整理出版规划办公室编《纳西东巴古籍译注》（一），后记。

和宝林翻译、习煜华校译。经文之前设置内容提要，为了解经文内容提供便利。译注部分采用直观的四对照体例：古籍哥巴文原文、国际音标注纳西语音、汉文直译对注、汉语意译。四层次依序并排。

由上可知，这两种版本的《大祭风·迎请精如神·卷首》皆由杨树兴东巴释读。据《纳西东巴古籍译注》（一）所附后记可知，杨树兴东巴是丽江市金山区龙山乡人，翻译该经书时，老先生已七十七岁高龄。但对比两种版本的《卷首》可知，二者在标音方面存在明显的不同之处，比如：《全集》版的《卷首》中标音为 a 的，在《译注》版《卷首》中皆标作 ɑ；《全集》版的《卷首》中标为 g 的，在《译注》版《卷首》中皆标作 g。这种情况当是因为两种版本《卷首》的翻译者不同所致，《全集》版的《卷首》由和宝林翻译而成，《译注》版《卷首》由王世英翻译而成。

另外，虽然《纳西东巴古籍译注》（一）标明的译注体例为"东巴文（针对《卷首》当为哥巴文）、国际音标、汉文对照"[①]，但实际上，《译注》版《卷首》的译注体例与《全集》版《卷首》的体例相同，皆是古籍哥巴文原文、国际音标注纳西语音、汉文直译对注、汉语意译，四层并排的格式。本文校译部分为方便表述，将之分为：经文部分（古籍哥巴文原文）、对译部分（国际音标注纳西语音和汉文直译对注）和汉语译文部分（汉语意译）三部分。

二 本文所使用的校勘方法

在研究方法方面，本文借用校勘学中的对校法、本校法、理校法等方法对已公布的纯粹哥巴文经书《大祭风·迎请精如神·卷首》进行校译。

所谓"对校法"是指"用同书别本互校的校勘方法"[②]。本文将哥巴文经书《大祭风·迎请精如神·卷首》的两种版本进行互校，在校译过程中不分主次，若有不妥之处尽皆列出。例如：下文校译成果中经文部分脱文类的第（3）条、第（10）条等。

---

① 云南省少数民族古籍整理出版规划办公室编《纳西东巴古籍译注》（一），版权页。
② 钱玄编《校勘学》，江苏古籍出版社，1988，第 99 页。

所谓"本校法"是指"以本书校本书的校勘方法","根据本书的上下文义,相同相近的句式,相同的词语等,校勘本书的错误"①。《大祭风·迎请精如神·卷首》中同一个词重复出现的情况比较多,相同相近的句式也比较多,适合采用本校法进行校译。例如:下文校译成果中对译部分错译一类的第(1)条、第(2)条等。

所谓"理校法"是指"以充足理由为依据的校勘法,也称为推理校勘法"②。例如:下文校译成果中对译部分错译一类的第(4)条,即借助工具书《麽些标音文字字典》的内容对两种版本《卷首》中的哥巴文字符⽍的翻译进行校改。

三 校译成果

文中将对《译注》版《卷首》和《全集》版《卷首》进行校译所得的成果按照其位置分为两类:经文部分、对译部分。又根据问题的类型不同,将经文部分的校译成果分为衍文、脱文和字序错误三类;将对译部分的校译成果分为少译、多译和错译三类。每类之下的多个条目按(1)(2)(3)……的顺序排列,每个条目之下先列其在原文中的位置,再列对应的校译成果。关于位置的表述方式,如 289-4-2(154-1-4-2),其中 289-4-2 表示该条目所述问题出现在《译注》(一)第 289 页所载经文的第 4 行第 2 小节;括号内的字序表示其在《全集》中对应的位置,154-1-4-2 表示该条目所述问题出现在《全集》第 80 卷第 154 页所载第一幅经文中的第 4 行第 2 小节。现按此体例将所得成果分列如下。

(一)经文部分

1. 衍文

(1)289-4-2(154-1-4-2):经文部分此处比《全集》版《卷

---

① 钱玄编《校勘学》,第 106 页。
② 钱玄编《校勘学》,第 113 页。

首》的经文部分多出字符"山，ʥy³³，山"。

（2）296-4-1（157-2-4-1）：《全集》版《卷首》的经文部分与《译注》版《卷首》的经文部分相比，此处多出一个字符，两种版本的对译部分均无与其对应的国际音标和汉文直译，故而断定其为衍文。

（3）347-1-2（189-1-1-2）：此句经文中的字符见于《译注》版《卷首》，不见于《全集》版《卷首》。

（4）349-3-2（190-1-3-2）：此处经文中的字符"ne¹³，和"见于《译注》版《卷首》，不见于《全集》版《卷首》。

2. 脱文

（1）288-4-1（153-1-4-1）：《全集》版《卷首》此句经文的第二个"sɿ³¹，署"字符缺失。

（2）294-4-2（157-1-4-2）：《译注》版《卷首》的经文部分在此句缺失字符"to³³，祭"。

（3）298-2-1（159-1-2-1）：《译注》版《卷首》的经文部分此句缺失字符"nɯ³³ts'ɿ⁵⁵，来建造"。《全集》版《卷首》此处完整，可作参照。

（4）299-2-2（160-1-2-2）：《全集》版《卷首》的对译部分此处存在读音和意义与经文字符不对应现象，对照《译注》版《卷首》可知，《全集》版《卷首》的此句经文部分缺失字符"le³³，又"。

（5）306-2-1（164-1-2-1）：在《全集》版《卷首》中此句经文缺失字符"k'ɯ⁵⁵，放"，《译注》版《卷首》中此句经文完整，可对照补正。

（6）311-2-1（167-1-2-1）：《译注》版《卷首》经文部分参考上下文或者《全集》版《卷首》的经文部分可知，在之后，之前，缺失"dæ³¹，能干"这一字符。

（7）311-4-1（167-1-4-1）：《全集》版《卷首》和《译注》版《卷首》的对译部分在此句中皆出现音和义与经文字符不对应现象，参照上下文可知，两种版本的经文部分当缺失字符"p'æ³³，拴"。

(8) 314-4-2（169-1-4-2）：《译注》版《卷首》的经文部分缺失字符"lɯ³³，来"。可依据上下文及《全集》版《卷首》补充ʒ字。

(9) 316-1-1（171-1-1-1）：《译注》版《卷首》和《全集》版《卷首》经文部分在"py³³ bv̩³¹，东巴"之后皆缺失字符"是"，据上文可知，该字符当为ꎬ，其中《译注》版《卷首》将其读音标注为"mə³³"，《全集》版《卷首》将其读音标注为"mu³³"。

(10) 316-1-1（171-1-1-1）：对照《译注》版《卷首》可知，《全集》版《卷首》经文部分缺失字符"tɕ'ə⁵⁵ py³¹，秽鬼祭祀"。

(11) 318-2-1（172-1-2-1）：《全集》版《卷首》经文部分缺失字符"ts'e⁵⁵，毁（打烂）"，可据《译注》版此句经文进行补正。

(12) 319-1-3（173-1-1-3）：《译注》版《卷首》经文部分缺失字符"ko³³，鹤"，据《全集》版《卷首》可补正。

(13) 320-4-2（174-1-4-2）：《译注》版《卷首》的经文部分缺失字符，参照《全集》版《卷首》可知，缺字为"da³¹，不"。

(14) 323-4-1（175-2-4-1）：《译注》版《卷首》的经文部分缺失字符"ʂə⁵⁵，说"，所缺失的字符参考《全集》版《卷首》的经文部分可知为" "。

(15) 328-1-1（178-1-1-1）：《全集》版《卷首》的经文部分缺失字符（ʂy⁵⁵，中），此处据《译注》版《卷首》的经文部分可补正。

(16) 351-1-2（192-1-1-2）：《译注》版《卷首》经文部分缺失字符"zo³³，男儿"，对译部分是完整的。《全集》版《卷首》经文部分是完整的，可用来参照补正。

(17) 354-4-1（194-1-4-1）：据上下文及《译注》版《卷首》可知，《全集》版《卷首》经文部分缺失字符（k'ə³¹），与（ə³¹）合译作"那儿"一词。

(18) 361-2-2（198-1-2-2）：《译注》版《卷首》的经文部分缺失字符"nɯ³³，来"。

3. 字序错误

(1) 311-3-2（167-1-3-2）：《全集》版《卷首》经文中"ts'ɿ³³

p′æ³³、mu³¹、马 拴、牛"三个字符的排列顺序是⿰⿱。这是错误的，当参照《译注》版《卷首》的经文改为⿰⿱。

（二）对译部分

1. 少译

（1）301-3-2（160-2-3-2）：此句中的⿰⿱⿲⿳ "k′y⁵⁵ gə³³ ts′ŋ³¹ t′y³³ ts′ŋ³¹" 在《全集》版《卷首》的对译部分译作"夜的鬼出鬼"，采用逐字对译的方法；而在《译注》版《卷首》的对译部分中译作"夜晚鬼到"，省略了重复部分"鬼"字。

（2）310-4-2（166-2-4-2）：⊙"nɯ³³"在《译注》版《卷首》的对译部分缺译，据上下文可知，该字符当译作"来"。

（3）310-4-3（166-2-4-3）：⿰在《全集》版《卷首》的对译部分缺译，参照《译注》版《卷首》可知此处当译作"dæ³¹，雄健"。

（4）327-2-2（177-2-3-1）：⿰在《全集》版《卷首》的对译部分缺译，根据上下文，可知，该字符当译作"zo³³，人"。

（5）327-3-1（177-2-3-1）：⊙"nɯ³³"在《全集》版《卷首》的对译部分缺译，据上下文可知，该字符当译作"来"。

（6）333-2-2（181-1-2-2）：⿰在《全集》版《卷首》的对译部分缺译，据上下文可知，该字符当译作"zo³³，人"；而《译注》版《卷首》的对译部分则将其译作"zo³³，男儿"。两种版本关于该字的译法皆可。

（7）338-4-2（184-1-4-2）：⿰（⿱）在《全集》版《卷首》的对译部分缺译，据《译注》版《卷首》此处的对译部分可知，该字符当译作"be³³，地"。

（8）343-1-2（187-1-1-2）：该句经文中的⿰字在《全集》版《卷首》的对译部分缺译，据上下文可知，该字符当译作"zo³³，人"。

（9）347-3-2（189-1-3-2）：⿰在《全集》版《卷首》的对译部分缺译，据上下文可知，该字符当译作"zo³³，人"。

（10）351-3-2（192-1-3-2）：⿰在《全集》版《卷首》的对译部分缺译，据上下文及《译注》版《卷首》的对译部分可知，该字符当译作"sŋ⁵⁵，三"。

(11) 363-4-1（199-1-4-1）：《译注》版《卷首》中⿰在对译部分有音无义，汉语译文部分则直接略掉，《全集》版《卷首》此处完整，译作"he³³me³³，月亮"。此处译法当以后者为准。

2. 多译

(1) 289-4-2（154-1-4-2）：《译注》版《卷首》的对译部分比经文多译了"dʑy³¹na⁵⁵z̩o⁵⁵lo³³，居那若罗"。

(2) 314-1-1（169-1-1-1）、315-1-1（170-1-1-2）、315-2-3（170-1-2-3）、315-4-2（170-1-4-2）：根据《全集》版《卷首》可知，此句经文部分和对译部分皆无⿰"py³³bv̩³¹，东巴"二字，《译注》版《卷首》经文部分中此处亦无⿰"py³³bv̩³¹，东巴"二字，故而《译注》版《卷首》此处的对译部分多译了该内容。

(3) 343-2-1（187-1-2-1）：《全集》版《卷首》中该句的对译部分在"mə³³py³¹dzi³³z̩y³¹，莫毕精如"之后多译了"t'ɯ³³，他"。

(4) 345-3-2（188-1-3-2）：该句经文在《译注》版《卷首》的对译部分多译了"ŋə³³，那里"。

(5) 347-3-2（189-1-3-2）：《译注》版《卷首》中该句的对译部分多译"nɯ³³，来"一字。

(6) 351-1-2（192-1-1-2）：《译注》版《卷首》中此句的经文部分缺失字符⿰"zo³³，男儿"，对译部分是完整的。《全集》版《卷首》中此句的经文部分是完整的，可用来参照补正。

3. 错译

(1) 294-4-2（157-1-4-2）：此句经文中的⿰在《全集》版《卷首》的对译部分中译作"to³³sæ³³，祭面"，在《译注》版《卷首》的对译部分中译作"to³³sæ³³，祭肉"，二者皆错。根据上下文及汉语译文部分可知，⿰当译作"to³³sæ³³，祭血"。

(2) 296-4-1（157-2-4-1）：⿰"he³¹"在《译注》版《卷首》的对译部分译为"亨"，采用的是音译法。《全集》版《卷首》的对译部分将⿰与⿰合译作"me³³he¹³，姐妹"；《译注》版《卷首》281-3-2、289-2-2处的⿰⿰译作"me³³he³¹，姐妹"。故而此处的哥巴文字符⿰不宜采用音译法翻译，应与上下文同，与 [字] 合译作"me^{33}he^{31}，姐妹"。

（3）310-1-1（166-2-1-1）：在《全集》版《卷首》的对译部分中此句的 [字] 译作"k'æ^{55}，括"，据上下文和《译注》版《卷首》可知，此种翻译有误，该字符当译作"k'æ^{55}，刮"，译作"括"是形近错别字。

（4）318-1-1（172-1-1-1）：《全集》版《卷首》对译部分此句中的 [字] 译作"ts'ər^{55}，割"，《译注》版《卷首》对译部分将该字符译作"tsɿ^{33}，拴"。根据《麽些标音文字字典》，该字符既不是"ts'ər^{55}，割"，也不是"tsɿ^{33}，拴"，而应当译作"ts'ɯ^{55}，控"①。该句经文表示的意思为：鬼族将东巴用的板铃铃锤控制住，使之无用。

（5）320-3-2（174-1-3-2）：《全集》版《卷首》的对译部分把 [字] 译作"dzə^{31}，多"，据上下文及《译注》版《卷首》的对译部分可知，此处当译作"dzɿ^{31}，住"。

（6）320-3-2（174-1-3-2）：在《译注》版《卷首》的对译部分中 [字] 译作"zər^{31}，和"，在《全集》版《卷首》的对译部分中译作"zər^{31}，压"。据上下文可知，此处当以后者为准，译作"zər^{31}，压"。

（7）330-3-2（179-2-3-2）：此处经文中的 [字] 在《全集》版《卷首》的对译部分中译作"le^{33}，人"，根据上下文和《译注》版《卷首》此处的对译部分可知，该字符当译作"le^{33}，又"。译作"人"是形近错别字。

（8）334-1-1（181-2-1-1）、334-2-1（181-2-2-2）、334-4-2（181-2-4-2）：[字] 在《译注》版《卷首》的对译部分中译作"授带鸟"，当为"绶带鸟"，"授"为错别字。

（9）337-4-1（183-1-4-1）、339-4-2（184-2-4-2）：字符 [字] 在《全集》版《卷首》的对译部分中译作"be^{33}，地"，而在《译注》版《卷首》的对译部分中译作"be^{33}，的"。据汉语译文部分可知，此句经文译作"顺着居那若罗山弯弯绕绕地上去了"，故而，此处字符 [字] 在经文中充当的是动作助词"地"。因此，《全集》版《卷首》关于该字符的翻译是准确的。

---

① 李霖灿：《麽些标音文字字典》，国立中央博物院筹备处，1945，第32页。

（10）341-4-1（185-1-4-1）、343-3-1（187-1-3-1）：该句经文中的字符丬在《全集》版《卷首》的对译部分中译作"le³³，又"，在《译注》版《卷首》的对译部分中译作"be³³，的"。据上下文及汉语译文部分可知，此处两种版本的《卷首》翻译皆有误，当译作"be³³，地"。

（11）341-4-2（185-1-4-2）：此处经文中的字符ㄅ在《全集》版《卷首》的对译部分中译作"dy³¹，地方"，示译作"k'y³¹，里"。据上下文及《译注》版《卷首》的对译部分可知，字符ㄅ当译作"dɯ³³，一"，示当译作"k'y̠³¹，处（地方）"。

（12）342-3-3（186-1-3-3）、345-2-1（188-1-2-1）：此处经文中的字符尔在《译注》版《卷首》的对译部分中译作"nɑ¹³，你们"，而在《全集》版《卷首》的对译部分中译作"na³¹，你"。根据上下文和汉语译文部分来看，该字符当译作"nɑ¹³，你们"，此处当以《译注》版《卷首》的译法为准。

（13）347-1-1（189-1-1-1）：此句经文中的两个字符尔在《译注》版《卷首》的对译部分中读为"na⁵⁵"，与字符ㅌ"tsʻu³¹"合译作"墨玉"，而在《全集》版《卷首》的对译部分中译作"nɯ³³，由"。二者对校并根据下文相同内容的译法可知，此处《译注》版《卷首》的译法准确，《全集》版《卷首》的对译部分关于此句中尔的翻译失当。

（14）347-1-2（189-1-1-2）：此句经文中的字符ㅌ尔在《全集》版《卷首》的对译部分中译作"墨玉"，是正确的，读作"tsʻu³¹na⁵⁵"，是不准确的，据上下文可知，当读为"tsʻu³¹na⁵⁵"。

（15）347-2-1（189-1-2-1）：此句经文中的第一个、第二个ㅌ尔在《全集》版《卷首》的对译部分中译作"墨玉"，是正确的，读作"tsʻua³¹na⁵⁵"和"tsʻu³¹na³¹"，是不正确的，据上下文和《译注》版《卷首》可知，当读为"tsʻu³¹na⁵⁵"。

（16）355-1-3（194-2-1-3）：此处经文中的字符ㄢ在《全集》版《卷首》的对译部分中译作"dzə³¹，多"，翻译有误，据上下文及《译注》版《卷首》的对译部分可知，此字当译作"dzɿ³¹，住"。

（17）364-2-2（200-1-2-2）：此处经文中的字符卜在《全集》版《卷首》的对译部分中译作"ne³¹，是"，《译注》版《卷首》此处译作

"nɯ³¹，来"，该字符的译法当以《全集》版《卷首》为准。

（18）364-4-1（200-1-4-1）：此处经文中的字符组❲❳在《译注》版《卷首》的对译部分中译作"dɑ³¹tsɿ⁵⁵，什知"，据上文和《全集》版《卷首》此处的对译部分可知，该字符组当译作"dɑ³¹tsɿ⁵⁵，不知"。

小 结

首先，我们通过整理分析上述校译成果可知，哥巴文经书《大祭风·迎请精如神·卷首》的两种版本在同一个位置皆出现疏漏的情况不多，仅5条，分别是：经文部分脱文一类下的第（7）条、第（9）条；对译部分错译一类下的第（1）条、第（4）条、第（10）条。多数情况下，《译注》版《卷首》和《全集》版《卷首》是可以相互补正的。

其次，通过整理分析上述内容可知，对于这两种版本的《卷首》而言，读经者皆为杨树兴东巴，但由于其书写者、翻译者皆非同一人，易因各人的认识不同导致问题的出现。故将两种版本的《卷首》出现疏漏的人为因素分为以下三种：

1. 经书书写者在使用哥巴文字记录经文时出现多写字符、漏写字符或者字序写错的情况。

2. 经书翻译者在形、音、义三者须一一对应的对译部分出现为补充内容而多译部分内容、漏译某个字符、把某个字符的字音或者字义译错的现象。

3. 经书排版输入汉字时，因字形近似而出现别字，如：把"又"输成"人"，把"刮"输成"括"，把"绶"输成"授"等。

参考文献

[1] 云南省少数民族古籍整理出版规划办公室：《纳西东巴古籍译注》（一），云南民族出版社，1986。

[2] 东巴文化研究所：《纳西东巴古籍译注全集》，云南人民出版社，2000。

[3] 钱 玄：《校勘学》，江苏古籍出版社，1988。

[4] 李霖灿：《麼些标音文字字典》，国立中央博物院筹备处，1945。

"御"字职用及相关用字研究[*]

张素凤

(郑州大学汉字文明研究中心　郑州　450001)

提　要："御"的本义是"御祭",甲骨文字形楷定为"御"和"禦"。两周时期"御""禦"职能分化,本义"御祭"用"禦"字,引申义"捍御,防御"用"御"字(或借用吾)。战国以后,本义"御祭"消失,引申义"捍御,防御""禁止,抵挡"主要用"禦"字,或分别用本字"圉"和"敔(攼)",或借用同音字;"御"字则主要记录"馭"的各项意义。直到近现代,"捍御,防御""禁止,抵挡"等意义通常用"禦"字,而"馭"的本义"驾驭车马"和引申义"驾驭,控制"则兼用"馭"和"御"记录,"馭"的引申义"对帝王有关事物和行为的敬称"等只用"御"字记录。汉字简化后,"禦"简化为"御","御""馭"的职能进一步分化。

关键词：文字职用　本义　引申义　字义演变

语词"御"在古代汉语和现代汉语中都十分常用,其书写形式从甲骨文到现代楷书一直存在异写字、异构字、通假字等,形成多组古今字;同时记录符号"御"的职能也随着词义的引申和文字的借用发生了较大改变。本文尝试以汉字职用理论为指导,对"御"的职能及相关字用关系进

---

[*] 本文为国家社科基金重大项目"'古今字'资料库建设及相关专题研究"(编号：13&ZD129)阶段性成果。

行梳理，以就正于方家。

一　"御"的本用职能及相关用字演变

"御"字在殷商卜辞中已经出现，异写形式很多，比较典型的是🉐（合集641正）；有的字形还有表示道路的"彳"或"辵"构件，楷定为"御"。夏含夷认为（于省吾，1996：397），左边的🉐即"午"，右边的🉐象人跪而迎迓之形，根据《说文》"午，啎也""啎，逆也""逆，不顺也"，"午"有不顺之义，整字构意表示跪而迎迓鬼神以祓除不祥之祭祀。有的字形作🉐、🉐，即增加"示"构件使字形的表意功能更为明确，楷定为祤，即后世"禦"字。根据《说文》"禦，祀也。从示御声"，"禦"是"御"的异构字。

（一）"御（禦）"在甲骨卜辞中的职用

"御"字在卜辞中的用法都是与其字形相切合的本义，即为御除灾殃而求先祖佑护的祭祀，简称御祭。根据"御"在卜辞中的搭配关系，"御"的用法可以概括为以下三种。（1）一般御祭，卜辞的句式为"御某祖""御于某祖""于某祖御"，即祭祀某祖先以祓除不祥，这是"御"字最常见的用法。如："御父乙三牢"（合集2195反）[①]、"御父乙羊、御母壬五豚、兄乙犬"（合集32729.1）、"癸巳卜，御母庚牢"（喻遂生，2003：144）、"贞御于且丁"（合集1858）、"贞御于且乙"（合集1578.3）、"贞御于且辛"（合集4112.2）、"贞御于屮妣"（合集4421.1）、"于父乙御"（合集2198）等，其中"父乙""父乙、母壬、兄乙""母庚""且（祖）丁""且（祖）乙""且（祖）辛""屮妣""父乙"都是被祭祀的祖先，"三牢""羊、五豚、犬""牢"都是祭祀用的牺牲。（2）御祭与生人相关者，其句式为"御某人于祖某"，即为某人祓除不祥而祭祀祖先。如："御小箕于多子"（合集3239）、"贞御帚好"（合集2622.2）。其中"多子"是

[①] 合集：胡厚宣总编辑《甲骨文合集》，中华书局，1982。卜辞用字多用通行字录出。下同。

被祭祀的祖先,祭祀的目的是为生人"小箕""帚好"被除不祥。(3)御祭与某事相关者,其句式为"御某(事)于祖某(或某神)",即为御除某种灾殃或祈求吉祥而进行的一种祭祀。如:"御大水于社"(于省吾,1996:404)是为御除"大水"造成的洪涝灾害而进行的御祭;"御年于上甲"(于省吾,1996:404)是为年成御除某种灾殃而进行的御祭;"御方于河妻"(合集686.2)是为御除某方(入侵等)造成的灾殃而祭祀河神。可见,御祭的内容极为广泛,或祈年,或御水,或为生人祈福,均是为了御除灾殃而祭祀鬼神以求佑护。

(二)"御""禦"在两周金文中的职用

西周时期,语词"御"由本义"御祭"引申出新的意义"捍御,防御",这是词义引申中非常普遍的现象,也就是说"御祭"和"防御"属于同一个词的本义与引申义。然而两周金文中这两个意义的用字却有明显的区别,即异构字"御""禦"的职能产生分化:"御"用来记录引申义,"禦"用来记录本义。

1."禦"字记录本义"御祭"

两周金文中,记录本义"御祭"的字形都有表义构件"示",如:我方鼎"我乍禦恤祖乙、妣乙、祖己、妣癸"(集成①02763)。其中禦比甲骨文御多"示"构件,楷定为禦,即"禦"。这句话的意思是:为御除灾殃而祭祀祖乙、妣乙、祖己、妣癸等先祖,以求得他们的福佑。同样,作御父辛鲜"耳禦乍禦父辛"中的"禦"(集成12.6472)、默簋"默其万年簋实朕多禦"(金文编29.3)中的"禦",都有"示"构件,楷定为"禦",是为御除灾殃而求先祖佑护的祭祀。作册益卣"用乍(作)大禦于厥祖妣、父母、多申(神)"(集成10.5427),把先祖与多神进行合祭,目的是为御除灾殃而求先祖和多神的佑护。

2."御"字记录引申义"捍御,防御"

语词"御"由本义"为御除灾殃而求先祖佑护的祭祀"引申为"镇

---

① 集成:中国社会科学院考古所编《殷周金文集成》(修订增补本),中华书局,2007。下同。

定和遏抑敌人之捍御"。如上所述，两周金文中，"禦"字用来记录本义"御祭"；"御"则用来记录引申义"捍御，抵御"。如：姑发𡒑反剑"云用云获，莫敢御余"（集成18.11718）、奌方鼎"王用肇事（使）乃子奌，率虎臣御淮戎"（集成5.2824）、不嬰毁"余命女御追于□"（集成8.4328）等，其中"御"字都是"镇定和遏抑敌人之捍御"义，即指军事上的抵御。

两周金文记录引申义"捍御，抵御"除了用本字"御"外，有时还借用"吾"字，如：毛公鼎"以乃族干吾（吾）王身"（集成02841），吴大澂认为"干吾"即古"敦敔"字，经典通作"捍禦"（容庚，1985：0131）。"吾"字用来表示"防御"属于借用。

（三）"御""禦"战国以后的职用

战国以后，本义"御祭"很少使用而逐渐消失，其引申义成为"御""禦"的常用职能。

1. 捍御，防御

战国以后，表示军事上的"捍御，防御"都用"禦"字，而不再用"御"字。《碑铭赞·索法律和尚义辩窟铭》："公誓雄心而禦捍，铁石之志不移。"（敦煌文献 S.530）《碑铭赞·右军卫十将使孔公浮图功德铭》："以禦海则固命折冲，成功则昭阳首秩。"（敦煌文献 P.4638）其中的"禦"都是捍卫、防御的意思。

表示军事上的"捍御，防御"有时也用"圄"字。《战国策·赵策三》："告以理则不可，说以义则不听，王非战国守圄之具，其将何以当之。"《汉书·贾谊传》："上之化也，故父兄之臣诚死宗庙……守圄扞敌之臣诚死城郭封疆。"高诱注："圄亦守。"因此"守圄"即"守禦"。《说文解字》："圄，守之也。从口吾声。"元熊忠《古今韵会举要》："禦，《说文》本作圄。守之也。从口吾聲。徐曰：守禦之意。今作禦。"则"圄"的本义就是捍御，"圄"记录"捍御，防御"属于本字本用。

文献中还借用"圉"字记录"捍御，抵御"义。睡虎地秦简《日书乙种·官》"刚者，所以圉劫也"，其中"圉"是借字，这里的意思是

"抵御"。《诗·大雅·桑柔》："多我觏痻，孔棘我圉。"郑玄笺："圉，当作御。"意思是"捍御，抵御"。《汉书·叙传第七十下》："建设藩屏，以强守圉。"其中"圉"与"守"意义相近，是"捍御，抵御"的意思。《说文解字注》"役"字："《司马法》曰：'弓矢围，殳矛守，戈戟助。凡五兵，长以卫短，短以救长。'按围，古御字。"根据《说文解字》"圉，囹圄，所以拘罪人。从㚔从囗"，则"圉"本义是牢狱，用来表示"防御"属于借用。

文献中还借用"吾"字记录"捍御，抵御"义。《墨子·公孟》："厚攻则厚吾，薄攻则薄吾。"其中"吾"就是"捍御，抵御"义。有的文献中"吾"字写作"䘴"或"䘽"。《集韵》："吾䘴，我自称也。一曰御（御）也。……古作䘴。"《五音集韵》："吾，我也。汉改中尉为执金吾。吾，御也。执金革以御非常。……古作䘴。"元熊忠《古今韵会举要》："吾，《说文》：'我自称也。从口五声。'一曰御也。《汉（书）》'执金吾。'注：'执金革以御非常。'……《集韵》'古作䘴。'"显然，"䘴""䘽"都是"吾"的异写字，在"金执吾"中意思是"捍御，抵御"，属于借字。

综上所述，殷商时期"御""禦"是异构字，其本义是"御祭"。两周时期，语词"御"出现引申义"捍御，抵御"，于是"御""禦"二字职能发生分化，即"禦"用来记录本义"御祭"，"御"用来记录引申义"捍御，抵御"。战国以后，本义"御祭"逐渐消失，引申义"捍御，抵御"不再用"御"字记录，而使用"禦"字记录；同时，记录"捍御，抵御"义的还有本字"圉"，借字"圉"，借字"吾"及其异写形式"䘴""䘽"。桂馥《说文解字义证》对"禦""圉""圄"三字之间的关系及古今变化情况进行了概括："守禦字古作圄……今文圄为囹圄字，圉为牧圉字，禦为守禦字，经传中相承用之久矣。"

2. 禁止，抵挡

"禦"由本义"为御除灾殃而求先祖佑护的祭祀"，即阻止灾祸侵害的祭祀，引申泛指"禁止，抵挡，抗拒"。《周礼·秋官·司寤氏》："禦晨行者，禁宵行者、夜游者。"郑玄注："禦，亦禁也。""禦"与"禁"相对为文，意思相同，"禦"即禁止义。《国语·周语中》："薮有圃草，囿有林池，所以禦灾也。"韦昭注："禦，备也。"《尔雅·释言》："禦、圉，禁也。"其中的"禦"是"抵挡，抗拒"的意思。

战国时期，"御""禦"都可用来记录"禁止，抵挡"义。出土文献《睡虎地秦墓竹简·田律》"百姓居田舍者毋敢酤酒，田啬夫、部佐谨禁御之，有不从令者有罪"，则用"御"字记录"禁止，抵挡"义。《左传·襄公四年》："匠庆用蒲圃之槚，季孙不御。"其中"御"也是"禁止，阻止"的意思。《楚辞·九辩》："无衣裘以御冬兮，恐溘死不得见乎阳春。"王逸注："御，一作禦"。后来这个意义只用"禦"字来记录，《说文解字注·禦》"后人用此为禁禦字……古只用御字"，说明清代已不用"御"记录这个意义；同样，王筠《说文释例》"备禦之义，古第用御，汉初则借禦，故许君说禦曰'祀也'，所以存古训也。如《邶风·谷风》'亦以御冬''以我御穷'，此古借御之证也。毛传：'御，禦也。'此以汉时借字释古借字之法也"，也说明记录"抵挡，抗拒"义在清代主要用"禦"字，而不用"御"字。根据汉字职用理论，"御"和"禦"用来记录"禁止，抵挡，抗拒"义都是本字本用，属于异构字关系，但它们的通用时间不同，因而形成古今字。

记录"禁止，抵挡，抗拒"义的用字还有"敔"。上博楚简六《申公臣灵王》"敔於朸述（隧）"中"敔"同"禦"，意思是"抵挡，抗拒"[①]。玄应《一切经音义》卷九"禦寒，古文敔，同"，同书卷二十四"禦捍，古文敔，同"，明杨慎《奇字韵》卷四"敔，禦古文"，都说明"敔""禦"在这个意义上是古今字关系。根据《说文解字》"敔，禁也。"段玉裁注"敔为禁禦本字，禦行而敔废矣"，则"敔"记录该意义属于本义本用，且使用时间比"禦"早。"敔"字因右旁"攵"构件有的讹写作"攴"而作"敱"。《古文苑》卷一："勿〇〇止其奔其敱，郑（樵）云：敱，今作禦。"明张自烈《正字通》："敱，敔字之讹。"可见"敱"是"敔"的异写字。

文献中有时还借用"圉"字记录"禁止，抵挡，抗拒"义。《墨子·节用上》："其为宫室何？以为冬以圉风寒，夏以圉暑雨。""圉风寒""圉

[①] 根据陈伟《读〈上博六〉条记》，简帛网 http://www.bsm.org.cn，2007年7月9日。

暑雨"就是抵御风寒、抵御暑雨的意思。根据《说文解字》"圄，囹圄，所以拘罪人"，则"圄"本义是牢狱，用来表示"禁止，抵挡，抗拒"属于借用。①

段玉裁《说文解字注》对"敔""禦""御""圄"的字际关系做了如下说解："敔，禁也。与圄、禦音同。《释言》：'禦、圄，禁也。'《说文》禦训祀，圄训囹圄，所以拘罪人。则敔为禁禦本字，禦行而敔废矣。古假借作御，作圄。"显然，段玉裁认为，记录"禁止，抵挡"义，"敔""禦"都是本字，只是通用时间不同；"御""圄"都是借字。这是因为段玉裁把记录引申义归作"本无其字"的假借。根据李运富先生创建的汉字职用理论，记录引申义也属于本字本用，那么记录"禁止，抵挡，抗拒"义时，"敔""禦""御""圄"的字际关系是："敔"是本义本用，"御""禦"属于引申义本用，"圄"属于借用；"敔（敌）""御"与通用字"禦"是古今字关系。

3. 迎接

"抵挡，抗拒"义进一步引申为"迎接"。《诗·召南·鹊巢》："之子于归，百两御之。"郑玄笺："御，迎也。"《楚辞·离骚》："飘风屯其相离兮，帅云霓而来御。"王逸注："御，迎也。"《书·顾命》："太史秉书，由宾阶跻，御王册命。"孔颖达疏引郑玄云："御，犹向也。"孙星衍疏："御与讶通，讶之言迎，迎则向也。"孙星衍把"御"看作"讶"的通假字。本文认为，"御"的"迎接"义与"抵挡，抗拒"一脉相承，有引申关系，因此"迎接"义属于"御"的本用职能。

二 "御"的借用职能及相关用字分析

如上所述，殷商卜辞中"御"字只用来记录本义"御祭"，两周金文中"御"字只用来记录引申义"捍御，防御"。"御"字后来承担的"驾驭车马"义，在殷商甲骨文和两周金文中都有专用本字：甲骨文作🐎、🐎，

---

① 白于蓝《战国秦汉简帛古书通假字汇纂》还列举了战国文献中借用"语""唐""苏""虘"等字记录语词"御"的用例，本文未取。

象人持鞭赶马之形；西周金文作🐎、🐎、🐎、🐎等，🐎从马从🐎，🐎，古文鞭，整字构意是用鞭子赶马，表示驾驭车马之义，🐎、🐎、🐎是🐎的异写字。西周令鼎："王🐎，溓仲僕。"（集成5.2803）禹鼎："斯🐎百，徒千。"（集成5.2833）其中"🐎"即驾车或驾车的人，属于本用。到小篆，字形演变为🐎或🐎，现代楷书作"驭"。两周金文中"驭"的最常见用法是"驭方"。不嬰簋盖："驭方、厰（玁）允（狁）广伐西俞。"（集成8.4328）噩侯鼎："噩（鄂）侯驭方内（纳）壶于王。"（集成5.2810）其中"驭方"为专有名称，前者为族名，后者为人名。王国维认为："驭方盖中国人呼西北外族之名，方者国也，其人善御，故称御方。"杨树达（1959：56）："驭者朔之假字，驭方即朔方也。"对此我们不做讨论，但有一点可以肯定，殷周时期，"驾驭车马"主要用"驭"记录，而没有发现用"御"字记录该意义的用例。

什么时候"御"开始记录"驾驭车马"义呢？《说文解字》："御，使马也。从彳从卸。🐎，古文御从又从马。"把"御"字看作"驾驭车马"的本字，把"🐎"看作古文字形，说明至晚在汉代"驾驭车马"的常用字已经是"御"，而本字"驭"很少用来记录该义。这种用字习惯一直为后代所延续。玄应《一切经音义》"驾驭"下引《玉篇》"驭即古之御字也"。慧琳《一切经音义》："善驭，今作御，同。""服御，……御，古之驭，同。""驭车，今作御，同。"陈彭年《大广益会玉篇》："驭，鱼据切。古御字。使马也。"《惠氏读说文记》："驭，古文御，从又从马。"都认为"驭"是"御"的古字，"御"是通用字。这说明从秦直至清代，"驾驭"义的通用字都是借字"御"。

传世文献中"御"字有很多异写。《集韵》"御驭𢻳御"条下说"御"字"古作驭𢻳御"。《类篇》"御𢻳衘"条下说"御"字"古作𢻳衘"。《五音集韻》"衘，牛倨切。理也。侍也。进也。使也。又姓。𢻳御并古文"。

"御"记录"驭"的本义"驾驭车马"及其引申义都属于借用，因此"御"字的借用职能包括两个方面。

（一）承担"驭"的本义

传世文献中大都用"御"表示"驾驭车马"义。《左传·成公二年》：

"邴夏御齐侯,逢丑父为右;晋解张御郤克,郑丘缓为右。"《论语·子罕》:"吾何执?执御乎,执射乎?吾执御矣。"《韩非子·难三》:"智伯出,魏宣子御,韩康子为骖乘。"元安熙《默庵集·石州庙学记》:"而其为教则必始于洒扫应对进退之节,礼乐射御书数之文。"以上都使用"御"记录"驾驭车马"义。《说文解字》把小篆"御"解为"御,使马也",从侧面说明"御"的这个意义在当时十分常用。

(二)承担"驭"的引申义

"御"不仅承担记录"驭"字的本义,而且承担记录以下各引申义的职能。

1. 驾驭车马的人 — 治事官吏 — 办理 — 侍奉 → 侍从,仆役
 → 进献,用

由动词"驾驭车马"引申为名词"驾驭车马的人"。《诗·小雅·车攻》:"徒御不惊,大庖不盈。"《左传·成公十六年》:"其御屡顾,不在马,可及也。"《史记·陈涉世家》:"腊月,陈王之汝阴,还至下城父,其御庄贾杀以降秦。"韩愈《刘生》:"车轻御良马力优,咄哉识路行勿休。"其中"御"都是指驾驭车马的人。

由"驾驭车马的人"引申指"治事官吏"。《诗·大雅·崧高》:"王命傅御,迁其私人。"毛传:"御,治事之官也。"吴王御士簠"吴王御士尹氏叔䋣",其中"御士"即治事之官。

由"治事官吏"引申为"办理"。春秋洹子孟姜壶"用御天子之事","御"作𢕩;"用御尔事","御"作𢖺,其中"御"都是"办理"的意思。

由"办理"引申为"侍奉"。《小尔雅·广言》:"御,侍也。"《尚书·五子之歌》:"厥弟五人,御其母以从。"孔安国传:"御,侍也。"《商君书·更法》:"公孙鞅、甘龙、杜挚三大夫御于君。"《战国策·齐策一》:"于是舍之上舍,令长子御,旦暮进食。"其中"御"都是"侍奉"的意思。

由"侍奉"引申为"侍从,仆役"。《广雅·释诂一》:"御,使也。"王念孙疏证:"御,近臣宦之属。"《后汉书·皇后纪上·明德马皇后》:"后时年十岁,干理家事,敕制僮御,内外咨禀,事同成人。"

由"侍奉"还可引申为"进献,用"。汉蔡邕《独断》上:"御者,进也。凡衣服加于身,饮食入于口,妃妾接于寝,皆曰御。"《诗·小雅·六月》:"饮御诸友,炰鳖脍鲤。"毛传:"御,进也。"莒太史申鼎:"台(以)御宾客,子孙是若。"其中"御"也是这个意思。《潜夫论·赞学》:"黼黻之章……可御于王公。"《楚辞·九章·涉江》:"腥臊并御,芳不得薄兮。"王逸注:"御,用也。"《后汉书·冯异传》:"每独居,辄不御酒肉。"韩愈《故太学博士李君墓志铭》:"五谷三牲,盐醯果蔬,人所常御。"

2. 驾驭,控制—治理,统治—帝王所作所为及有关事物的敬称

由本义"驾驭车马"引申泛指"驾驭,控制"。《庄子·逍遥游》:"夫列子御风而行。"《水经注·江水》:"有时朝发白帝,暮至江陵,其间千二百里,虽乘奔御风,不以疾也。""御风"就是"乘风",即驾驭风。

由"驾驭,控制"进一步引申为"治理,统治"。《尚书·大禹谟》:"临下以简,御众以宽。"《国语·周语上》:"瞽告有协风至,王即斋宫,百官御事。"韦昭注:"御,治也。"辛弃疾《美芹十论·自治》:"臣愿陛下酌古以御今,毋惑于纷纭之论。"其中"御"都是"治理,统治"的意思。

由"治理,统治"引申为帝王所作所为及有关事物的敬称。春秋吴王夫差鉴:"自乍(作)御监(鉴)。"春秋吴王夫差缶:"自乍(作)御缶。"《春秋·桓公十四年》:"秋八月壬申,御廪灾。"杜预注:"御廪,公所亲耕以奉粢盛之仓也。"《后汉书·曹节传》:"盗取御水以作鱼钓。"李贤注:"水入宫苑为御水。"又如"御用""御览""御旨""御赐""御驾亲征",其中"御"都是对与帝王有关事物或行为的敬称。

三 "御"字职能及相关用字变化小结

从以上分析可以看出,殷商时期"御"和增加表意构件"示"的"禦"是异构字,都是"御祭"的本字。两周时期"御"和"禦"的职能开始分化:本义"御祭"用"禦"字记录;引申义"捍御,防御"用"御"字记录,偶尔也借用"吾(圄)"记录。战国以后,本义"御祭"逐

渐消失，其引申义成为"御"和"禦"的重要职能：引申义"捍御，防御"，除了用本字"禦""圉"记录外，有时还借用"圄"和"吾（各各）"记录；引申义"禁止，抵挡"除了用本字"御""敔（敂）""禦"记录外，有时还借用"圄"记录；引申义"迎接"则主要用本字"御"记录。

战国以后，"御"除了承担本用职能外，还被借用记录语词"驭"的职能。"驭"的本义"驾驭车马"和引申义"驾驭车马的人""驾驭，控制"等除了用本字"驭"记录外，常常借用"御"字来记录，而"驭"的其他引申义则只用借字"御"来记录。到近现代，汉字的使用日渐规范统一，与"御"的本义"御祭"相关的"捍御，防御""禁止，抵挡"等引申义通常使用"禦"字记录；而"驭"的本义"驾驭车马"及引申义"驾驭，控制"则既可以用"御"又可以用"驭"字来记录，"驭"的引申义"对与帝王有关事物和行为的敬称"则只用"御"字来记录。汉字简化后，"禦"简化为"御"，于是"御""驭"的职能进一步分化：原来只用"御"和"禦"记录的意义统一用"御"字记录，而原来既可以用"御"又可以用"驭"记录的意义统一用"驭"字记录。

"御"字职能及相关用字变化情况可用下表进行概括。

时期	义位	本字	借字	义位	本字	借字
殷商	御祭	ᶜ（御） ᶜᶜ（禦）		驾驭车马	ᶜᶜ（驭）	
两周	御祭	ᶜ（禦）		驾驭车马	ᶜᶜᶜᶜ（驭）	
	捍御，防御	御	ᶜ（吾）			
战国以后	捍御，防御	禦 圉	圄 吾各各	驾驭车马	ᶜᶜ（驭）	御衘御 衘御
	禁止，抵挡	御 敔敂 禦	圄	驾驭车马的人	ᶜᶜ（驭）	
				治事官吏；办理；侍奉；侍从，仆役；进献，用		
	迎接	御		驾驭，控制	ᶜᶜ（驭）	
				治理，统治；对帝王有关事物和行为的敬称		

续表

时期	义位	本字	借字	义位	本字	借字
近现代	捍御，防御；禁止，抵挡	禦		驾驭车马；驾驭，控制	驭	御
				对帝王有关事物和行为的敬称		御
简化后	捍御，防御；禁止，抵挡	御		驾驭车马；驾驭，控制	驭	
				对帝王有关事物和行为的敬称		御

参考文献

［1］白于蓝：《战国秦汉简帛古书通假字汇纂》，福建人民出版社，2012。

［2］容　庚：《金文编》，中华书局，1985。

［3］杨树达：《积微居金文说》，科学出版社，1959。

［4］于省吾：《甲骨文字诂林》，中华书局，1996。

［5］喻遂生：《甲金语言文字研究论集》，巴蜀书社，2003。

从《说文》看许慎的"俗字"观念

宋丹丹

(郑州大学汉字文明研究中心　郑州　450001)

提　要:"俗字"最早见于东汉许慎的《说文解字》,里面以"俗某从某"等说解形式标注了15个俗字。通过考察,发现许慎的"俗字"与今人所谓俗字有着相当的区别,主要表现在:俗字是与字头形体相比,当时更加通用的文字形体,不含褒贬色彩;不同的说解形式反映在汉字构件功能上有着一定的差异,或与字头形体有关,或与字头的结构类型有关;俗字是个共时概念;俗字几乎都是有理据可说的;繁简并不能成为区别俗字的标准。

关键词:《说文》　俗字　说解形式　类型分析

引　言

俗字自古以来就已存在,文字一经出现,就伴随着俗字的产生,俗字在传统语言文字学领域有着特殊的地位和鲜活的生命力。俗字作为一种文字现象虽然一直存在,但是类似俗字这种说法最早见于东汉许慎的《说文解字》,里面以"俗某从某"等说解形式标注了15个俗字,《说文·叙》中也暗含着对俗字现象的相关论述。自此之后,南北朝颜之推的《颜氏家训》明确提出"俗字"一说,唐代颜元孙的《干禄字书》较早界定了"俗字"的范围,后世文献中多提到俗字,一直到今天,俗字依然是学术界关注的热点。但是现代对于"俗字"的认识还不是很清晰,具体到什么是"俗字",依然有很多地方说不清楚。

关于《说文》俗字的研究,成果不是很多。

顾之川《俗字与〈说文〉"俗体"》一文对《说文》中的15个俗字进行了简要的分析,认为《说文》的俗字有"由繁而简""因分而繁""因偏旁互用而异体"三种情况。同时指出:"我们应当实事求是地承认俗字的存在及其合理内核,认真分析研究俗字产生发展的实际及其规律性,以期'古为今用',为今天的语言规范化服务。"①

罗会同《〈说文解字〉中俗体字的产生与发展》从历时的角度出发,认为《说文》中的俗体字是由于多人的辗转使用出现了不同的写法而产生的,《说文》所收的俗体字,由东汉许慎《说文》的十多个到北宋徐铉的175个,再到清代段玉裁《〈说文解字〉注》的400多个,有些俗字又以不可遏制之势进入我们今天的正式使用场合。②

吉仕梅《〈说文解字〉俗字笺议》对段注本《说文》正文所收的20个俗字进行了疏证,指出这20个俗字中有16个都是信而有证的,是《说文》本身所具有的,《说文》俗字的产生有汉字职能变化的需要、意符声符优化的需要、表意字向形声字过渡的需要、汉字趋简的需要、书写识读的需要等五个方面的原因,认为《说文》俗字绝大多数是符合汉字发展规律的。③

黄宇鸿《论〈说文〉俗字研究及其意义》分《说文》俗字的类型为简化字形、繁化字形、更换偏旁、改变构字方法四种,从而体现其时空性、通俗性、简易性和表音性的特点,提出《说文》俗字研究对了解古今文字形体嬗变的轨迹、掌握汉字本义和引申义的发展线索、正确认识汉字简化的规律、拓宽《说文》汉字学的研究等有着重要意义。④

黄静宇《也谈〈说文〉中的俗字》把《说文》俗字的类型分为简化

---

① 顾之川:《俗字与〈说文〉"俗体"》,《青海师范大学学报》(社会科学版)1990年第4期。
② 罗会同:《〈说文解字〉中俗体字的产生与发展》,《苏州大学学报》(哲学社会科学版)1996年第3期。
③ 吉仕梅:《〈说文解字〉俗字笺议》,《语言研究》1996年第2期。
④ 黄宇鸿:《论〈说文〉俗字研究及其意义》,《河南师范大学学报》(哲学社会科学版)2002年第6期。

字形、繁化字形、更换偏旁、改变造字法四种，认为笔画减少、形声化、俗字代替正字是《说文》俗字的发展趋势，同时对《说文》俗字的释文做了正误分析。①

郝茂《〈说文〉所录俗字的古今传承》以出土文字为字形依据进行研究，文章指出：《说文》俗字基本产生于汉代，是《说文》对"信而有证"的篆文和古籀的汉篆说明；《说文》俗字为中古乃至现代汉字正字系统所接纳，究其成因，可以归结为字形的广为通行、理据的完备，以及后世部分《说文》正俗字的分化应用。②

以上研究，大致涵盖了《说文》俗字的类型、产生原因、数量变化、研究意义、发展趋势、古今传承等几个方面，但囿于各自的研究视角，鲜有从整体上去考查《说文》的俗字观念的。虽然《说文》中只有15个俗字，但是作为"俗字"观念产生的源头，有必要对其中的俗字进行深入研究，这项工作对于完善汉字理论、探寻汉字形体变迁、引导汉字规范、指导汉字教学等都有着重要的意义。

一 《说文·叙》中的"俗字"现象

许慎在《说文·叙》中并未提及俗字，但有多处相关描述。

> 以迄五帝三王之世，改易殊体。封于泰山者七十有二代，靡有同焉。

> 及宣王太史籀著《大篆》十五篇，与古文或异。至孔子书《六经》，左丘明述《春秋传》，皆以古文，厥意可得而说。……言语异声，文字异形。

> 而世人大共非訾，以为好奇者也，故诡更正文，乡壁虚造不可知之书，变乱常行，以耀于世。诸生竞说字解经谊，称秦之隶书为仓颉时书，云：父子相传，何得改易？乃猥曰：马头人为长，人持十为

---

① 黄静宇：《也谈〈说文〉中的俗字》，《乐山师范学院学报》2006年第3期。
② 郝茂：《〈说文〉所录俗字的古今传承》，《中国文字研究》第15辑，大象出版社，2011。

斗,虫者屈中也。廷尉说律,至以字断法,"苛人受钱","苛"之字"止句"也,若此者甚众。皆不合孔氏古文,谬于史籀。俗儒鄙夫翫其所习,蔽所希闻,不见通学,未尝睹字例之条,怪旧埶而善野言,以其所知为秘妙,究洞圣人之微恉。

许慎在《说文·叙》里指出各种混乱的文字使用现象,可以推测当时的这种混乱状态已经影响到了社会的正常用字,许慎想要改变这种现状因此作《说文》,说明许慎当时已经有了规范汉字的意识,所以在《说文》正文中才标注古文、籀文、或体、俗字、奇字等。

俗字,在当时并无贬义色彩。"俗"即风俗、习惯之义。《说文》:"俗,习也。从人,谷声。似足切。"习,《说文》:"数飞也。从羽,从白。凡习之属皆从习。似入切。"段玉裁《说文解字注》:"引申之义为习孰。"《史记·乐书》:"移风易俗,天下皆宁。"张守节正义:"上行谓之风,下习谓之俗。"《礼记·曲礼上》:"入国而问俗,入门而问讳。"郑玄注:"俗谓常所行与所恶也。"《说文》全书收字9353个,重文1163个,解说汉字138441个,却仅仅论及15个俗字,可以说俗字在如此大型的字书中极为罕见。许慎在《说文·叙》中说:"书或不正,辄举劾之","今叙篆文,合以古籀,博采通人,至于小大,信而有证"。可见许慎对于《说文》的收字、解说是非常谨慎的。"许书兼取俗字……此盖由其字不见于《史籀》、《仓颉》、《凡将》、《训纂》及壁中书中,而世俗用之,故不得而削,别之曰俗字。"① 由此可以知道,这15个俗字在当时已经广泛通行,要不然许慎也不会收进来。这里可以窥见,《说文》中收录的俗字,是与字头形体相比当时更加通用的文字形体,是习惯用法,不含褒贬色彩。试想,《说文》收字极严,一定是这些字在当时社会的通行度可以跟字头形体相比高下了才会收进来。至于为什么许慎只收了15个俗字,我们推测,一是其他的俗字在当时与字头形体相比并没有很通行,二是人都有惯性,一种新的事物出现,总是有抵触心理的,接受起来需要一个过程,况且俗字与字头形体在使用中还担任了相同的职能,记录同一个词。许慎

---

① 马叙伦:《说文解字研究法》,商务印书馆,1933,第26页。

当时在编《说文》时内心应该也是经过一番挣扎的，仔细考量之后，还是收入 15 个俗字，这正说明了许慎的伟大之处，他正是注意到了文字异形的这种现实状况才对俗字没有持排斥的态度。

二 《说文》"俗字"的说解形式

在《说文》正文中，许慎是在对字头的形体及其所记录的词的音义解说完之后，在最后说"俗……"，《说文》中 15 个俗字的出现位置一样，体例统一。其共有五种说解形式，分列如下。

1. "某，俗某从某"，共 8 例。

《说文·言部》："譀（譀），诞也。从言，敢声。諴（諴），俗譀从忘。"

《说文·肉部》："肩（肩），髆也。从肉，象形。肩（肩），俗肩从户。"

《说文·角部》："觲（觲），兕牛角，可以饮者也。从角，黄声。其状觲觲，故谓之觲。觥（觥），俗觲从光。"

《说文·朩部》："尗（尗），配盐幽尗也。从朩，支声。豉（豉），俗尗从豆。"

《说文·衣部》："褎（褎），袂也。从衣，采声。袖（袖），俗褎从由。"

《说文·尸部》："居（居），蹲也。从尸，古者居从古。踞（踞），俗居从足。"

《说文·水部》："灘（灘），水濡而干也。从水，鸂声。《诗》曰：灘其干矣。灘（灘），俗灘从佳。"

《说文·仌部》："冰（冰），水坚也。从仌，从水。凝（凝），俗冰从疑。"

2. "某，俗某，从某某声"，共 1 例。

《说文·血部》："衊（衊），肿血也。从血，䢅省声。膿（膿），俗衊，从肉农声。"

3. "某，俗某，从某某"，共 1 例。

《说文·马部》："鬲（鬲），舌也。象形。舌体鬲鬲。从马，马亦声。肣（肣），俗鬲，从肉今。"

4."某，俗某，从某，从某"，共 4 例。

《说文·鼎部》："鼏（鼏），鼎之圜掩上者。从鼎，才声。《诗》曰：鼏鼎及鼒。鎡（鎡），俗鼏，从金，从兹。"

《说文·兂部》："兂（兂），首笄也。从人，匕象簪形。凡兂之属皆从兂。簪（簪），俗兂，从竹，从朁。"

《说文·欠部》："歠（歠），歠歠也。从欠，籋声。嗽（嗽），俗歠，从口，从就。"

《说文·䖵部》："䗋（䗋），啮人飞虫。从䖵，民声。䗋，䗋，或从昏，以昏时出也。蚊（蚊），俗䗋，从虫，从文。"

5."某，俗从某"，共 1 例。

《说文·印部》："归（归），按也。从反印。抑（抑），俗从手。"

在《说文》俗字中，这五种说解形式，反映在汉字构件功能上有着一定的差异。除了第五种外，其他四种"俗某"之"某"都是指字头，且"俗某"前是俗字形体。不同点在于，第一种"某，俗某从某"中之"从某"的"某"为与字头形体类比之下不同的部分，这种说解形式的俗字最多。此种情况下俗字形体的另外一部分与字头形体的某一部分相同，或为表义构件，如"䛊""肩""袖""凝"；或为象形构件，如"觚"；或为示音构件，如"瞂"；或仅仅是相同的部件，如"踞""灘"。第二种"某，俗某，从某某声"中之"从某"的"某"为表义构件，"某声"的"某"为示音构件，且此示音构件与字头的示音构件有一定的关系，"声"字可能有提示强调的作用，如"膿"。第三种"某，俗某，从某某"中之"从某某"，前一个"某"为表义构件，后一个为示音构件，此种说解形式的俗字与字头的结构类型相同，都为义音合体字，如"胗"。第四种"某，俗某，从某，从某"之"从某，从某"，前一个"某"皆为表义构件，后一个都为示音构件，且此种说解形式的俗字全为义音合体字，如"鎡""簪""嗽""蚊"。第五种"某，俗从某"，"俗"前面的"某"为俗字形体，"从某"之"某"为相比字头形体增加的表义构件，"某"之外的部分为字头形体，如"抑"。

三 《说文》"俗字"的类型

已有研究成果对《说文》俗字类型的划分都是从与字头对比角度出发的，关注点多在繁简、更换偏旁、改变造字法上，并没有深入造字和析字的理据中，有一定的局限性。要想深入了解《说文》俗字的性质，需要更深层次更加全面的研究。

（一）《说文》俗字的结构类型

2012 年李运富先生在《汉字学新论》中提出分析汉字结构类型的方法"构件分析法"，着眼于构件的功能和构件形体类比，将汉字结构归纳为象形独体字、形形合体字、音义合体字、标音合体字等 20 种类型。此种方法相比以往的"六书"分析法更为科学合理，可以分析古今一切汉字的结构。因此本文拟运用"构件分析法"对《说文》俗字进行重新分析，以探究其特点。

经过逐一分析，《说文》俗字可以归入以下四种结构类型。

1. 义义合体字，共 2 例。

《说文·言部》："譀（譀），诞也。从言，敢声。譀（譀），俗譀从忘。"

按，譀，朱骏声《说文通训定声》："俗从言从忘。按：忘者妄也。会意。"言、忘均表义，会合二者表说大话之义，为义义合体字。

《说文·印部》："归（归），按也。从反印。抑（抑），俗从手。"

按，归，段玉裁《说文解字注》："按，当作按印也。浅人删去印字耳。按者，下也。用印必向下按之，故字从反印。"徐灏《段注笺》："印之反体。"按压之义。归是"印"字反过来的形体，为变异独体字。抑（抑），从手从反印，手、反印均为表义构件，为义义合体字。

2. 义代合体字，共 1 例。

《说文·肉部》："肩（肩），髆也。从肉，象形。肩（肩），俗肩从户。"

按：肩，人的颈下与两臂相连的部分。徐灏《段注笺》："户象肩甲连臂之形。"肩，段玉裁《说文解字注》："从门户于义无取，故为俗字。"肉上之户其实是户省了一笔，是户的省变，那么整字屌也就是屌的书写变异，户成了一个代号构件，肉依然表义，为义代合体字。

3. 义音合体字，共 11 例。

《说文·血部》："盥（豐），肿血也。从血，農省声。膿（濃），俗盥，从肉农声。"

按，膿，肿块的脓血。肉表义，农示音，为义音合体字。

《说文·马部》："匄（匄），舌也。象形。舌体马马。从马，马亦声。肸（肸），俗匄，从肉今。"

按：匄，舌头义。肸（肸），段玉裁《说文解字注》："《大雅音义》引《说文》云：'匄，舌也。'又云：'口里肉也。'按：'口里肉也'四字当在此下，释从肉之意也。从今者，今声也。"肉表义，今示音，为义音合体字。

《说文·鼎部》："鼒（鼒），鼎之圜掩上者。从鼎，才声。《诗》曰：鼐鼎及鼒。鎡（鎡），俗鼒，从金，从兹。"

按：鼒，上端收敛而口小的鼎。鎡（鎡），段玉裁《说文解字注》："俗鼒从金兹声。"金表义，兹示音，为义音合体字。

《说文·未部》："敊（敊），配盐幽未也。从未，支声。豉（豉），俗敊从豆。"

按，张舜徽《说文解字约注》："俗称腊八豆，晒干后可久藏不变，即古人所谓豉也。"王筠《说文解字句读》："配未以盐，郁幽之于瓮盎中，生衣乃成也。"可知豉（豉），以豆表义，支示音，为义音合体字。

《说文·衣部》："褎（褎），袂也。从衣，采声。袖（袖），俗褎从由。"

按：褎，衣袖义。袖（袖），朱骏声《说文通训定声》："从由声。"衣表义，由示音，为义音合体字。

《说文·尸部》："居（居），蹲也。从尸，古者居从古。踞（踞），俗居从足。"①

---

① 此例段玉裁《说文解字注》："屋（屋），俗居从足。小徐本如此。不误。大徐本篆作踞。非也。小徐云：'屋，一本从居。'则小徐时固有两本。"本文以大徐本《说文》为研究对象，其他说法因为依然有争议，暂不考虑。

按，段玉裁《说文解字注》："若蹲则足底着地而下其脽（臀）、耸其膝曰蹲。"蹲踞义。踞（ ），足表义，居示音，为义音合体字。

《说文·先部》："先（ ），首笄也。从人，匕象簪形。凡先之属皆从先。簪（ ），俗先，从竹，从朁。"

按：先，表示头上的簪子。簪（ ），段玉裁《说文解字注》："俗先。今俗行而正废矣。从竹。从朁。朁声。"竹表义，朁示音，为义音合体字。

《说文·欠部》："歓（ ），歆歓也。从欠，龟声。噈（ ），俗歓，从口，从就。"

按，噈（ ），段玉裁《说文解字注》："会意兼形声。"朱骏声《说文通训定声》："俗从口从就声。口与口相就为歓。"口表义，就既表义又示音，为传统所说的会意兼形声字。"通常所说的形声字和会意兼形声字都可以属于此类（义音合体字）。"①

《说文·水部》："瀷（ ），水濡而干也。从水，鶰声。《诗》曰：瀷其干矣。灘（ ），俗瀷从隹。"

按：瀷，被水浸泡而枯萎。灘（ ），许慎说"俗瀷从隹"，是形体类比之下的断语，因为灘（ ）与字头形体相比，不同点在于隹与鸟的对立。其实灘（ ）是从水，難声的字。上古音灘为透母元部，難为泥母元部，韵属同部，声同为端组亦相近。因此，水表义，難示音，为义音合体字。

《说文·仌部》："冰（ ），水坚也。从仌，从水。凝（ ），俗冰从疑。"

按：冰，凝结义，冰、水凝结成坚冰。凝（ ），段玉裁《说文解字注》："俗冰。从疑。以双声为声。"仌表义，疑示音，为义音合体字。

《说文·䖵部》："蟁（ ），啮人飞虫。从䖵，民声。 ，蟁，或从昏，以昏时出也。蚊（ ），俗蟁，从虫，从文。"

---

① 李运富：《〈说文解字〉"从某字"分析》，《民俗典籍文字研究》第9辑，商务印书馆，2012。

按：蟁，段玉裁《说文解字注》："齧人而又善飞者。"咬噬人的善飞的虫子。蚊（𧍷），朱骏声《说文通训定声》："从虫，文声。"虫表义，文示音，为义音合体字。

4. 形音合体字，共 1 例。

《说文·角部》："觵（觵），兕牛角，可以饮者也。从角，黄声。其状觵觵，故谓之觵。觥（觥），俗觵从光。"

按：觵，古代用兽角制的盛酒器，可以用来喝酒的兕牛角。觥（觥），角表禽兽之角形，光示音，为形音合体字。

通过以上分析，为了更加清晰地观察字头和俗字的区别，我们列表 1 如下。

表 1　《说文》字头和俗字的结构类型对照表

字头—俗字	字头结构类型	俗字结构类型
譀—訕	义音合体字	义义合体字
肩—肩	形义合体字	义代合体字
觵—觥	形音合体字	形音合体字
䰜—臇	形音合体字	义音合体字
圅—肣	义音合体字	义音合体字
䰜—䥈	义音合体字	义音合体字
敊—豉	义音合体字	义音合体字
褎—袖	义音合体字	义音合体字
居—踞	义音合体字	义音合体字
兟—簪	形形合体字	义音合体字
歠—嘬	义音合体字	义音合体字
归—抑	变异独体字	义义合体字
灘—滩	义音合体字	义音合体字
冰—凝	义义合体字	义音合体字
蟁—蚊	义义合体字	义音合体字

综上所述，可以看到：

第一，《说文》中的 15 个俗字，从字形来源上看，"蚊"春秋时就已出现，"肩""肣""滩"战国时也已产生，"觥""臇""豉""袖""簪"

"抑""凝"则见于汉代,"諆""鎡""踞""噈"暂时不明。① 可以肯定的是,这 15 个俗字至少在汉代都已存在,且字头俗字都为小篆,说明俗字是个共时概念,字体是相同的。

第二,《说文》中的俗字大都是有理据可说的,与字头形体主要是结构的不同。有的是改示音构件为表义构件,如"諆";有的是改换示音构件,如"觓""袖""灘";有的是完全改换字头构件重新造字,如"膿""肸""鎡""簪""噈""蚊";有的是改换表义构件,如"豉";有的是在原字头基础上新增加表义构件,使得表义更加清晰,如"踞""抑";有的是改表义构件为示音构件,如"凝"。只有"肩"的俗字"肩",是讹变形成的,肉上之户其实是户省了一笔,肩是肩的书写变异,户成了一个代号构件。

(二)《说文》俗字的繁简类型

1. 俗字形体趋简

"减少书写单位以增加书写便利,是汉字形体演变的主要途径,几乎每一个汉字发展阶段都存在简化现象。所以简化是汉字发展的客观规律,不容否定。"② 《说文》中,俗字与字头形体相比,字形趋简的有 9 例,如下:

諆(18)—諆(14)、肩(9)—肩(8)、觓(18)—觓(13)
盟(19)—膿(17)、圅(10)—肸(8)、褎(14)—袖(10)
歗(21)—噈(15)、灘(25)—灘(22)、蟲(17)—蚊(10)③

2. 俗字形体增繁

汉字形体的演变规律和趋势,不仅有简化,繁化也是很重要的,有着积极的意义。简化和繁化是辩证统一,相辅相成的。它们在汉字形体的演变中扮演着不同的角色,共同调节着汉字系统的平衡,促进汉字系统更好发展。《说文》中,俗字与字头形体相比,字形增繁的有 6 例,如下:

---

① 郝茂:《〈说文〉所录俗字的古今传承》,《中国文字研究》第 15 辑,大象出版社,2011。
② 李运富:《汉字学新论》,北京师范大学出版社,2012,第 128 页。
③ "—"前为《说文》字头形体,后为俗字形体,"( )"内为字形笔画数,下同。

驫（15）—鐙（17）、攱（10）—攱（11）、居（8）—踞（15）、先（4）—簪（18）、归（6）—抑（7）、冰（6）—凝（16）

由以上可知，《说文》俗字形体相比字头，有简化有繁化。其中趋简的有 9 例，增繁的有 6 例，前者只比后者多了 3 例，趋简与增繁的比例相差无几，我们在判断的时候，面对的是一组一组的俗字，需要一个一个来确定，因此在这里好像也并不能得出简化或繁化就是《说文》俗字的特点。

结　语

综合上述分析，我们发现《说文》中的俗字有着特定的含义，与今人所谓俗字并不完全相同，有着时代色彩，反映着许慎特有的俗字观，值得我们重视。总结如下：

（1）许慎在《说文》中并没有说字头是正字。"俗"一字在当时是风俗、习惯之义，俗字是与字头形体相比，当时更加通用的文字形体，是习惯用法，不含褒贬色彩，许慎对于俗字并无排斥的意味。

（2）在《说文》俗字中，五种说解形式反映在汉字构件功能上有着一定的差异。不同的说解形式蕴含着不同的用意，或与字头形体有关，或与字头的结构类型有关。

（3）《说文》中的 15 个俗字，从字形来源上看，至少在汉代都已存在，且字头俗字都为小篆，说明当时的俗字是个共时概念，字体是相同的。

（4）《说文》中的俗字几乎都是有理据可说的，与字头形体主要是结构的不同。有的是改示音构件为表义构件，有的是改换示音构件，有的是完全改换字头构件重新造字，还有的是改换表义构件，或是在原字头基础上又新增加表义构件，或是改表义构件为示音构件。

（5）《说文》俗字形体相比字头，有简化有繁化。趋简与增繁的比例相差无几，繁简并不能成为区别俗字的标准。

总而言之，《说文》俗字与今人所谓俗字有着相当的区别，我们不能以今律古，只有通过深入的研究才能还原事实真相，以窥探到真正的内涵。现代人所谓俗字，多是个笼统的概念，默认为俗字是一成不变的，其实，从古到今，俗字在每个时代的内涵并不是完全相同的，有一个发展的过程，俗字最开始是个共时概念，只能说某个字在哪个时代是俗字。这也给了我们很大的启示，关于"俗字"，依然有很多盲点，值得进一步研究。只有认清现实，同时结合历史经验，从中吸取精华，才能对我们今天的汉字研究、汉字规范和汉字教学产生积极的影响。

参考文献

［1］（东汉）许慎：《说文解字》，中华书局，2013。

［2］顾之川：《俗字与〈说文〉"俗体"》，《青海师范大学学报》（社会科学版）1990年第4期。

［3］罗会同：《〈说文解字〉中俗体字的产生与发展》，《苏州大学学报》（哲学社会科学版）1996年第3期。

［4］吉仕梅：《〈说文解字〉俗字笺议》，《语言研究》，1996年第2期。

［5］黄宇鸿：《论〈说文〉俗字研究及其意义》，《河南师范大学学报》（哲学社会科学版）2002年第6期。

［6］黄静宇：《也谈〈说文〉中的俗字》，《乐山师范学院学报》2006年第3期。

［7］郝　茂：《〈说文〉所录俗字的古今传承》，《中国文字研究》（第15辑），大象出版社，2011。

［8］马叙伦：《说文解字研究法》，商务印书馆，1933。

［9］李运富：《〈说文解字〉"从某字"分析》，《民俗典籍文字研究》（第9辑），商务印书馆，2012。

［10］李运富：《汉字学新论》，北京师范大学出版社，2012。

《说文·女部》字的文化意蕴探析

何 清

(郑州大学汉字文明研究中心 郑州 450001)

提 要:《说文·女部》中的姓氏用字、婚姻家庭用字、字号用字以及女性描述用字蕴涵着丰富的文化信息。深入分析研究女部字有助于我们了解中华民族古老的风俗习惯、社会制度、审美情趣、伦理道德及思维习惯,体认汉民族文化的基本特征和基本精神,洞察汉民族文化的深层心理结构。

关键词:《说文·女部》 女性文化用字 文化意蕴

东汉许慎的《说文解字》(以下简称《说文》),不仅是我国第一部分析字形、说解字义、辨识读音的完备字典,而且也是我国古代社会的一部大百科全书。"方以类聚,物以群分。同牵条属,共理相贯。杂而不越,据形系联。引而申之,以究万原",[①] 为我们研究古代社会现象提供了丰富的文化资讯。

全书收字9353字,重文1163字,540部;女部238字,重文14字,计252字,是《说文》中收字最多的部首之一。大致归纳起来,《说文·女部》字有如下几方面的内容:姓氏用字,婚姻家庭用字,女性身份和与女性有关的亲属关系用字,女性"字""号"用字,对女性进行描写、形容的字,其他。其中女性身份和与女性有关的亲属关系用字诸如"姐"

---

① 许慎:《说文解字》,中华书局,1963,第319页。

"姑""姊""妹""姨"等及其他用字的意义范围相对较为简单，不在我们讨论之列。下面分别对女部其他4个方面用字的文化意蕴进行探析。

一 姓氏用字的文化意蕴

《说文·女部》中姓氏用字共计12个，排在女部的最前面。第一个训释字就是"姓"字，接下来的11个字"姜、姬、姞、嬴、姚、妘、妁、妣、嬊、敀、娸"均为古姓的记载，是对华夏民族一些重要的古老姓氏的部分解说。

《说文·女部》将"姓"作为首个训释字，足见"姓"字在女部字中的重要性。《说文》："姓，人所生也。古之神圣母感天而生子，故称天子。从女从生，生亦声。《春秋传》曰：天子因生以赐姓。"① 这段话中含有这样几层意思。（1）姓是会意字，由女、生构成，表示的意思是：女性所生的，也就是孩子。（2）远古的圣王不是他父亲和他母亲生的，而是他母亲和天神发生特殊交感，怀胎生下的，所以叫"天子"。（3）根据生他的那个女性或出生地来确定姓（也就是说子随母姓），所以"姓"才从女从生，并读"生"声。（4）父系社会有了天子，天子常因臣子有功勋，也根据其祖姓赐他本姓，使他得到大宗的光宠。② 《说文解字注》（以下简称《段注》）："《白虎通》曰：姓者，生也，人所禀天气所以生者也，吹律定姓，故姓有百……因生以为姓，若下文神农母居姜水，因以为姓；黄帝母居姬水，因以为姓；舜母居姚虚，因以为姓是也。感天而生者，母也。故姓从女、生，会意。其子孙复析为众姓。如黄帝子二十五，宗十二姓，则皆因生以为姓也。"③ 就是说，在远古时期，孩子只知其母不知其父，女性作为社会的主体，作为本族生命的缔造者，所生子女从属于女方，与母同姓。同姓子女皆为母系某个家族的成员，表明这个家族的血缘关系，因此"姓"还有区别氏族的作用。姓的存在也可以避免同姓结婚，有利于人类

---

① 许慎：《说文解字》，中华书局，1963，第258页。
② 何九盈等：《汉字文化大观》，人民教育出版社，2009，第179页。
③ 段玉裁：《说文解字注》，上海古籍出版社，1986，第612页。

的优生优育，还可以加强和其他族类的关系。班固在《白虎通义》中说："同姓不得相娶者，皆为重人伦也。"这表现出人们对自身发展的极大关注以及对自身认识的自觉和进步。

《说文·女部》所记载的 11 个古姓为"姜、姬、姞、嬴、姚、妫、妘、姺、嫨、妢、媿"，这些重要的古姓都是从"女"而得。"姜"，是神农氏的母亲居住于姜水，因此而得姓；"姬"是黄帝的母亲居住在姬水，因此而得姓；"姞"为黄帝之后伯鯈姓；"嬴"为帝少皋的姓；"姚"为虞舜的母亲居住在姚虚，所以以姚为姓；"妫"是虞舜居妫汭而得姓……也就是说，这些从"女"的字都是姓氏用字。从中不难看出，上古传说中的著名人物诸如神农、黄帝、舜、少皋等，其姓氏来源于所居住的地方或所居临的水系。这是中华上古姓氏的一个重要来源。在我们古老的姓氏体系中，有"马、羊、牛、鹿"等，这是以动物名称为姓；有"夏、商、秦、宋"等，这是以所在的封国为姓；有"司徒、司空、司马"等，这是以官职为姓……中华姓氏来源可谓五花八门。以动物名称为姓，可能基于原始先民对动物图腾的崇拜；其他诸种显然所起时代较晚，譬如以封国为姓，说明至少时代已经是奴隶制时期了；以官职为姓，说明已有国家的建制了……而这些从女的姓氏用字，则反映了先民在上古某个时期的生活状况。从这些姓氏用字考察，这个时期应是原始氏族社会，至少是父系氏族社会。"因为黄帝、神农、少皋、祝融、舜等这些传说中的人类始祖和英雄人物，显然都是父系氏族社会下的男性氏族长。但同时他们又有一个共同的姓氏特点，即他们的姓都是从女旁的用字。这一点告诉我们，在进入父系社会以后，由女性崇拜而得来的姓，得以长期地保存下来。姓乃是人的本源，从古至今人们都把姓氏看得极其珍贵。因此这些古姓的存在应该是女性为氏族长的旁证，也是母系社会时期女性至高无上的社会地位的佐证。"①

---

① 康国章：《从〈说文解字〉看中国古代女性社会地位的变迁》，《殷都学刊》2008 年第 4 期。

二　婚姻家庭用字的文化意蕴

男权社会中，女性几乎完全处于依附、被动、从属的地位，这可以从《说文·女部》中有关婚姻习俗及家庭两方面的字加以印证。

我们先来看《说文·女部》中"媒、妁、婚、姻、嫁、娶"等反映婚姻习俗的女部字。

《说文》："媒，谋也。谋合二姓。从女某声。"① 《诗经·齐风·南山》："取妻如之何？匪媒不得。"意思是：娶妻靠什么？没有媒人办不成。"媒"就是我们今天常说的媒人、月老或红娘。可见古时婚姻应为媒妁之言撮合而成。没有媒人的说合，两人私约，古诗文多有体现，即便双方长辈无异议，也必须经由媒人牵线搭桥，方可完婚。如《诗经·邶风·静女》："静女其姝，俟我于城隅。爱而不见，搔首踟蹰。"就是典型的约会之文。《说文》："妁，酌也。斟酌二姓也。从女勺声。"② 段注："斟者，酌也，酌者，盛酒行觞也。斟酌二姓者，如挹彼注兹，欲其调适也。孟子曰：'不待父母之命，媒妁之言。'"③段玉裁以"挹彼注兹，欲其调适"来说解"妁"字意蕴，可谓形象生动。不管"媒"还是"妁"，二字意近，都是合二姓之好。但"二姓"有讲究，原则上不能同姓。《礼记·曲礼上》："取妻不取同姓。"班固在《白虎通义》中亦言："同姓不得相娶者，皆为重人伦也。"而且媒妁还很重视男女的生辰八字。由此可见，男女结合多受媒妁之言、父母之命的驱使，几乎完全被动地接受，毫无自由可言。尤其是女子，大部分历史时期内没有独立人格，要做的就是"三从四德"。这一点，在"婚""姻"二字中体现得更为充分。

《说文》："婚，妇家也。礼：娶妇以昏时，妇人，阴也，故曰婚。从女从昏，昏亦声。"④ 可见，"婚"是女子一方的代称，因为女子属阴，又在黄昏时行娶，所以称女家为婚。"姻，壻家也。女之所因，故曰姻。"所

---

① 许慎：《说文解字》，中华书局，1963，第259页。
② 许慎：《说文解字》，中华书局，1963，第259页。
③ 段玉裁：《说文解字注》，上海古籍出版社，1986，第613页。
④ 许慎：《说文解字》，中华书局，1963，第259页。

因，即所就，即女子趋就男家。可见，"姻"是男子一方的代称，因为女子将因就男方，所以称男家为"姻"。所谓"婚姻"，其实本义为步入婚姻的男女双方的合称。"婚""姻"二字透露出两个意蕴。其一，中国古代有劫夺婚的婚俗，与"婚"字内涵正合。这种婚俗是母系社会向父系社会过渡时期产生的，表明女子已经趋就男方而成家居住了。这一点在"姻"的释义中已明确下来。其二，"姻"字告诉我们，女子是要趋就男家的。关于这一点，我们还可以从"家"和"室"两字进一步加以说明："家"是一个会意字，甲骨文字形，从宀从豕；"室"是一个会意兼形声字，甲骨文字形，从宀从至。虽然母系氏族社会时期，女子称来宿访的男子为"家"，但经由父系社会后，女子出嫁到男子处为有家，男子将女子娶回来叫有室。女从男居。"嫁"和"娶"说的也是这一层意思。

《说文》："嫁，女适人也。"① 《白虎通义》："嫁者，家也。妇人外成，以出适人为家。"出嫁就是到另一家族中去，成为另一家族的成员。《尔雅·释诂》："嫁，往也。""嫁"，就是妇女往丈夫所在的家去，就是加入丈夫的家族，成为该家族的一个成员。"娶"与"嫁"是对应的词。"娶，取妇也，从女，从取，取亦声。"② 显然"娶"是一个会意兼形声字。联想到"取"字的本义（左耳右手：战争中，用手持刀割取敌人的耳朵），不难看出，"娶妇"其实几乎等同于在战场上割取敌人的耳朵。可见，一经进入父系社会，女子便已是夫权制下的一桩财产了。男人是女人依附的对象，女人一生只不过是男人的附属品，完全处于被动的地位。女从男居并不只是一个形式问题，它意味着女性经济地位的弱势和由此而来的家庭中的依附地位。

我们再从"女、妇、妻"来看女性在婚姻家庭中的角色与地位。

《说文》："女，妇人也，象形。"③ 甲骨文字形，像面朝左跪着的一个人，上身直立，双臂交叉于胸前。"妇（婦），服也。从女持帚洒扫

---

① 许慎：《说文解字》，中华书局，1963，第259页。
② 许慎：《说文解字》，中华书局，1963，第259页。
③ 许慎：《说文解字》，中华书局，1963，第258页。

也。"① 甲骨文字形 㛊，左边为一把笤帚，右边跪着一位女子，手持笤帚扫地的女子就是"妇"。妇人在家的职责是生儿育女，服侍丈夫，服侍公婆，从事洒扫之类的家庭劳作，这是千百年来古代社会对女性的要求。"妻，妇与夫齐者也。从女，从中，从又。又，持事妻职也。"② 所谓的"妇与夫齐"，是相对于"妾"而言的。在众妻妾中，唯独妻的名分能向夫"看齐"，其实妻与夫的地位并非平起平坐。这可从妻的甲骨文字形 㚿 来看，下部为面朝左跪着的一位女子，头上蓄着长发，右上部为一只手，整个形体可看作"捉女为妻"。《说文·辛部》："妾，有罪女子，给事之得接于君者。从辛从女。《春秋》云：女为人妾。妾，不聘也。"③ 男子纳妾不需聘礼，妾在家庭生活中地位极端低下。妾最初指战争中被俘获的妇女，成为家庭中供役使的奴隶，由于家庭女奴常作为主人泄欲的工具，随着时间的推移，地位有所抬升，成为小老婆的称呼，处于夫及其嫡妻的双重压迫之下。

从上面"婚、娶、妻"字的分析中，我们也可以看出古代抢婚制的遗迹。抢婚制反映了妇女在婚姻中的被动地位以及被占有、被奴役的社会习俗。

三 "字""号"用字的文化意蕴

《说文·女部》字中女子的专用"字""号"用字共计17个：娀、娥、嫄、嬸、妸、頞、婕、嬩、嬰、嫽、㚢、嫺、姶、改、姓、奿、姅。

如"娀，帝高辛之妃，偰母号也""娥，帝尧之女，舜妻，娥皇字也""嫄，台国之女，周弃母字也""嬸，女字也"……直至第17字"姅，女号也"，④ 均是女性的"字"或"号"。即便女子贵为帝妃、帝妻，也没有"名"，原因何在？关于古代女子的"姓""名""字"，我们可以从《周礼》中了解到。据《周礼》记载，男子出生三个月就起"名"，二十岁行

---

① 许慎：《说文解字》，中华书局，1963，第259页。
② 许慎：《说文解字》，中华书局，1963，第259页。
③ 许慎：《说文解字》，中华书局，1963，第53页。
④ 许慎：《说文解字》，中华书局，1963，第260~261页。

加冠礼时取"字";女子出生后不起"名",十五岁行及笄礼时才取"字"。也就是说,女子出生伊始就被给予了与男子不同的待遇,她们无须取"名","名"乃是男子的特权。那么取"字"何用呢?取"字"标志着女子已经成人,可以出嫁了。而"名"就没有存在的必要了。而且事实上,女子未嫁时无"名"的状况也并未给人们带来什么不便。若女子未嫁,自有方法加以区分:人们往往在她的姓上冠以"孟、仲、叔、季"表示其在家里的排行,就可以加以区分。如"孟林"为林姓长女,"仲韩"为韩姓次女,"叔戚"为戚姓三女儿,"季虞"是虞姓四女儿,等等。出嫁的女子也并不一定需要其"字"发挥多大的作用,因为另有一套可以称呼女子的办法,比如可以在女子的姓上冠以她所来的国名或氏,"齐姜"就是齐国嫁过来的姜姓女子;可以在她的姓上冠以所嫁国君、卿大夫的国名或封邑名,"秦姬"就是嫁给秦国国君的姬姓的女子,"棠姜"就是嫁给封地在"棠"的卿大夫的姜姓的女子;可以在她死后,在其姓上冠以配偶或本人的谥号,"武姜"是谥号为"武"的郑国国君的妻子姜氏……这些规定虽然是周代有记载的史实,并不见于《说文》,却可以佐证《说文》不收录女子之"名"的缘起:在形成文字的时代,女子地位已远逊于男子。殷商甲骨文是迄今有定论的可考的最早的成熟文字,当时处于奴隶社会,女子的地位更不必多说。

但女子有"姓",是否可为其地位并不低下的证明呢?答案是否定的。"姓"的作用在于使人类的婚姻能够合理一些。女子的姓是一定要有的,这一点牵涉到人类优生优育的问题,因为古人已经认识到了近亲结婚的危害性。摩尔根对人类婚姻形式发展阶段的归纳是这样的:血缘婚—亚血缘婚—对偶婚—父权制——夫一妻制。所谓"血缘婚"即排斥氏族内部父子辈间的杂乱性交,实行同辈男女间的婚配。上古传说中伏羲与女娲这对兄妹的关系就属于这种血缘婚。所谓"亚血缘婚"即排斥同胞兄弟和姊妹间的性交关系,以至最终禁止旁系兄弟姊妹,也即同胞兄弟姊妹的子女、孙子和曾孙间的性关系。汉字中"姓"的产生表明,我们的祖先也曾经历了摩尔根所归纳的类似的阶段,并最终走上了以姓氏别婚姻的文明道路。但对于女性来说,有姓有字而无名,文明是以她们地位的下降为代价之一的。

关于这一点，我们可以仍旧从"女"字的字形加以考察。女的甲骨文字形是个象形的女子，双手交叉在胸前。段注中引王育之说，如此解释交叉的双手："盖象其掩敛自守之状。"这个解释说明，女子已经以"自守"为规矩了。还有学者考证，交叉的双手乃是女子操持家务的象形——这也正是女子自守的重要内容之一。和"女"字相对应的"男"字，更足以说明人类在字形所记载的时代男女两性分工的不同。男的甲骨文字形是个会意字，《说文》："男，丈夫也。从田从力，言男子用力于田也。"① 不管是甲骨文字形还是《说文》的解释都明确表示，男子就是在田间耕作的人。希腊神话中有独立的居住在楞诺斯岛的女儿国的记载，但她们最终极力挽留经由其地的魁梧雄壮的英雄们，只因为英雄的伊阿宋们是在田里用力耕作的好手。我们的《山海经》中也有类似的关于女儿国的记载。但可以大胆地推测，中华女儿们的最终归宿和希腊女子们将没什么实质性的不同：她们终将依附于男子。男子从事于农耕意味着什么？那代表着由体力优势而来的家庭和社会中的优越权，尤其是丈夫对于妻子的绝对的领导权。

四 描述女性用字的文化意蕴

这一类用字所占数目最多，计 150 字左右。大致归纳起来，主要表现了两类内容：其一，极尽细腻地描写女性的容貌、体态、美德；其二，总结归纳女子的恶行恶德。由此，我们可以清楚地看到古人对于女子的审美标准。

关于第一类用字，诸如"姝，好也""姣，好也""媌，目里好也""媚，体德好也""娶，美也""媛，美女也"……这一类字主要赞扬了女子"温柔、顺从、小巧之美"。这样的阴柔之美固然没什么不好，但究其实质，女性固有的生理特性决定了社会在人体美的追求上强调其娇小玲珑的一面；而其柔顺、自卑的心理特征又来源于女性的社会地位。自母系氏族社会以来，妇女在政治、经济诸方面一直处于男子的从属地位。虽然男

---

① 许慎：《说文解字》，中华书局，1963，第 293 页。

性表面上大加赞誉女性，但女性实际上处于被男子把玩的地位。

关于第二类字，可以挑几个典型的加以考察。譬如"妒、炉、媢、嫉"四字均为妒忌之义。无论是"妇妒夫"的"妒"字，还是"夫妒妇"的"媢"字，均以女旁造字；无论"害贤曰嫉"，还是"害色曰妒"，也仍然以女旁造字。可见在造字的思想源头上，人们认为此种恶德完全始于女子。"妒"字并非人类所能避免，它本是人类性情之中的一种必然。尤其对于古代社会环境下的女子来说。试想，一家之中妻妾共处，又兼夫婿在外面拈花惹草，为人妻者，为人妾者，安能不妒？但丁在其《神曲》中将有妒德的人打入炼狱，评论者每每言曰：其作为人文主义先驱，难免具有如此局限性，仍然不能彻底摆脱禁欲主义的窠臼。相比之下，中国的小女子因妒德而被休掉，不啻被打入了黑暗的地狱。

再看这一组字：佞、奸、奻、姦。《说文》释为："佞，巧谄高材也"；"奸，犯婬也，从女从干，干亦声"（婬即今天的淫字）；"奻，讼也，从二女"；"姦，私也，从三女"。总是说别人坏话，陷害才能比自己高的人是所谓的佞人。孔壬是尧帝之时臭名昭著的大佞人（男性），连"指佞草"都紧随其不放，但"佞"字仍然从女旁。"奸"是会意兼形声字，显然造字者将淫乱之事一股脑地推到了女子身上。《说文解字义证》这样释"奻"："二女同居，其志不同行。"这也正和许慎的"讼"字同出一义，所指为两个女人在一起时的互相攻伐。"姦"字也是一个会意字，《说文解字义证》举出此字两种说法，一种言其为"私"之本字，一种言其为"奸"字本字。但无论如何，这个字含义不好，并且是由聚堆的女人们造成的。

通过以上对《说文·女部》字的分析和研究，我们挖掘出汉字的形体所蕴涵的丰富的文化信息，这有助于我们了解中华民族古老的风俗习惯、社会制度、审美情趣、伦理道德及思维习惯，体认汉民族文化的基本特征和基本精神，洞察汉民族文化的深层心理结构。

参考文献：

[1]（东汉）许　慎：《说文解字》，中华书局，1963。

[2] 何九盈等：《汉字文化大观》，人民教育出版社，2009。

[3] 段玉裁：《说文解字注》，上海古籍出版社，1986。

[4] 康国章：《从〈说文解字〉看中国古代女性社会地位的变迁》，《殷都学刊》2008 年第 4 期。

[5] 王凤阳：《古辞辨》，中华书局，2011。

[6] 左民安：《细说汉字》，九州出版社，2005。

[7] 王宁等：《说文解字与中国古代文化》，辽宁人民出版社，2000。

[8] 刘 艳：《从〈说文解字·女部〉看许慎的妇女观》，《广西师范学院学报》2003 年第 3 期。

[9] 桂 馥：《说文解字义证》，中华书局，1987。

楚简中的"丨"字补说*

俞绍宏　白雯雯

（郑州大学汉字文明研究中心　郑州　450001）

提　要：楚简中"丨"字及从言丨声之字数见，学者或以为"丨"是《说文》训为"上下通也，引而上行读若囟，引而下行读若退"的"丨"字，或释为"针"。考察楚简所引《诗》韵脚用字特点与规律可知，将其释为《说文》之"丨"或"针"不符合《诗》的协韵要求。从字形、《诗》韵角度，并结合楚简文例来考察，"丨"或可释为"杖"字表意初文。

关键词：郭店楚简　上博楚简　丨　杖

郭店楚简《缁衣》（简17）有字形"丨"（本文以下用 A 代替），又有从 A 的"丨"（本文以下用 B 代替），相关的简文释文①为"《诗》云：'其容不改，出言有 A'，'黎民所 B'"，郭店楚简整理者疑 A 为字之未写全者，B 隶作"信"；指出引诗见于《小雅·都人士》，今本《缁衣》引作"其容不改，出言有章。行归于周，万民所望"，与今本《诗》同②。所引诗句出自《都人士》首章"彼都人士，狐裘黄黄。其容不改，出言有章。行归于周，万民所望"，原诗韵脚用字"黄""章""望"古音属阳部。上

---

* 本文为国家社科基金一般项目"战国古文与敦煌先秦写卷俗字对比研究"（项目编号：17BYY020）阶段性成果。

① 本文引用楚简释文一般采用通行文字，假借字一般直接改用本字。

② 荆门市博物馆：《郭店楚墓竹简》，文物出版社，1998，第134页。

博简《缁衣》中存有"所B"（见简10），"有A，黎民"残阙，"其容不改，出言"见于港大简①。楚简本《缁衣》选择性地引用了《都人士》中的三句，与传本《缁衣》引《诗》不完全相同。

A又见于上博简《容成氏》简1、《用曰》简3、《李颂》简1背②。

关于楚简A的字形分析，大致有以下意见：

一是释"璋"。如陈高志以为是"璋"字初文，周凤五以为是璋省体之形③。

二是释"川"。如李零疑郭店A为"川"之省，简文中读"训"④。

三是释"丨"。如刘信芳以为A是《说文》训为"上下通也，引而上行读若囟，引而下行读若退"的"丨"字，郭店简中读"引"，与下文"信"押韵。颜世铉也以为郭店A为《说文》之"丨"，但简文中读"文"，与"章"义近可通，均指"礼法"而言⑤。

四是释"乀"。如白于蓝以为A同《古文四声韵》卷五"白"字下引《汗简》字形，亦同《说文》训为"左戾也。从反丿，读与弗同"的"乀"⑥。

五是释"く"。如禤健聪疑A释为《说文》训为"水小流也"的"甽"字古文"く"，"く"意为水小流，或可引申为有度有序，与"章"义近；B从"言"、"く"，疑系"训"字省写，读"顺"⑦。

六是释"针"。如裘锡圭释郭店简A为"针"之初文，即《说文》的"丨"，指出许慎关于"丨"义训说解难信，"囟""退"之音读有据；郭

---

① 马承源主编《上海博物馆藏战国楚竹书》（一），上海古籍出版社，2001，第184页。
② 马承源主编《上海博物馆藏战国楚竹书》（二），上海古籍出版社，2002，第250－251页；《上海博物馆藏战国楚竹书》（六），上海古籍出版社，2007，第288页；《上海博物馆藏战国楚竹书》（八），上海古籍出版社，2011，第237、239页。
③ 陈高志：《〈郭店楚墓竹简·缁衣〉篇部分文字隶定检讨》，《张以仁先生七秩寿庆论文集》，学生书局，1999，第366页。周凤五：《郭店楚简识字札记》，《张以仁先生七秩寿庆论文集》，第352页。
④ 李零：《郭店楚简校读记》，《道家文化研究》第17辑，生活·读书·新知三联书店，1999，第486页。
⑤ 刘信芳：《郭店简〈缁衣〉解诂》，武汉大学中国文化研究院编《郭店楚简国际学术研讨会论文集》，湖北人民出版社，2000，第170页。颜世铉说转引自邹浚智《〈上海博物馆藏战国楚竹书（一）·缁衣〉研究》，花木兰文化出版社，2006，第112页。
⑥ 白于蓝：《郭店楚墓竹简考释（四篇）》，《简帛研究二〇〇一》，广西师范大学出版社，2001，第192－193页。
⑦ 禤健聪：《读楚简零释》，简帛网，2003年1月3日。

店简 A 读"逊"或"慎", B 读"逊"或"信"(A 为"信"的异体或通假字的可能性不能排除)①。

七是释"章"。如陈伟以为郭店《缁衣》简中的 A 在传世本中写作"章",《用曰》A 恐亦是"章"字,显示义②。

八是释"芒"或"萌"。如叶晓锋释 A 为"芒"或"萌",《缁衣》简读"章",B 读"望"③。

九是释"乁"。如张金良释 A 为"乁",以为《缁衣》简中读"仪",法度;B 从"乁"声,音"叹",或读"瞻"④。

十是以为 A 源自文章末之标识符号。如范常喜一方面释 A 为"璋"之象形初文,又以为其也有可能源自当时写于文章之末的标识符号。《缁衣》简"黎民所B"中 B 可能是为"称扬""表彰"之义而造的专字,文献中一般写作"章"或"彰"⑤。

此外廖名春以为上博简《容成氏》中的 A 释"屯";虞万里以为 A 为"人"或"人"字之未写全者,即"仁"⑥。

以上关于 A 的字形考释诸说中,第三、第六种说法影响最大,学者多从这两种字形分析入手,来破读假借,探讨其在简文中的用法,且许多读法能与简文文意相协,本文不再一一列举。

《缁衣》所引《都人士》诗句"其容不改,出言有章。行归于周,万民所望"中的"章""望"在原《诗》中处于韵脚位置,楚简《缁衣》中与之对应的 A、B 也应是韵脚用字,这有可能是我们考释此字的一个制约因素。我们考察楚简中引《诗》情况,查核到上博简《孔子诗论》、楚简

---

① 裘锡圭:《释郭店〈缁衣〉"出言有丨,黎民所䚟"——兼说"丨"为"针"之初文》,郭店楚简研究(国际)中心编《古墓新知——纪念郭店楚简出土十周年论文专辑》,国际炎黄文化出版社,2003,第 1—8 页。
② 陈伟:《〈用曰〉校读》,简帛网,2007 年 7 月 15 日。
③ 叶晓锋:《关于楚简中的"丨"字》,复旦大学出土文献与古文字研究中心网站,2008 年 5 月 29 日。
④ 张金良:《释乁》,复旦大学出土文献与古文字研究中心网站,2009 年 2 月 3 日。
⑤ 范常喜:《〈上博六·用曰〉札记三则》,复旦大学出土文献与古文字研究中心网站,2013 年 6 月 24 日。
⑥ 廖名春:《读上博简〈容成氏〉札记(一)》,简帛网,2002 年 12 月 27 日。虞万里:《上海简、郭店简〈缁衣〉与传本合校补证(中)》,《史林》2003 年第 3 期。

《缁衣》中所引的带有韵脚用字的《诗》句若干例，其中《孔子诗论》所引带有韵脚字的《诗》句 7 例，它们在传本中对应的句子、韵脚用字以及在楚简中的韵脚用字见表一①：

表一

传本对应的《诗》句及韵脚用字	《孔子诗论》所引《诗》句韵脚用字
1. 洵有情兮，而无望兮（《陈风·宛丘》）	望（简 22）
2. 四矢反兮，以御乱兮（《齐风·猗嗟》）	弁、䜌（简 22）
3. 其仪一兮，心如结兮（《曹风·鸤鸠》）	一、结（简 22）
4. 文王在上，於昭于天（《大雅·文王》）	天（简 22）
5. 无竞维人（《周颂·烈文》）	人（简 6）
6. 予怀明德（《大雅·皇矣》）	悳（简 7）
7. 有命自天，命此文王（《大雅·大明》）	天、王（简 7）

表一中传本《诗》句与上博简引《诗》对应的句子韵脚用字相同的有例 1、3、4、5、7。例 2 传本韵脚用字"反"上博简用"弁"、"乱"上博简用"䜌"，而"䜌"是"乱"字古文，古文字中常见，"弁""反""乱"古音均属元部。例 6 传本韵脚用字"德"，上博简用"德"字省文"悳"，属于古今异体。

上博简、郭店简《缁衣》所引带有韵脚用字的《诗》句 21 例，我们将传本《诗》、传本与楚简本《缁衣》韵脚用字制成表二②：

表二

传本《诗》句及韵脚用字	传本《缁衣》韵脚用字	上博简《缁衣》韵脚用字	郭店简《缁衣》韵脚用字
1. 万邦作孚（《大雅·文王》）	孚	艮（简 1）	孚
2. 靖恭尔位，好是正直（《小雅·小明》）	直	植（简 2）	植

---

① 本文对韵脚字的分析，参照王力《诗经韵读》（上海古籍出版社，1980）。表一、表二所列诗句中韵脚用字下划横线标识。
② 沪简本《缁衣》简 14 引有逸诗，所引诗句与郭店本文字虽稍有异，但属于通假或异体关系。由于其不见于传本《诗》及《缁衣》，本文不作讨论。

续表

传本《诗》句及韵脚用字	传本《缁衣》韵脚用字	上博简《缁衣》韵脚用字	郭店简《缁衣》韵脚用字
3. 淑人君子，其仪不忒（《曹风·鸤鸠》）	忒	弋（简3）	弋
4. 上帝板板，下民卒瘅（《大雅·板》）	瘅	残缺（简4）	担
5. 匪其止共，维王之邛（《小雅·巧言》）	共、邛	残缺、功（简4、5）	共、恭
6. 谁秉国成，不自为政，卒劳百姓（《小雅·节南山》）	成、正、姓	残缺、正、眚（简5、6）	城、正、眚
7. 有觉德行，四国顺之（《大雅·抑》）	顺	川（简7）	忎
8. 成王之孚，下土之式（《大雅·下武》）	式	戎（简7、8）	弋
9. 赫赫师尹，民具尔瞻（《小雅·节南山》）	瞻	詹（简9）	瞻
10. 彼求我则，如不我得，执我仇仇，亦不我力（《小雅·正月》）	则、得、力	则、坒、力（简10）	㥯、㝵、力
11. 慎尔出话，敬尔威仪（《大雅·抑》）	仪	义（简15、16）	义
12. 淑慎尔止，不愆于仪（《大雅·抑》）	仪	残损（简16）	义
13. 穆穆文王，於缉熙敬止（《大雅·文王》）	止	止（简17）	㘴
14. 尚可磨也……不可为也（《大雅·抑》）	磨、为	磿、为（简18）	磿、为
15. 允矣君子，展也大成（《小雅·车攻》）	成	城（简18）	城
16. 淑人君子，其仪一兮（《曹风·鸤鸠》）	一	一（简20）	弋
17. 服之无斁（《周南·葛覃》）	斁	"睪"字变体（简21）	怿
18. 人之好我，示我周行（《小雅·鹿鸣》）	行	行（简21）	行
19. 君子好逑（《周南·关雎》）	仇	𢗳（简22）	㦛
20. 朋友攸摄，摄以威仪（《大雅·既醉》）	仪	义（简23）	义
21. 我龟既厌，不我告犹（《小雅·小旻》）	犹	猷（简24）	猷

第 1 条，传本"孚"郭店简同，上博简对应之字整理者释作"𠬝"。而"𠬝"甲骨文中可用作"报"，"孚""报"古音均属幽部。

第 2 条"植"从"直"声，古音均属职部。

第 3 条，"忒"从"弋"声，古音均属职部。

第 4 条，"癉"从"亶"声，"担"从"旦"声，它们与"瘅"古音均属元部。

第 5 条，"共""邛""功"古音均属东部，"恐"从"共"或"工"声（也有可能是"共"、"工"双声），当也属于东部。

第 6 条，"成""城"、"正""政"、"眚""姓"古音均属耕部。

第 7 条，"顺""川"古音属文部，"𢘓"从"心"，"川"声，当为"顺"字异体，也属文部。

第 8 条，"式""弋"古音均属职部。"戎"从"弋"声，古音也当属职部。

第 9 条，上博简"詹"从黄人二释①，郭店简此字左从"见/视"，"瞻"字异体。"詹""瞻"古音均属谈部。

第 10 条，楚简"则"左下往往作"火"形，"炅"为"则"省文（省去"刀"旁）。"旻"为"得"字初文的省简体。

第 11 条，"义""仪"古音均属歌部。

第 12 条，同第 11 条。

第 13 条，郭店简字形增益"之"，"止"字繁文。

第 14 条，"磊"上博简整理者指出即"磨"字。

第 15 条，见第 6 条说。

第 16 条，"弌"为"一"字古文。

第 17 条，"斁""𥇡""怿"古音均属铎部。

第 18 条，诸本韵脚用字均为"行"。

第 19 条，陈伟以为上博简"𣂑"从"攴"，"枣"声②，黄德宽、徐在

---

① 引自高佑仁《〈上海博物馆藏战国楚竹书（四）·曹沫之陈〉研究（上、下）》，花木兰文化出版社，2008，第 224 页。
② 陈伟：《上博、郭店二本〈缁衣〉对读》，简帛网，2002 年 1 月 21 日、5 月 30 日。

国以为"䇂"从"攴","枣"声①；徐在国以为"䇂"为"救"字异体②。郭店简"𢼸"也是从"枣"省声。诸本韵脚用字古音均属幽部。

第 20 条，同第 11 条。

第 21 条，"猷""猶"均属幽部，古籍中常混用。

据表二及以上分析可知，简本中所引《诗》句的韵脚用字要么与传本同，要么与传本是异体关系（包括省简体、增繁体、古今异体等），要么是同韵部的字。

依据上述对楚简引《诗》情况的分析，可以得出一个结论，即楚简所引《诗》句尽管异文多见，但其韵脚用字至少与传本是同韵部的字。在此需要补充说明的是，清华简《耆夜》篇所引《蟋蟀》一诗③，其与传本《诗·唐风·蟋蟀》在文字、诗句、用韵、分章等方面差别较大，应当是基于时代与地域及传抄者的差异，在流传、转抄过程中产生的分化异本。从文字及用韵情况来看，楚简《诗论》《缁衣》所引见于传本《诗》篇目诸诗可能与传本《诗》属于同一个或渊源更近的传承体系，而《耆夜》篇所引《蟋蟀》与传本《蟋蟀》渊源关系更为疏远，因而不能成为上述结论的反证。因此楚简本《缁衣》中的 A、B 也不应例外，也应当是与传世本"章""望"同属阳部字，或者至少是可以与阳部字合韵的字，而《诗》中似未见侵（"针"为侵部字）、阳合韵的例子。可见从《诗经》押韵角度看，A 释"针"可谓美中不足。实际上 A 释"针"美中不足还表现在字形上：即前举裘锡圭所列的古文字"朕""慎"中所从的"针"多数中间带有一点或一横（"朕"字出土的东周古文字材料中尤如此），而楚简 A 及 A 旁字共计六见，没有一例中间带点或横画，可见 A 与古文字"慎"所从的、裘锡圭释为"针"的部件可能不是一个字。

苏建洲先是从学者将 A 释为《说文》之"丨"，并从读"退"之说，以为《容成氏》中 A 读"沌"（古音物部"退"与文部"沌"可通）。又以为古音文、阳二部可通，其依据之一是陈新雄所举《易·革象传》阳部

---

① 黄德宽、徐在国：《〈上海博物馆藏战国楚竹书（一）缁衣·性情论〉释文补正》，《古籍整理研究学刊》2002 年第 2 期。
② 徐在国：《上博楚简文字声系》，安徽大学出版社，2013，第 797 页。
③ 李学勤主编《清华大学藏战国竹简（壹）》，中西书局，2010，第 150 页。

"炳"与文部"君"相协文例①；二是上博简《缁衣》简8"庆"从"心"，"䧹"声，而"庆"为阳部，"䧹"为文部，进而以为A、B分别可读"章"、"望"②。

实际上，苏建洲所依据的文、阳古音通假的两条证据均未必可靠。一方面，《易·革象传》相关文例未必押韵；另一方面，《缁衣》简8的"庆"所从的"䧹"实际上是"鹿"字的变异形体（《说文》"慶"从"鹿"省），退一步说，即使是"䧹"，也更可能是义符"鹿"与"䧹"构字时的互换，因而未必就是声旁。

后来苏建洲又改从释"针"说，以为《缁衣》简"针"读"章"③。但他未能举出"针"读"章"的依据。

孟蓬生也从释"针"说，以为楚简《缁衣》中借为"章"："朕"声字从"灷"声，古音在侵部，但从"朕"声之字常与阳部字相通，如《礼记·檀弓下》"杜蒉洗而扬觯"郑玄注"《礼》'扬'作'腾'"，《礼记·乡饮酒义》"盥洗扬觯"郑玄注"'扬'，举也，今《礼》皆作'腾'"，《礼记·射义》"扬觯而语"郑玄注"今《礼》'扬'皆作'腾'"，《吕氏春秋·举难》"则问乐腾与王孙苟端孰贤"《新序·杂事四》"乐腾"作"乐商"；B读"瞻"（读如"章"）④。

那么"针"能否读"章"呢？孟文所论的那些"朕"声字与阳部字相通的例子都出自汉代文献或汉代人之口。实际上"腾"至迟在汉代时已经有"扬起""举起"一类意思，如《汉书·扬雄传下》"猋腾波流"颜师古注"腾，举也"，傅毅《舞赋》"眄般鼓则腾清眸"李周翰注"腾，举也"⑤，而这个意思也是"扬"所具有的。因此上述文例中的所谓音通现象实际上也有可能是同义字、词替换，古籍在传抄过程中同义字、词替换

---

① 陈新雄：《古音研究》，五南出版社，1999，第469页。
② 苏建洲：《〈郭店·缁衣〉考释一则》，简帛网，2003年6月25日。
③ 苏建洲：《上海博物馆藏战国楚竹书（二）校释（上、下）》，花木兰文化出版社，2006，第35页。
④ 孟蓬生：《"出言又（有）丨，利（黎）民所丨（从言）"音释——谈鱼通转例说之四》，简帛网，2010年9月10日。
⑤ 宗福邦、陈世铙、肖海波主编《故训汇纂》，商务印书馆，2003，第2550页"腾"字下第18条。

现象也是很常见的。上述所谓"乐商"之"商"当读"扬",而"扬""腾"义同。

"腾""征"属蒸部,又有学者据《左传·昭公二十五年》"章为五声"在《昭公元年》中又作"征为五声"来说明"蒸""阳"二部可通①。实际上"征"为表征、象征,"章"为章明、表明,"征""章"也存在同义字、词替换的可能,而未必是通假关系。

由此看来,先秦时期侵、阳二部未必能够相通②。

而学者们从释"针"的角度来破读假借,提出的其他种种读法也均不能与原《诗》此章的阳部韵脚字协韵。

在对 A 字形分析的各种观点中,符合《诗》押韵条件的有释"芒"或"萌"、"章"或"璋"。

首先来谈谈 A 释"芒"或"萌"的问题。

从汉字发展史角度看,汉字中的象形字往往都能抓住事物的典型特征,如甲骨文"牛"抓住了牛角向上弯曲的特征、"羊"抓住了羊角向下弯曲的特征,"月"像一弯月牙、"日"像一轮旭日,等等。若不能抓住事物的典型特征,造出的字要么难以识读,要么会被误识为其他字。

有的事物依附其他事物之上,且形象简单或特征不明显,一般就不适合为其造简单的象形字,比如树根之"本"、树梢之"末"就不好为它们造简单的象形字,二者均为指事字;而更多的是为此类事物造会意字、形声字,如为了增加"本"与其他字形的区别度,楚简中的"本"往往在"木"或"本"旁之外再增益"臼"旁,以表示木根之所在,从而造出了"本"的会意或形声字形。有的事物从形象上看与其他事物近似,比如"眉"和柳叶形状差不多,如果描摹出眉毛的形状来为"眉"造象形字的话就会使人误识为柳叶,因此甲骨文就在"目"上加上几根弯折的眉毛(之所以将眉毛写成弯折形,一方面是因为眉毛为倾斜倒伏状,另一方面

---

① 高亨纂著,董治安整理《古字通假会典》,齐鲁书社,1989,第 40 页。
② 杨泽生《续说楚简用作"迎"的"迈"字》(中国古文字研究会第二十一届年会散发论文集,第 87 - 90 页)一文举出蒸、阳两部古音相通的例子。不过该文所举蒸、阳两部相通的例子基本上是来源于汉代及之后的文献,同时我们以为,古音相通与《诗经》韵系并不具有完全的一致性,《诗经》中未见蒸、阳及侵、阳合韵的例子。

也可能是为了区别于直立于眼眶上的眼睫毛），从而为"眉"造出了比较复杂的象形字，避免了人们的误识。这种复杂的象形字也即裘锡圭所说的"复杂象物字"，他指出"这些字所象的东西很难孤立地画出来，或者孤立地画出来容易与其他东西相混。所以为它们造象物字的时候，需要把某种有关的事物，如周围环境、所附着的主体或所包含的东西等一起表示出来，或者另加一个表示字义的意符"①。

《说文》训"芒，草耑"，即草叶的尖端；《礼记·月令》郑玄注"芒而直曰萌"，即草木之直芽。可见"芒""萌"均为草木枝叶上的顶端的微小部分，它们都依附于主体即草木的枝叶之上，且形象简单，因此实际上并不适合为它们造简单的象形字，若为它们造象形字的话，也应当造复杂的象形字，"芒"字常用来表示禾本植物种子颗粒或壳上的细刺，这一用法也是如此。而 A 从字形上看显然只是一个简单的象形字。

同时，林洁明据甲骨文、金文"亡"作"匕""夕"等形，以为"亡"为锋芒之本字，从刀，一点以示刀口锋芒之所在②。从甲骨文、金文字形上看，林说似不无道理，而楚简"亡"大量存在。

其次，关于 A 释"章""璋"的问题。出土的商周文字材料中"章"字已经大量出现；可见释 A 为"章"不可靠。而古文字材料中"玉璋"的"璋"一般用"章"表示，此类现象大量出现，未见用 A 表"璋"之例；据现有的古文字材料，"璋"字在春秋晚期的子璋钟铭文已经出现，这也是我们现在所能见到的"璋"字出现得最早的出土文字材料。就楚简来看，类似于 A 形的章末标识符号下端一般带有钩形，与 A 形有别。

可见 A 释"芒"或"萌"、"章"或"璋"可能都不是十分可靠。

笔者在这里对 A 提出另外一种考释意见，即疑 A 可释为"杖"字象形初文，可以依形隶作"丨"（与《说文》训为"上下通也"之"丨"非为一字）。

《说文》"木"部"杖，持也。从木丈声"，段玉裁注"凡可持及人持

---

① 裘锡圭：《文字学概要》，商务印书馆，1988，第 118 页。
② 周法高主编《金文诂林》，香港中文大学，1975，第 7058~7059 页。

之皆曰杖"①。推测杖最初可能只是简单的棍棒形物,三星堆遗址出土的一件木芯金皮杖即为棍棒形,其金皮之内尚残存有木芯②,A 字形与之形似。后来的杖才饰以各种材质与造型的杖首。尽管传世典籍中"杖"字多见,如《周礼·秋官·伊耆氏》"伊耆氏掌国之大祭祀,共其杖咸,军旅授有爵者杖,共王之齿杖",《礼记·曲礼上》"大夫七十而致事。若不得谢,则必赐之几杖""谋于长者,必操几杖以从之",《山海经·海外北经》"弃其杖,化为邓林",等等,"木"已见于甲骨文,"丈"字见于郭店简《六德》篇第 27 号竹简,然而从"木","丈"声的"杖"这一字形在迄今所见的出土先秦文字材料中尚未找到③,其应是后起的形声字,A 可能即其象形初文。

而古音"杖"属定纽阳部,"章"属章纽阳部,定、章二纽可通④,则楚简《缁衣》A 字形(即"杖"字)可读为《都人士》之"章"字。

"望"字古音属明纽阳部,明、喻二纽古可通⑤,这些可与明纽字相通的喻纽字,在王力古音系统中属于余纽,也即喻四,曾运乾《喻母古读考》论证了上古"喻四归定",则明纽与定纽可通。B 从 A 声,当属定纽(喻四)阳部字,可通明纽阳部的"望"字。这是从语音上看,楚简《缁衣》B 字形可读为《都人士》之"望"字的线索。在这里我们对 B 再提出另外两种可能的释读意见。

从字义上看,B 或可读为"仗",凭借、依靠,《战国策·韩策一》"常仗赵而畔楚",吴师道注"仗,依也"⑥。"望"有"希望""期待"义,如《孟子·梁惠王上》"王如知此,则无望民之多于邻国也"、《左

---

① 段玉裁:《说文解字注》,浙江古籍出版社,1998,第 263 页。
② 四川省文物考古研究院、三星堆博物馆、三星堆研究院编《三星堆出土文物全记录》,天地出版社,2009,第 505 页。
③ 《睡虎地秦墓竹简·秦律十八种》第 147 号竹简有"仗"字,整理者疑读"杖"(睡虎地秦墓竹简整理小组编《睡虎地秦墓竹简》,文物出版社,2002,图版第 27 页,释文第 53、54 页)。
④ 张儒、刘毓庆:《汉字通用声素研究》,山西古籍出版社,2002,第 462 页"章通长"条。
⑤ 张儒、刘毓庆:《汉字通用声素研究》,第 104 页"卯通由"条、第 107 页"矛通豸"条、第 119 页"酉通卯"条、第 123 页"斿通卯"条。
⑥ 宗福邦、陈世铙、萧海波主编《故训汇纂》,商务印书馆,2003,第 88 页"仗"字下第 15 条。

传·昭公二十七年》"呜呼！为无望也夫"，《都人士》"万民所望"中的"望"或可作此解。楚简"黎民所仗"即黎民的依靠，传本"万民所望"即万民的希望，二者意思也有相通之处。

另"望"有"瞻视""景仰"义，传本《诗·都人士》"万民所望"郑玄解为"其余万民寡识者咸瞻望而法效仿之"，《礼记·缁衣》"万民所望"孔颖达等解为"万民所以瞻望以法则之"①，与郑笺类似。《易·系辞下》"君子知微知彰，知柔知刚，万夫之望"，孔颖达疏"故为万夫所瞻望也"②。B或可读为"长"（古有端纽阳部、定纽阳部二音），"长"有"尊敬"义，如《国语·周语中》"郑伯捷之齿长矣，王而弱之，是不长老也"；又有"重视、崇尚"义，如《书·牧誓》"乃惟四方之多罪逋逃，是崇是长，是信是使"。可见"望"、"长"义训也有相通的地方，楚简"黎民所长"即为黎民所敬崇，传本"万民所望"即为万民所瞻视、景仰。

《容成氏》简1"□A氏"为传说中的古帝王名（笔者按，原简A前之字不识，这里用"□"代替），学者尽管对其多有探讨，但均不能成为定论，"A"具体用法待考。

《用曰》简3的"A其有成德，闭言自关"，曹峰以为"A"属下读，"成德"可能意为内在的品德③。杨泽生以为简文大意是说有成德还要慎言④。笔者以为"A"简文中可读本字"杖"，训"持"，如《书·牧誓》"王左杖黄钺"，"其"或为句中语助词，无意义，简文大意或是说要持德谨言。

《李颂》简1背简文"乱本层枝，侵毁A兮"，邬可晶以为"A"即《说文》"引而上行读若囟"的"丨"，属真部，与其上句属于脂部的"贰"可押韵（脂、真阴阳对转）⑤。这是建立在该篇是四句一换韵的基础

---

① 孔颖达疏《毛诗正义》，《十三经注疏》，上海古籍出版社，1997，第493页。孔颖达疏《礼记正义》，《十三经注疏》，第1648页。
② 孔颖达疏《周易正义》，《十三经注疏》，第66页。
③ 曹峰：《上博六〈用曰〉篇札记》，简帛网，2007年7月12日。
④ 杨泽生：《上博简〈用曰〉中的"及"和郭店简〈缁衣〉中的"出言有及，黎民所慎"》，《简帛语言文字研究》第5辑，巴蜀书社，2010，第38～52页。
⑤ 复旦吉大古文字专业研究生联合读书会：《上博八〈李颂〉校读》文后评论，复旦大学出土文献与古文字研究中心网站，2011年7月17日。

上的解释。而古诗换韵原本就是多种多样的,如《诗》中就存在多种换韵情况。因此,我的理解是《李颂》全篇韵例未必是四句一换韵,"贰"可以与其前属于元部的韵脚用字"间""还"合韵(脂、元合韵见于《诗》);《李颂》简 1 背"A"可从学者读阳部的"彰"①,"彰"可以与其后属于东部的"容""同"合韵(东、阳合韵见于《诗》)。范常喜以为"丨"读作"章""彰"皆可,其义为明、盛、烈等,简文大意是说,零乱的树根、层叠的树枝对桐树的侵害非常明显和厉害②。"A"也有可能读"张",《诗·大雅·韩奕》"四牡奕奕,孔修且张",毛传"张,大"③。

楚简中的 A(丨)是古文字中一个疑难字形,对其做出过探讨的学者凡数十家。诸家所论,有的在字形上证据不足,有的不能很好地训解所有文例,当然最主要的还是有悖于《诗》韵。为避免行文繁缛,这里未能一一罗列、评述诸说。本文将字形考释、文意训解、《诗》韵分析相结合,并结合考察楚简引《诗》特点,对 A 及 A 旁字进行了比较全面的考证,以为 A 即"杖"字表意初文。但愿此说能成一家之言。由于笔者水平有限,文中不可避免会存在许多不当乃至谬误之处,敬请专家批评指正。

---

① 复旦吉大古文字专业研究生联合读书会:《上博八〈李颂〉校读》,复旦大学出土文献与古文字研究中心网站,2011 年 7 月 17 日。
② 范常喜:《〈上博六·用曰〉札记三则》,复旦大学出土文献与古文字研究中心网站,2013 年 6 月 24 日。
③ 孔颖达疏《毛诗正义》,《十三经注疏》,第 570 页。

后 记

2018年3月，郑州大学汉字文明研究中心在贵州兴义主办了"民族地区使用汉字的历史与现状专题研讨会"，合办单位有西南大学汉语言文献研究所，承办这次会议的是兴义民族师范学院。

发起举办这次会议，是基于我们这些年对"跨文化汉字研究"的思考。所谓"跨文化汉字研究"，有两个意思。一是用跨文化的眼光或视角来研究本文化的汉字，例如联系佛教文化、近代西方文化来研究我们的汉字属性和汉字系统，看佛教文化、西方文化对汉字系统和汉字的发展演变产生过什么影响；二是把跨文化存在的汉字作为研究对象，研究传播到其他文化环境中的汉字或者在其他文化环境中产生的汉字，例如可以研究日本汉字、韩国汉字、越南汉字、新加坡汉字等。

其实"跨文化汉字研究"不限于汉字的国际传播和域外汉字材料，如果把汉语文化环境看作汉字的本文化的话，那么中国境内非汉语为母语的少数民族地区，也存在汉字的跨文化传播和跨文化生态问题。就是说，对非汉语为母语的少数民族地区，也可以进行"跨文化汉字研究"，包括少数民族地区历代汉字文献的搜集与整理，汉字传播到少数民族地区的历史和过程，汉字传播所引起的民族文化交流和相互影响，汉字作为国家通用文字在少数民族地区使用的现状调查和学理阐释，少数民族地名、人名、族名等记音汉字的优选原则和规范标准，少数民族文字和汉字的关系等。可以说，少数民族地区的跨文化汉字研究内容丰富，前途广阔。目前已经有了一些研究实践和成果，但总体上缺乏理论指导，缺乏全面的调查和系统的描写，缺乏深入的分析和理性的归纳，因此少数民族地区的跨文化汉字研究仍然是一个值得开拓的新领域。

郑州大学汉字文明研究中心在少数民族地区的跨文化汉字研究方面还没有什么积累，但已经认识到这个领域是汉字系统和汉字发展的组成部分，是汉字学研究和汉字应用研究不应该忽视的，所以我们愿意在这个领域做一些研究尝试，并做一些力所能及的推动工作。这次会议就是缘于这样的初衷而发起的。同时，我们中心还与兴义民族师范学院共建了"西南少数民族地区跨文化汉字研究中心"，希望以此为试点，进一步探索调查和研究少数民族地区汉字生存环境和使用状况的有效途径。

参加这次会议的专家学者共60多人，收到论文50余篇。为了反映会议成果，也为今后的类似会议开启端绪，我们决定在著作者自愿提交的前提下，把参加会议的论文编辑出版。编辑工作主要由张素凤老师和我的博士生苌丽娟负责，联系作者，修改加工，统一格式，最终编辑成册，她们很辛苦。

我把会议文集的名称定为《跨文化视野与汉字研究》，一方面是要扣合会议主题，因为少数民族地区的汉字研究需要跨文化的视野；另一方面也是想涵盖域外汉字的研究和本文化汉字的研究，因为收录的文章中除了与少数民族相关的外，还有一些与外国文字相关，也有一些是纯汉字本体的研究。需要说明的是，论集中的部分文章已经在别的地方刊发过，由于本集属于专题性的会议文集，不是期刊，所以没有严格按照"原创"要求，仍然收录了这些文章，一是为了丰富专题内容，二是为了会议纪念，或者说起到会议存档的作用。这不是作者的问题，而是我们编者的意愿。

本次会议的成功和本论文集的出版，得到多方支持与合作。在此特别感谢西南大学汉语言文献研究所及所长邓章应教授、兴义民族师范学院及文学院院长雷励教授！感谢所有参加会议和提供论文的专家学者！

今天正好是汉字文明研究中心成立两周年，谨以此书表示祝贺！

李运富

2018 年 9 月 26 日

图书在版编目(CIP)数据

跨文化视野与汉字研究/李运富主编. -- 北京：社会科学文献出版社, 2018.10
ISBN 978 - 7 - 5201 - 3563 - 4

Ⅰ.①跨… Ⅱ.①李… Ⅲ.①汉字-研究 Ⅳ.①H12

中国版本图书馆 CIP 数据核字(2018)第 223457 号

跨文化视野与汉字研究

主　　编 / 李运富
副 主 编 / 邓章应　张素凤

出 版 人 / 谢寿光
项目统筹 / 李建廷　宋月华
责任编辑 / 胡百涛　赵晶华

出　　版 / 社会科学文献出版社·人文分社(010)59367215
　　　　　　地址：北京市北三环中路甲29号院华龙大厦　邮编：100029
　　　　　　网址：www.ssap.com.cn

发　　行 / 市场营销中心(010)59367081　59367018
印　　装 / 三河市尚艺印装有限公司

规　　格 / 开本：787mm×1092mm　1/16
　　　　　　印 张：16.75　字 数：265千字

版　　次 / 2018年10月第1版　2018年10月第1次印刷
书　　号 / ISBN 978 - 7 - 5201 - 3563 - 4
定　　价 / 78.00元

本书如有印装质量问题，请与读者服务中心(010 - 59367028)联系

▲ 版权所有 翻印必究